Nuevas tendencias en traducción e interpretación especializadas

Comité científico

Miriam Seghiri y Míriam Pérez-Carrasco (eds.)

Nuevas tendencias en traducción e interpretación especializadas

PETER LANG
Berlin · Bruxelles · Chennai · Lausanne · New York · Oxford

Información bibliográfica publicada por la Deutsche Nationalbibliothek
La Deutsche Nationalbibliothek recoge esta publicación en la Deutsche Nationalbibliografie; los datos bibliográficos detallados están disponibles en Internet en http://dnb.d-nb.de.
Catalogación en publicación de la Biblioteca del Congreso
Para este libro ha sido solicitado un registro en el catálogo CIP de la Biblioteca del Congreso.

ISBN 978-3-631-92617-8 (Print)
ISBN 978-3-631-92615-4 (ePDF)
ISBN 978-3-631-92616-1 (ePUB)
DOI 10.3726/b22301

Publicado por Peter Lang GmbH, Berlin (Alemania)

info@peterlang.com

Esta publicación ha sido revisada por pares.

www.peterlang.com

Contacto sobre el Reglamento relativo a la seguridad general de los productos (RSGP):
gpsr@peterlang.com

Contenido

Índice de figuras

Lexonomy y OneClick Dictionary como nuevas herramientas lexicográficas para traducir: creación de un diccionario especializado bilingüe (inglés-español) sobre contratación de distribución exclusiva
Cristina Toledo Báez y Ángeles Camero García

Colocaciones en los contratos de viaje combinado: estudio contrastivo alemán-español
María Rosario Bautista Zambrana

Protocolo de compilación de un corpus médico en árabe mediante reconocimiento de voz
Mahmoud Gaber, Gloria Corpas Pastor y Ali Hatami

Índice de tablas

Protocolo de compilación de un corpus médico en árabe mediante reconocimiento de voz
Mahmoud Gaber, Gloria Corpas Pastor y Ali Hatami

Estudio de caso sobre el uso de la fraseología en la formación de intérpretes
Míriam Buendía-Castro

Prólogo

En una sociedad digital cada vez más caracterizada por los avances en los entornos automatizados, la comunicación multilingüe, ya sea oral o escrita, encuentra retos continuos a los que tiene que hacer frente. Esto no es nuevo, y la traducción e interpretación, entendida como proceso de comunicación, ha sabido evolucionar y adaptarse a cada uno de ellos. Los contextos especializados son una buena muestra de esta continua evolución, donde diversos sectores demandan (cada vez con más urgencia) tareas de traducción e interpretación. La investigación es constante en este ámbito y, sin duda, se necesitan vías de trabajo que ayuden a canalizar estos cambios. En este sentido, cómo abordar la traducción e interpretación en contextos especializados es una tarea indispensable. Es por ello por lo que abordar la investigación actual, o «nuevas tendencias» en traducción e interpretación es de elogiar por parte de las editoras.

Pocos trabajos como el que el lector tiene en sus manos recogen de forma tan excelente y completa las líneas de investigación actuales que se abren en el campo de la traducción e interpretación en contextos especializados. Las editoras han dado en la diana, como no podía ser de otro modo por su amplia experiencia en el campo, en cuanto a la elección de los temas que componen el volumen. Nos adentran en un viaje a través de nuestra disciplina que comienza con el bloque dedicado a la traducción y que se inicia con uno de los conceptos clave, como es la competencia traductora, y que nos ofrece una aproximación a un nuevo modelo aplicado a la traducción especializada que aúna teoría y práctica. Por otro lado, la obra no deja en el tintero las últimas investigaciones sobre corpus. Así, desde los sectores turísticos e inmobiliarios, se exponen unos estudios que, sin duda, serán de referencia para futuras investigaciones, a la vez que son ejemplo de los trabajos más recientes en diversas lenguas, como el inglés, español y alemán y en diversos contextos geográficos, como Argentina o EE. UU. El segundo bloque de la obra está dedicado a la interpretación. Las nuevas tendencias o vías de investigación, en este caso, se centran en la aplicación de corpus en la subespecialidad de traducción e interpretación en los servicios públicos, dando buena muestra de utilidad en estos contextos. Interesante son también los trabajos enfocados en la didáctica de la interpretación de conferencias, la fraseología en la formación de los intérpretes o el diseño de una rúbrica interactiva multilingüe en el campo de la interpretación consecutiva.

No podemos más que elogiar la publicación (tan necesaria) de esta obra, además de hacerlo en un momento óptimo, donde se hace imprescindible guiar la investigación en nuestra disciplina. Las propuestas no solo son muestra de los avances en la traducción e interpretación en los contextos especializados, sino que sirven, además, para reflexionar sobre el camino que están tomando nuestros estudios en la actualidad, donde, la formación, como bien queda reflejado en la obra, es esencial para presentar un futuro prometedor a nuestros egresados. La obra, por tanto, es, como así lo indican las editoras, una fuente indiscutible de información y conocimiento para toda persona implicada en el desarrollo y evolución de la traducción y la interpretación.

María del Mar Sánchez Ramos
Universidad de Alcalá

Introducción

En el vasto panorama de la comunicación global, la traducción y la interpretación ocupan un lugar central como puentes que conectan culturas, idiomas y perspectivas. En el mundo contemporáneo, donde las interacciones internacionales se multiplican y las barreras lingüísticas desaparecen, la demanda de servicios de traducción e interpretación especializadas está en constante crecimiento. La traducción y la interpretación han dejado de ser simplemente una cuestión de transposición de palabras entre idiomas para convertirse en un campo multidisciplinario que requiere habilidades especializadas y una comprensión profunda de diversos temas y contextos. Desde la traducción médica y jurídica hasta la interpretación en conferencias internacionales y la localización de contenido digital, los profesionales de la traducción e interpretación se enfrentan a desafíos cada vez más complejos y exigentes. Con esta idea en mente, este libro se adentra en las nuevas tendencias que están dando forma al campo de la traducción e interpretación, de ahí que se divida el volumen en dos grandes bloques, uno dedicado al primero primera y otro al segundo.

Así, el prime bloque de esta obra, dedicado a la Traducción, se abre con la contribución de María Eugenio Melerio y Luis Luchini, titulada «El desarrollo de la competencia traductora en ámbitos generales y especializados: integración entre la teoría y la práctica traductora». En ella, los autores abordan el debate sobre la importancia de la teoría en la formación de traductores y en su desempeño de la profesión. En concreto, presentan un modelo mediante el cual se incorpora una unidad didáctica sobre traductología y estudios de traducción en una asignatura de traducción la una carrera de traducción técnico-científica (título intermedio) y público universitario en la Universidad

Nacional de Mar de Plata (Argentina). Esta experiencia ha confirmado cómo la integración de los contenidos teóricos en las asignaturas prácticas puede ayudar a desarrollar la competencia traductora del alumnado.

La siguiente aportación, «Compilación de un corpus de cursiva digital para la enseñanza y la traducción en el ámbito turístico», de Susana Garrido y Miriam Seghiri, presenta una metodología elegida por diversos autores a lo largo de este volumen: la lingüística de corpus. Así, en su contribución, Garrido y Seghiri ilustran el protocolo seguido para la generación de un corpus representativo desde el punto de vista cualitativo y cuantitativo sobre cursiva digital del ámbito turístico. En concreto, su estudio se centra en el SEO de hoteles en las lenguas inglés y español. Así, el corpus compilado supone una herramienta de gran utilidad para la práctica y la didáctica de la traducción sobre cursiva digital hotelero.

A continuación, Lorena Arce Romeral presenta «La compraventa inmobiliaria en Argentina y Estados Unidos: derecho comparado y análisis textual contrastivo». La autora dedica esta investigación a la traducción de contratos de compraventa de viviendas redactados en el par de lenguas español-inglés, concretamente en las variedades de Argentina y Estados Unidos. En primer lugar, estudia la normativa aplicable en sendos países (en el caso de EE. UU., el Estado de Luisiana). En segundo lugar, compila un corpus de contratos en cada una de las lenguas, a partir del cual analiza la micro- y macroestructura de los textos objeto de estudio, con el fin de determinar las similitudes y diferencias existentes entre las dos lenguas y variedades. Dicha información se empleará para mejorar y facilitar la redacción de documentos del género temático en cuestión.

A este capítulo lo sigue «Lexonomy y OneClick Dictionary como nuevas herramientas lexicográficas para traducir: creación de un diccionario especializado bilingüe (inglés-español) sobre contratación de distribución exclusiva». En él, M.ª Cristina Toledo Báez y Ángeles Camero García presentan dos recursos especialmente útiles para los estudios sobre lexicografía: por un lado, el gestor de diccionarios Lexonomy y la función OneClick Dictionary y, por otro lado, el sistema de análisis de corpus Sketch Engine. Asimismo, se sirven del corpus DISTRIBUCOR, integrado por contratos de distribución exclusiva en inglés y español, en particular en las variedades de Estados Unidos y España. En primer lugar, definen este tipo de género temático y describen la legislación pertinente en los respectivos países objeto de estudio. Posteriormente, extraen las voces especializadas más frecuentes presentes en el corpus. Tras la extracción terminológica, se crea DISTRIBUDICC, un diccionario especializado en contratación de distribución exclusiva bilingüe inglés-español que cuenta con un total de 250 entradas, entre las que encontramos tanto términos de diferentes categorías gramaticales como locuciones.

Cierra el bloque de traducción especializada María Rosario Bautista Zambrana con un trabajo titulado «Colocaciones en los contratos de viaje combinado: estudio contrastivo alemán-español». Su objetivo principal es analizar las colocaciones que se dan con más frecuencia en un corpus español-alemán de textos sobre condiciones generales de viaje combinado. En concreto, estudia las colocaciones verbales y adjetivales de diez términos y analiza las diferencias y similitudes tanto cuantitativas como cualitativas de las colocaciones extraídas en el par lingüístico elegido, así como las dificultades para extraer las mismas de forma automática. Una vez extraídas y analizadas, la autora representa dichas colocaciones en el diccionario ontoterminológico OntoDiccionario 2.0 utilizando para ello etiquetas de anotación.

El segundo bloque, dedicado a la interpretación, comienza con «Protocolo de compilación de un corpus médico en árabe mediante reconocimiento de voz», de Mahmoud Gaber, Gloria Corpas Pastor y Ali Hatami. Este trabajo se encuadra dentro de una serie de estudios sobre evaluación de sistemas de Reconocimiento Automático del Habla (RAH) que están llevando a cabo con el fin de analizar en qué medidas estos podrían ayudar a los intérpretes durante las fases de documentación y extracción terminológica. En esta ocasión, exponen cómo aplicar el RAH durante la compilación de un corpus oral especializado. En concreto, está formado por transcripciones de discursos orales de ámbito médico, concretamente oftalmología, en lengua árabe. A lo largo de su contribución describen la metodología seguida para el diseño y la compilación del corpus, la selección de los sistemas de transcripción automática y la evaluación de dichos sistemas de RAH.

Seguidamente, en el capítulo «Pragmática de corpus e interpretación en los servicios públicos: un estudio sobre ataques contra la Figura en interpretación telefónica», Raquel Lázaro Gutiérrez presenta una revisión metodológica sobre el etiquetado y el análisis que se está realizando del corpus INTTELPRAGMA. Dicho corpus está integrado por grabaciones anonimizadas en las que se interpretan conversaciones telefónicas entre operadores de lengua española de aseguradoras de asistencia en carretera y usuarios de lengua alemana, china, francesa, inglesa y rusa. En su contribución, Lázaro Gutiérrez introduce la interpretación telefónica y sus características. Posteriormente, expone la Teoría de la Cortesía de Brown y Levinson (1987) y los ataques contra la Figura. Tras ello, expone la literatura sobre pragmática de corpus existente hasta la fecha. Finaliza su estudio con la descripción del proceso de diseño y compilación del corpus, así como las herramientas con las que se analizará en trabajos posteriores.

Las tres últimas contribuciones del volumen se centran en la didáctica de la interpretación. La primera de ellas corre a cargo de Aurora Ruiz Mezcua y lleva como título «El sector de la automoción como referencia para preparación de actividades especializadas en el aula de interpretación de conferencias». En este trabajo, la autora describe una unidad didáctica que tiene como fin preparar al estudiantado de niveles de posgrado que esté formándose en interpretación de conferencias en la combinación lingüística inglés-español. En concreto, Ruiz Mezcua plantea la especialización en el ámbito de la automoción, un sector técnico de gran importancia económica, pero poco estudiado desde los estudios de Traducción e Interpretación. A lo largo de su contribución, expone los objetivos, contenidos y metodología de la unidad didáctica en cuestión; explica la fase de documentación que deberá seguir el alumnado para preparar su interpretación, seguida de la elaboración de glosarios y símbolos; y, por último, presenta el ejercicio realizado en clase, así como la autoevaluación del mismo.

Tras este capítulo, encontramos «Estudio de caso sobre el uso de la fraseología en la formación de intérpretes», de Miriam Buendía Castro. En esta ocasión, la autora presenta un estudio de caso puesto en marcha con un grupo de estudiantes de interpretación de nivel inicial. Esta investigación se centra en particular en el análisis de las unidades fraseológicas producidas por el alumnado al realizar una interpretación consecutiva del inglés al español de temática científico-técnica (concretamente, médica). El objetivo es detectar y describir los errores que más se repiten entre los estudiantes mientras interpretan, a pesar de estar trabajando hacia su lengua materna, para posteriormente ofrecer diferentes sugerencias sobre cómo mejorar en el futuro la competencia fraseológica de los aprendices de interpretación.

Cierra el volumen María Remedios Fernández Ruiz, con «eRUBICON: Una rúbrica interactiva multilingüe para la evaluación en interpretación consecutiva». El objetivo principal de esta investigación es la creación y puesta en marcha de una herramienta que, por un lado, ayude a los estudiantes a conocer cómo serán evaluados y, por otro lado, que contribuya a la objetividad del profesorado de interpretación consecutiva a la hora de evaluar. De ella nace eRUBICON, una rúbrica interactiva, disponible en once idiomas, y que pretende fomentar una evaluación formativa y sumativa en esta modalidad de la interpretación en particular. En esta ocasión, Fernández Ruiz presenta las características principales de la herramienta y, además, recoge los resultados principales de un primer uso experimental en el aula.

Para concluir, la presente obra combina aspectos teóricos y prácticos sobre la traducción y la interpretación especializadas en una amplia variedad de temáticas. Por una parte, en el apartado dedicado a la traducción, encontramos contribuciones sobre el ámbito científico-técnico, jurídico y socioeconómico. Por otra parte, el bloque sobre interpretación incluye aplicaciones prácticas de los corpus lingüísticos para el reconocimiento de voz en el ámbito médico, así como para la interpretación telefónica en los servicios públicos. Además, las tres últimas contribuciones están dedicadas a la formación de intérpretes. El presente volumen también sirve de escaparate para diferentes recursos digitales. En concreto, se ilustran las ventajas de trabajar con diferentes herramientas de gestión de corpus (AntConc, Sketch Engine), lexicográficas (Lexonomy, OneClick Dictionary, OntoDiccionario 2.0) o didácticas (eRUBRIC). Las combinaciones lingüísticas objeto de estudio también son variadas, pues, a pesar de que el par inglés-español sea protagonista de la mayor parte de trabajos, también se incluyen contribuciones que versan sobre otras lenguas (alemán, árabe, chino, francés o ruso). En definitiva, esta obra presenta los últimos avances y enfoques en la investigación, la práctica y la didáctica de la traducción e interpretación especializadas. Esperamos, pues, que la presente edición constituya una valiosa fuente de información y conocimientos para académicos, estudiantes y profesionales del sector.

Míriam Pérez-Carrasco
Universidad de Córdoba
Miriam Seghiri
IUITLM
Universidad de Málaga[1]

[1] El presente proyecto se enmarca en el seno de las actividades del Instituto Universitario de Investigación de Tecnologías Lingüísticas Multilingües (IUITLM), así como del Grupo de Investigación consolidado LexyTrad (HUM-106) y del Grupo Permanente de Innovación Educativa en Tecnologías Lingüísticas Aplicadas a la Enseñanza-Aprendizaje de la Traducción (TRADUTEACH). Igualmente, se enmarca parcialmente en el marco de los siguientes proyectos: GAMETRAPP (ref. TED2021-129789B-I00), VIP (II) (ref. PID2020-112818GB-I00), PROMOTUR (ref. PID2024-160929OB-I00), DICENS (C-HUM-106-UGR23) y DIFARMA (ref. DIFARMA).

BLOQUE 1

Traducción especializada

Propuesta de un modelo para la aplicación didáctica de la teoría traductológica en la enseñanza de traducción especializada

María Eugenia Melerio
Universidad CAECE sede Mar del Plata
Universidad Nacional de Mar del Plata
mariaeugeniamelerio@gmail.com

Pedro Luis Luchini
Universidad Nacional de Mar del Plata
luchinipedroluis@gmail.com

ABSTRACT
The debate on the importance of theory in translator training and practice is as old as modern translation studies. In the academic arena, there seems to be a broad consensus on the idea that a translator with no conscious knowledge of theory can still be an excellent professional, but one who is limited (Franco Aixelá, 2012) by being unable to identify the conscious or unconscious decisions on which their practice is based (Albert, 1993). Meanwhile, this controversy is still present in our classrooms, especially in terms of when and where to include said content. The answer to those questions heavily relies on the analysis and understanding of translation competence (and how to develop it) and of the corresponding didactic model for teaching specialized translation. Based on these notions, this chapter proposes a model for their application that involves the inclusion of a didactic unit focused on *traductologie* and translation studies into the syllabus of a translation subject corresponding to the first year of an undergraduate sworn and technical-scientific (intermediate degree) translation course of studies in Argentina. It includes objectives, content selection and sequencing, options for formative and summative assessments based on the translation of scientific texts, and the short- and medium-term outcomes of this didactic experience within the curriculum of a technical-scientific translation course of studies. The results show the crucial importance of integrating theory and practice since the start of translation training, not only in subjects focused on translation studies—which are usually quite limited and isolated from other curricular spaces—but also in those dedicated to translation practice, as a means to support the development of translation competence.

Keywords: teaching translation, translation theory, technical and scientific translation, translation competence, integration of translation theory and practice.

RESUMEN
El debate en cuanto a la relevancia de la teoría en la formación del traductor y en el desempeño del traductor es tan antiguo como los estudios modernos de

traducción. El consenso general en el mundo académico parece ser que el traductor sin conciencia de teoría puede ser un profesional excelente, pero limitado (Franco Aixelá, 2012), por no poder identificar los fundamentos que consciente o inconscientemente subyacen a su práctica (Albert, 1993). Mientras tanto, en las aulas la controversia se mantiene, sobre todo en relación con el momento y los espacios para el dictado de tales contenidos. La respuesta a tales interrogantes depende en gran medida del análisis que se haga de la competencia traductora y su desarrollo, y del correspondiente modelo didáctico de la enseñanza de la traducción especializada. A partir de estas nociones, en este capítulo se plantea un modelo de aplicación que incluye la incorporación de una unidad didáctica centrada en la traductología y los estudios de traducción al dictado de una asignatura de traducción en el primer año de una carrera de traducción técnico-científica (título intermedio) y público universitario en Argentina. Se presentan los objetivos, la selección y secuenciación de los contenidos, alternativas de evaluación formativa y sumativa a partir de traducciones de textos científicos, y los resultados de la experiencia didáctica, a corto y a largo plazo, dentro del plan de estudios de traducción técnico-científica. En función de ellos, es posible confirmar el gran valor de la integración entre teoría y práctica desde el inicio de la formación profesional, no solo en asignaturas dedicadas a tal fin —que suelen presentarse como espacios aislados y acotados en los planes de estudio—, sino también en asignaturas de traducción donde predomina la práctica, como soporte para el desarrollo de la competencia traductora.

Palabras clave: didáctica de la traducción, teoría de la traducción, traducción científico-técnica, competencia traductora, integración de teoría y práctica en traducción.

1. La función de la teoría en la formación del traductor y en el aula de traducción

La controversia en cuanto a la importancia de la teoría en la formación y el desempeño profesional de los traductores es de larga data. Dentro de las aulas y de las instituciones, la controversia parece perdurar. ¿Quién, de uno u otro lado del aula, no ha escuchado a alguien preguntarse sobre la utilidad práctica de tales contenidos o incluso argumentar decididamente en su contra (como con tantos otros conocimientos cuyo provecho no nos resulta obvio en lo inmediato)? El punto álgido suele ser si los conocimientos traductológicos son necesarios para un desarrollo profesional exitoso, y en el desarrollo del debate los argumentos a menudo se centran en la presentación de ejemplos que respaldan las posturas en puja (aunque con escasa verificabilidad y menor poder probatorio).

Dentro del mundo académico de la traducción, el consenso general parece poder resumirse en la siguiente cita de Franco Aixelá (2012, pág. 31):

«El traductor sin conciencia de teoría puede ser un profesional excelente y de merecido prestigio, pero que al mismo tiempo será preso de una serie de limitaciones». Cabe aquí analizar las implicancias del uso del término 'conciencia' en cuanto conocimiento claro y reflexivo de la realidad, que de algún modo parece respaldar la afirmación en que Rabadán y Fernández Nistal sustentan su propuesta didáctica de 2002: según las autoras, y parafraseando a Sándor Albert (1993, pág. 13), todo acto traductor se basa *consciente o inconscientemente* en algún tipo de fundamento teórico proveniente de los estudios de traducción o de otras disciplinas que han aportado a la nuestra, y es la falta de conciencia lo que afecta negativamente a la calidad del producto final.

Lo anterior es particularmente interesante si se piensa en relación con el debate en torno a la jerarquización de la profesión traductora. Para ello, podemos aplicar la tradicional clasificación del conocimiento que establece la división entre saber declarativo, explicativo y operativo. Si pensamos en nuestra actividad en estos términos, resulta innegable que lo que el común de la gente denomina «traducir» es simplemente el saber operativo que en algunos casos no requiere de más que el mero bilingüismo, y esa es una noción arraigada inadvertidamente en la consciencia de quienes inician estudios superiores en esta disciplina. La inclusión de la teoría de traducción como componente indispensable del saber declarativo y explicativo es esencial en la lucha por la jerarquización de la profesión.

Cabe igualmente recordar la advertencia de Aparicio (1995) en cuanto a la necesidad de convertir el conocimiento declarativo en conocimiento «usable», pues, de lo contrario, lo único que puede hacerse con él es «decirlo». Hurtado Albir (2019, pág. 57) hace eco de este problema al notar que los conocimientos declarativos y explicativos por sí solos son «propios más bien de la formación de *investigadores* en traducción» (cursiva agregada). Entonces, ¿en qué, o cómo, puede usarse la teoría de traducción? La respuesta más evidente quizás sea, efectivamente, que puede aplicarse para «decir» por qué se hace lo que se hace. Según notan acertadamente Bardají y Presas (2007, pág. 34), «el traductor sabe traducir pero a menudo es incapaz de explicar los pasos que da para llegar a la traducción de un determinado texto; sabe resolver problemas pero muchas veces ignora cómo los ha resuelto», y eso es un problema en sí mismo, desde la didáctica de la traducción, pero también desde la práctica profesional, puesto que a menudo se nos requiere que aclaremos decisiones tomadas o argumentemos la aceptación o el rechazo de sugerencias de terceros (revisores, intermediarios, clientes y usuarios).

Como dice Sabio Pinilla (2017, pág. 146), la teoría en sí constituye «una herramienta con múltiples ramificaciones»: nos aporta un metalenguaje que nos permite describir, explicar, entender y defender lo que hacemos, y, por lo tanto, genera puntos de contacto con el trabajo de colegas (estudiantes y profesionales). Eso nos expone a estrategias diferentes y enriquece tanto nuestra práctica como nuestra visión de la disciplina, además de derribar la concepción de nuestra actividad profesional como una actividad solitaria y aislada con un campo de acción limitado. En su lugar, puede generarse un sentimiento de cohesión y pertenencia que contribuye a las relaciones entre profesionales, el asociacionismo y el avance sobre el campo de investigación científica, que rara vez se contempla como posible salida laboral de la carrera.

Todo esto, amén de zanjar de manera definitiva la pregunta en cuanto a la utilidad de la teoría en la formación traductora, abre una interrogante más polémica que refiere al momento y a los espacios para el dictado de tales contenidos. Las casas de altos estudios de algún modo median entre los cuestionamientos de las aulas y las certezas del mundo académico con la inclusión de algunos conceptos teóricos fundamentales entre los contenidos mínimos de alguna asignatura introductoria —insuficiente para cubrir la amplitud de los estudios de traducción— o la inserción de una asignatura dedicada a la traductología generalmente en el segundo o tercer año del plan de estudios, lo que implica un riesgo mayor de que la teoría se aprenda disociada de la práctica. Al respecto, apunta Nida (en Nida, Argüeso y Ribas, 1996, pág. 128) que «lo ideal es que el profesor pueda combinar práctica y teoría en clase. (…) Si [los estudiantes] no se enfrentan a la resolución de problemas, difícilmente podrán aplicar los principios metodológicos aprendidos». Kiraly (2013) indica algo similar al notar que la competencia traductora (cuya adquisición es el centro de los programas de formación en traducción) no se genera paulatinamente a través de la acumulación de conocimiento, sino que se desarrolla mediante la participación en experiencias de traducción reales y habituales. En ese sentido, pone en tela de juicio la utilidad de impartir estos conocimientos de la manera tradicional —estática o, en palabras de Aparicio (1995, pág. 26), «inerte»—, con disertaciones o clases magistrales y apenas algunos ejemplos de dudosa autenticidad.

1.1. Aportes del análisis de la competencia traductora

A partir de lo anterior, este trabajo se propone presentar un ejemplo exitoso de integración de la teoría traductológica en las materias prácticas de traducción, no solo como contenido curricular, sino también (y principalmente) como instrumento concreto para enseñar a traducir, algo innovador al menos en Argentina. Tal integración parte del análisis de los componentes del modelo didáctico puntual de la asignatura, cuyo resultado determina la selección de temas y textos más provechosos para su aplicación en la enseñanza y el aprendizaje del «saber hacer». En ese sentido, la experiencia incluye un modelo de asistente para la elaboración de tal análisis y, también, los resultados que confirman el valor de la integración entre teoría, didáctica y práctica de la traducción para el desarrollo cabal de la competencia traductora.

A pesar de la variedad de enfoques que abordan la competencia traductora, un análisis más detallado de su desarrollo puede aportar algunas certezas en cuanto al valor didáctico de la teoría de la traducción. Existe cierto acuerdo en cuanto a la definición más general de la mencionada competencia: «el conjunto de capacidades, destrezas, conocimientos e incluso actitudes que reúnen los traductores profesionales y que intervienen en la traducción como actividad experta», según Kelly (2002, pág. 9); básicamente, todo lo que marca la diferencia entre profesionales y no profesionales de nuestra disciplina. También está consensuada la posibilidad de subdividir el concepto en subcompetencias, aunque no el listado de ellas. A los efectos de este análisis, se utilizará la nomenclatura propuesta por el grupo PACTE (2005), debido a su amplia difusión en el mundo académico hispanoparlante. En la Figura 1 (en la página siguiente) se ilustra el popular esquema.

Es importante destacar que el modo de representar gráficamente la competencia traductora también es objeto de controversia. Kiraly (2013) ha observado muy acertadamente que los modelos bidimensionales, si bien prácticos —según el uso que deseemos darles—, pueden resultar esquemáticos y no ilustran adecuadamente el grado de interrelación de las subcompetencias, ni tampoco su carácter corporizado, situado socialmente y actuado (*embodied, socially-situated and enactive*). Según indica, «la competencia traductora puede entenderse mejor tridimensionalmente, como la totalidad de la red de vínculos potenciales entre recuerdos, resultados del aprendizaje e intuición, junto con recursos externos tanto materiales como humanos y, por supuesto, las

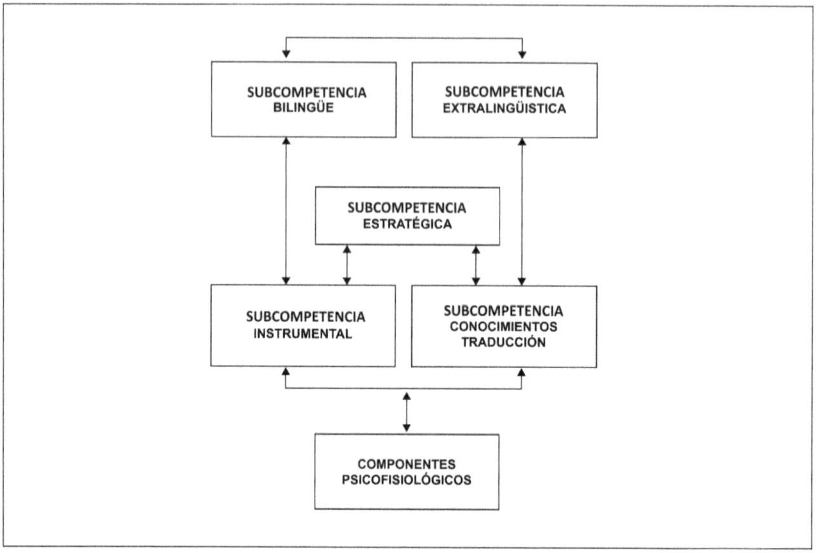

Figura 1. La competencia traductora y sus subcompetencias según el grupo PACTE
Fuente: PACTE (2005)

inclinaciones personales, interpersonales y psicocorporales» (2013, pág. 207, traducción propia)[2]. El modelo que este autor propone para representar la competencia traductora en quienes recién comienzan su formación (Figura 2) ilustra las subcompetencias como redes relativamente separadas, con pocos o nulos vínculos entre sí.

Por su parte, la representación de una competencia traductora avanzada (Figura 3) refleja una complejidad de interconexiones que imposibilitan la separación de las unidades.

En consecuencia, podría argumentarse que el desarrollo de la competencia traductora —y las subcompetencias que la componen— consiste en la generación y el fortalecimiento de tales vínculos, por lo que cualquier intento de trabajar en las subcompetencias de manera aislada, secuencial o individual resultaría contraintuitivo y contraproducente. Esta observación se condice, a su vez, con la premisa de la integración como un aspecto característico del

2 En idioma original: «*Translator competence, I believe, can be better understood in three-dimensional terms as the entire network of the myriad potential links between these memories, learning results and intuitions, along with external human and material resources and of course personal, interpersonal and psycho-corporeal dispositions*».

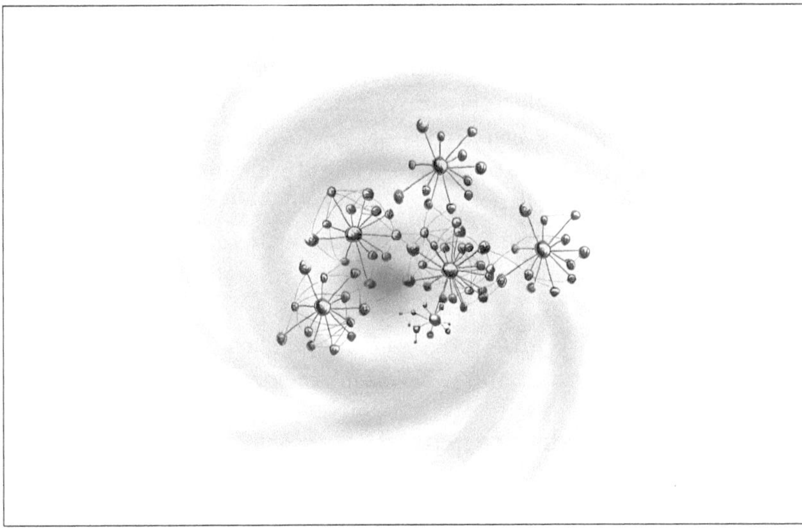

Figura 2. Competencia traductora incipiente
Fuente: Kiraly (2013)

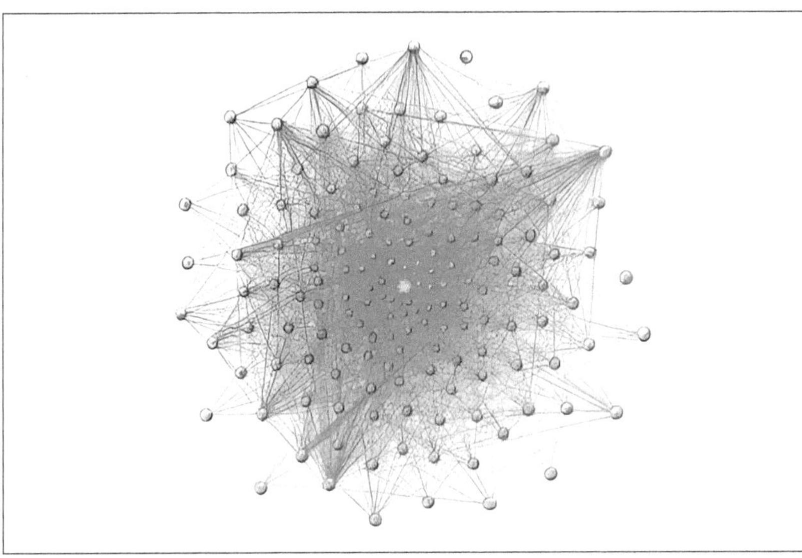

Figura 3. Competencia traductora experta
Fuente: Kiraly (2013)

concepto de competencia, según lo sostiene Hurtado Albir (2015, pág. 261). Por consiguiente, todo diseño curricular debería apuntar al desarrollo holístico de la competencia traductora a través de tareas y actividades que aborden varias subcompetencias, si bien en distinto grado, de manera simultánea. La correcta inclusión de la teoría traductológica en el programa de una asignatura de traducción (o en todas ellas) serviría para tales fines; las aulas de traducción (incluso, y sobre todo, las de los primeros años) parecerían ser espacios no solo aptos sino también idóneos para el aprendizaje —y la aplicación— de la teoría de la traducción.

Pero ¿qué constituiría una «correcta» incorporación de estos contenidos? Esa pregunta plantea un desafío ya no traductológico, sino didáctico.

1.2. Aportes de la didáctica general

La incorporación de la pedagogía y la didáctica en las prácticas de enseñanza de educación superior parece ser una asignatura pendiente en el ámbito universitario general, al menos en América Latina. En países como Argentina se han creado posgrados de especialización dedicados a tal fin, pero tales titulaciones no son requisito para el acceso a cargos de docencia y a menudo su consideración pasa a segundo plano en comparación con otros antecedentes de posgrado e investigación en la ciencia por enseñar.

En el campo de la formación de formadores en traducción, el panorama no parece ser muy diferente. En su artículo de 2019, Hurtado Albir nota que «la enseñanza de la traducción y de la interpretación, como formación para profesiones específicas, es un fenómeno relativamente reciente, que adquiere un gran auge tras la Segunda Guerra mundial» (pág. 49) y procede a dar cuenta de su evolución, los enfoques propuestos y el desarrollo de la investigación. No escapan de su análisis las limitaciones metodológicas que sufren los abordajes tradicionales y trata, con cierto nivel de detalle, una serie de consideraciones que la didáctica de la traducción debería ser capaz de responder. Se trata, a todas luces, de una referencia obligada para cualquier docente de traducción.

Sin embargo, Colina y Venuti (2017, pág. 220) observan que, en muchos casos, la práctica de la docencia en traducción refleja cierta tendencia a enseñar del mismo modo que se enseñó al docente, lo cual suele remitir a los enfoques tradicionales (tan criticados) que se centran en meras actividades de tipo «lea y traduzca». Es decir, si bien la investigación en didáctica de la traducción ha evolucionado a propuestas centradas en el aprendizaje del estudiante y orientadas al proceso, esto no necesariamente ha repercutido en la práctica didáctica, es decir, no constituye *investigación acción* (en términos de Hurtado Albir). Tal desfasaje quizás tenga que ver con la magra oferta en propuestas de formación de docentes de traducción que estructuren el cuerpo de conocimientos producidos por la tan fecunda investigación en didáctica y faciliten su incorporación, pero sobre todo que. en primer lugar, aporten las nociones básicas provenientes de las ciencias de la educación y establezcan con ellas un diálogo que permita la exitosa decodificación, aprendizaje e implementación de las propuestas más avanzadas. El desafío es que quienes formen traductores no solo sean profesionales reflexivos y críticos en nuestra disciplina, sino también en el campo de la educación.

Uno de esos conceptos elementales de la didáctica general nos permite esbozar una respuesta a la pregunta que cierra la sección anterior: qué constituiría una «correcta» incorporación de la teoría en una asignatura de traducción práctica. Se trata del modelo didáctico, que —como todo modelo— pretende explicar su objeto de estudio (la enseñanza) de manera abstracta y simplificada. En la Figura 4 se observa su representación gráfica según lo propuesto por Botte (2016).

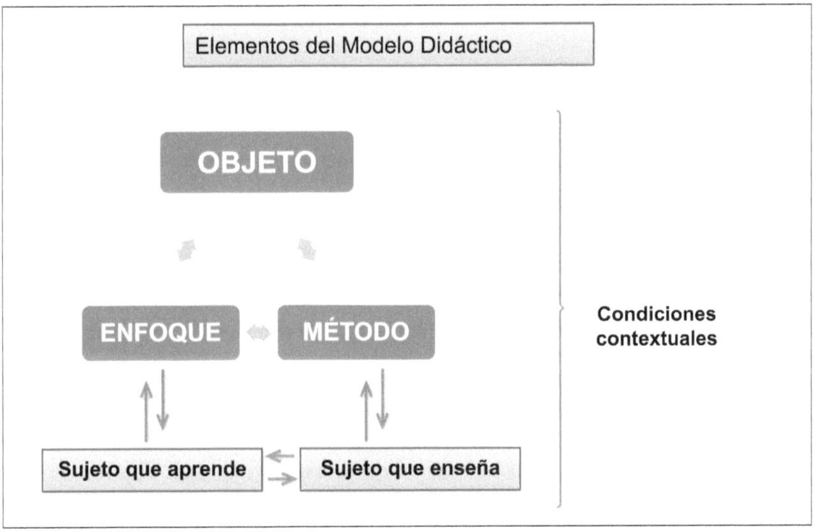

Figura 4. Los elementos del modelo didáctico y sus interacciones.
Fuente: Botte (2016)

Como puede observarse a partir del esquema anterior, los elementos que componen el modelo se interrelacionan y, en consecuencia, están todo el tiempo en tensión: la definición de un elemento dado incidirá inevitablemente en la de los demás. Eso implica que cualquier intento de generalizar un planteo didáctico será fútil o, cuanto mucho, solo parcialmente exitoso. Es de absoluta importancia comprender que cada uno de estos componentes varía necesariamente según lo que se desee enseñar, e incluso lo que se enseñe se transformará, en cierta medida, en función de los demás elementos.

En su presentación en el II Congreso Universitario de Formación en Traducción e Interpretación llevado a cabo en Argentina en abril del 2019, Firmenich y Leslabay propusieron la aplicación de este modelo a la enseñanza de la traducción, general y especializada, y también a la enseñanza de la didáctica de la traducción. Con su trabajo como base, para la enseñanza de la traducción técnico-científica —que es el objeto del presente—, podríamos plantear las definiciones a continuación.

1. Objeto: la traducción especializada, en este caso, científico-técnica.
2. Enfoque: el marco desde el que se aborda el objeto, que según lo planteado debería incluir las ciencias de la educación, la teoría de la traducción y, también, las teorías del campo disciplinar sobre el que se traducirá.
3. Método: qué se enseña y cómo se enseña (incluso cómo se evalúa), que deben ser congruentes.
4. Sujeto que aprende: el cuerpo estudiantil en cuestión, con sus características particulares.
5. Sujeto que enseña: el docente, con sus características particulares.
6. Condiciones contextuales: la institución donde se desarrolla el proceso de enseñanza/aprendizaje, el marco normativo, el diseño curricular, los tiempos y espacios necesarios, los recursos materiales disponibles, etc.

Como explica Botte, «el núcleo central (objeto-enfoque-método) define el campo disciplinar a ser enseñado y aprendido y debe ser producto de una coherente articulación de los desarrollos teóricos (...). Los objetos se van redefiniendo al mismo tiempo que cambian los enfoques y los métodos de abordaje» (pág. 7). A esto se refiere indirectamente House (1997, pág. 1) al indicar que «la evaluación de la calidad de una traducción presupone una teoría de la traducción. En consecuencia, diferentes visiones de la traducción conducirán a distintas concepciones de su calidad y de cómo evaluarla». Tales parámetros suelen definirse con anticipación a los procesos de enseñanza y aprendizaje en sí mismos, pero deben ajustarse indefectiblemente a medida que se develan los demás elementos, pues no hacerlo hará que entren en conflicto y generará obstáculos para el aprendizaje, sobre todo si se pretende que los estudiantes sean sujetos activos de participación destacada.

En virtud de todo lo anterior, parece claro que la clave está en entender la enseñanza y el aprendizaje como fenómenos situados. En ese sentido, la incorporación de la teoría traductológica a la enseñanza de la traducción como saber operativo y explicativo debe articularse entre todos los elementos del modelo didáctico, y contemplar las características y limitaciones tanto de las asignaturas (en términos de modalidad de cursada y cantidad de horas) como de quienes la cursan e incluso de quienes la enseñan. La selección y secuenciación de los contenidos, así como el diseño de tareas, actividades y evaluaciones deberán dar cuenta de estas características y adaptarse a ellas.

1.2.1 Asistente para el análisis de los elementos del modelo didáctico

Dado el carácter esencial de un correcto análisis que identifique de manera específica los elementos del modelo didáctico aplicado a la enseñanza de la traducción —en particular, de la traducción especializada—, todo instrumento que facilite esa tarea será de especial utilidad. A partir de esta premisa, se desarrolló un asistente que incluye preguntas centrales (no exhaustivas) que guían en la definición de cada elemento y sus puntos de interrelación, para así hacer del carácter situado de la enseñanza y el aprendizaje el aspecto nuclear del que dependerán todas las decisiones que se tomen al respecto de estos procesos.

Análisis del objeto

- ¿Qué tipo de traducción se debe enseñar en la asignatura? (Traducción técnica, científica, científico-técnica, literaria, jurídica, pública, etc.).
- A partir de la respuesta anterior, ¿qué temáticas se espera que aborde durante la cursada, según los contenidos mínimos requeridos por el plan de estudios? (P. ej., traducción médica, específicamente sobre enfermedades infecciosas).

- ¿El plan de estudios impone tipos textuales o géneros discursivos específicos que deban trabajarse durante la cursada? ¿Cuáles? (P. ej., textos de divulgación general sobre enfermedades infecciosas).

Análisis del enfoque

- ¿De qué paradigma parte el cuerpo docente en cuanto a su concepción de la enseñanza y el aprendizaje? (P. ej., constructivismo).
- ¿Qué concepción tiene el cuerpo docente sobre la secuenciación de los contenidos? (P. ej., se plantea un abordaje recursivo de los conceptos).
- ¿A qué teoría de la traducción adhiere el cuerpo docente, de manera implícita o explícita? (P. ej., funcionalismo, descriptivismo, etc.).
- ¿A qué teoría o enfoque de didáctica de la traducción adhiere el cuerpo docente, de manera implícita o explícita? (P. ej., enfoque por proyectos y tareas).
- ¿Qué contenidos de teoría de la traducción necesitan conocer los estudiantes en función de las respuestas anteriores? (P. ej., los estudiantes probablemente se adapten mejor a un enfoque por proyectos y tareas si conocen y entienden los principios del funcionalismo).
- ¿Qué contenidos de teoría sobre el campo disciplinar que se estudiará deben conocer los estudiantes? (P. ej., conceptos básicos sobre enfermedades infecciosas).
- ¿Con qué profundidad se deben abordar tales contenidos de teoría del campo específico en función del enfoque didáctico que se desea implementar? (P. ej., se necesita profundizar en los procesos, pero no en la terminología específica).

Análisis del método

- En función de los demás elementos, ¿qué método puede implementarse como marco general para el desarrollo de la cursada? (P. ej., un enfoque por proyectos y tareas).
- ¿Qué textos (de teoría de la traducción y del campo disciplinar) específicos son idóneos para abordar los temas que deben tratarse durante la cursada?

- ¿Qué actividades concretas pueden facilitar la integración de los contenidos entre sí y entre contenidos teóricos y práctica? (P. ej., análisis de un texto fuente para detectar las dificultades y los problemas de traducción que presenta, análisis de una traducción para identificar aciertos y errores, análisis de los aciertos a la luz de la teoría traductológica y del campo disciplinar).
- ¿Qué características deben presentar los textos que se utilizarán para las actividades prácticas? (P. ej., deben ser textos informativos, de complejidad baja, con poca terminología específica y que se centren en procesos; deben presentar gran complejidad terminológica; deben ser textos apelativos; deben ser textos que interrelacionen varios temas abordados durante la cursada, etc.).

Análisis del sujeto que aprende

- ¿Qué estudiantes cursan la asignatura? (P. ej., estudiantes de primer año, estudiantes que ya han cursado la mitad de la carrera, un grupo de estudiantes heterogéneo que puede incluir estudiantes en todos los niveles de avance académico, etc.).
- ¿Qué conocimientos de teoría de traducción deben tener tales estudiantes? (P. ej., ninguno, ya han cursado materias donde se enseña funcionalismo, etc.).
- ¿Qué subcompetencias se espera que tengan más desarrolladas? (P. ej., subcompetencias extralingüística y bilingüe).
- ¿Qué subcompetencias se espera que tengan menos desarrolladas? (P. ej., subcompetencia de conocimientos de traducción).
- ¿Cuál es el desarrollo de los componentes psicofisiológicos de los cursantes según su avance académico o según otros docentes? (P. ej., recién ingresan al programa, por lo que sería de esperar que les intimiden los textos académicos; son estudiantes avanzados, por lo que se espera que puedan gestionar bien la presión de dar una exposición oral ante el resto de la clase).

Análisis del sujeto que enseña

- ¿Cuál es el campo de especialización profesional (fuera de la docencia) de los integrantes del cuerpo docente y cómo puede aprovecharse esa

experiencia dentro del aula? (P. ej., la docente 1 se especializa en farmacología, por lo que puede aportar conocimientos de cómo opera el mercado en esa especialidad; el docente 2 trabaja con clientes que tienen revisores no lingüistas, por lo que puede liderar ejercicios de análisis y argumentación a favor o en contra de distintas opciones de traducción).
- ¿Cuáles son las fortalezas y las debilidades didácticas de cada integrante del cuerpo docente? (P. ej., el docente 1 tiene facilidad para incorporar recursos tecnológicos que dan dinamismo a sus presentaciones orales; la docente 2 hace devoluciones individuales que son más eficaces que sus devoluciones a toda la clase).
- En función de la respuesta anterior y las respuestas relacionadas con el enfoque y el método, ¿qué docente sería idóneo para liderar cada actividad programada?

Análisis de las condiciones contextuales

- ¿Cuál es la duración de la cursada? (P. ej., cuatrimestral, cuatro horas por semana durante 12 semanas).
- ¿Qué días y horarios se han designado para la clase?
- ¿Con qué recursos tecnológicos se cuenta? (P. ej., aula virtual, laboratorio de informática).
- ¿Cuántos estudiantes cursarán la asignatura?
- ¿Qué limitaciones, si las hubiere, impone el plan de estudios a la asignatura?
- ¿Qué limitaciones materiales, si las hubiere, presenta la institución? (P. ej., se comparte edificio con una gran cantidad de estudiantes de otras asignaturas o carreras y en ocasiones el entorno es demasiado bullicioso para una presentación oral).
- ¿Cuáles son los requisitos normativos de la institución? (P. ej., el reglamento prevé dos evaluaciones sumativas presenciales para acreditar la aprobación de la asignatura).

Como ya se mencionó, teniendo en cuenta que el objetivo puntual de este análisis es destacar el carácter situado del proceso para el que se aplique, no solo es probable, sino también deseable, que cada análisis requiera de la formulación de otras preguntas, específicas a las características de los elementos del modelo didáctico en cuestión.

2. Notas de una experiencia aplicada

Las nociones teóricas anteriores se pusieron en práctica en el entorno de la primera asignatura de traducción de la carrera Traductor Técnico-Científico (en lengua inglesa) de Universidad CAECE sede Mar del Plata, en Argentina, durante los ciclos lectivos 2021 y 2022. Es importante aclarar que las especificaciones a continuación refieren y responden al análisis del modelo didáctico específico a la experiencia de 2021, pero también aplican al ciclo 2022 a menos que se aclare lo contrario.

La asignatura en cuestión se dicta en el primer cuatrimestre de primer año y aborda la traducción de textos técnicos y científicos de poca complejidad. Si bien se prevé que quienes ingresen a la carrera tengan la posibilidad de cursar módulos niveladores de lengua y gramática inglesas y españolas (con lo que quizás ganen cierta experiencia universitaria previa al cursado de la asignatura), y también se permite que quienes aprueben el examen de ingreso de uno de los idiomas pero no el otro cursen las asignaturas del primer cuatrimestre que corresponden al idioma aprobado (ídem comentario parentético anterior), más allá de la presencia esporádica de ingresantes con otras carreras cursadas, la asignatura consta en su gran mayoría de estudiantes para quienes esta constituye su primera aproximación a la educación superior y cualquier tipo de academicismo de ese nivel. Si a eso le sumamos que las demás asignaturas del cuatrimestre se centran en el desarrollo de las capacidades lingüísticas en inglés y español —por separado—, esta asignatura de traducción se erige como el espacio que obligadamente debe impartir las nociones básicas que se constituirán en cimientos para la práctica en todo el resto de la carrera.

Es importante destacar que el plan de estudios contempla el cursado de un año más para obtener otro título de grado, y que en ese año se incluye Metodología de la Investigación, pero no una asignatura específica que aborde los contenidos de teoría necesarios para la elaboración de marcos teóricos con rigor científico, ni tampoco contempla el dictado de tales en los contenidos mínimos de ninguna otra asignatura. En consecuencia, su inclusión en este espacio curricular resulta esencial por su articulación con el resto de la carrera.

2.1. Propuesta de aplicación del modelo didáctico en la traducción especializada

La incorporación de la teoría de traducción a la mencionada asignatura fue gradual y se dio por varias vías. En primer lugar, ciertas nociones generales correspondientes a la Escuela del Sentido y algunos aportes tradicionales de Peter Newmark, Susan Bassnett y también Basil Hatim e Ian Mason se incluyeron desde la designación del cuerpo docente actual como parte del enfoque general de la asignatura y, en algunos casos, como textos de consulta trabajados principalmente a partir de exposiciones de los docentes.

En segundo lugar, en 2021 se elaboró e incluyó en el programa de la asignatura una unidad didáctica específica sobre aportes de la teoría, que se describirá en los apartados a continuación. Finalmente, y en relación con lo anterior, se puso a disposición del estudiantado una compilación general de manuales de traducción —entre los que se encuentran las obras de Baker y Saldanha (2011), Fawcett (1997), García (2012), García Yebra (1989), Gentzler (1990), Hatim y Mason (1993), Hurtado Albir (2001), López Guix y Wilkinson (1997), Munday (2016), Newmark (1988) y Vázquez Ayora (2005), pero que podría incluir otras obras según se encuentren disponibles— que sirviera como soporte para las actividades centradas en los contenidos de la unidad didáctica ya mencionada.

2.2. Propósitos y objetivos

La inclusión de la teoría en general y de la unidad didáctica diseñada en particular tuvo como objetivos que quienes cursaran la asignatura lograran lo siguiente:

- entender la interrelación entre la teoría y la práctica de la traducción, y su importancia;
- adquirir metalenguaje propio de nuestro campo científico;
- conocer una selección de postulados teóricos, autores y textos fundacionales de la traducción como disciplina;
- vincular conceptos teóricos con la práctica de la traducción, de manera general y en casos específicos;
- reflexionar sobre la práctica a partir de la teoría, no solo en relación con el desempeño y la calidad profesional, sino también desde un punto de vista sociocultural e histórico;

- enriquecer su práctica traductora a partir de la aplicación de la teoría;
- abordar, comprender y elaborar exitosamente textos de nivel académico en la lengua extranjera.

Tales objetivos se sumaron a los ya incluidos en la materia en función de sus contenidos mínimos de traducción técnico-científica requeridos por el plan de estudios.

2.3. Contenidos

Los contenidos de la unidad añadida y su secuenciación se detallan en el cuadro a continuación.

Unidad 2: nociones básicas de la teoría lingüística y de traducción
El concepto de signo lingüístico y sus características. La teoría de traducción: panorama general y mapa de la disciplina. Teoría de la equivalencia: procedimientos de traducción (Vinay y Darbelnet); tipos de traducción (Jakobson); correspondencia formal y equivalencia dinámica (Nida); *shifts* (Catford); traducción patente y encubierta (House); niveles de equivalencia (Baker). Teoría de la finalidad: tipología textual y traducción (Reiss); teoría del escopo (Nord).

Cuadro 1: Contenidos y secuenciación de la unidad dedicada a la teoría de la traducción

Cabe aclarar que la inclusión del signo lingüístico como tema se vio forzada por cambios en el plan de estudios de la carrera, que hicieron que Lingüística quedara en el primer cuatrimestre de tercer año. Este constituye un claro ejemplo de cómo las circunstancias contextuales y la identidad de los sujetos que aprenden influyeron sobre la definición de lo que se enseña y cómo, ya que el abordaje de este concepto resulta esencial para poder hablar de distintos tipos de relaciones semánticas y del lenguaje en general. Eso generó la obligación de incluir el tema entre los contenidos de la asignatura para luego poder avanzar con nociones propias de la teoría de la traducción. El resto de los temas se seleccionaron por su carácter fundacional y también por la variedad de los aportes dentro del mismo enfoque o paradigma, ya que también se planteó como propósito ofrecer un pantallazo general de las teorías «clásicas».

La secuenciación de los temas en cuanto a su presentación respondió, *a priori*, a una lógica cronológica; sin embargo, en realidad los temas se abordaron deliberadamente mediante una secuencia «con idas y vueltas» (en palabras de Davini [2008, pág. 176]), pues los contenidos se recuperaron e interrelacionaron no solo con el abordaje de nuevos conceptos, sino también durante la resolución de tareas de traducción (en el sentido de Rabadán y Fernández Nistal [2002], que no solo incluye actividades de pasaje de un texto de un idioma a otro). Al respecto, por ejemplo, abordar los procedimientos de traducción de Vinay y Darbelnet ([1958] 2004) antes que los postulados de los demás autores aportó una ventaja estratégica, pues la claridad de las definiciones de los autores franceses y, en particular, la división que hacen entre procedimientos directos y oblicuos, resultó de mucha utilidad para visualizar de manera práctica otras categorías y establecer interrelaciones a partir de la reflexión (por ejemplo, la correspondencia entre los procedimientos oblicuos y la equivalencia dinámica según Nida).

Cabe recordar que, como ya se ha mencionado, estos contenidos se insertaron en una programación más amplia que incluyó otros aportes de la teoría tanto o más valiosos que de otra manera bien podrían haberse incluido en este pantallazo general. Además, asignaturas posteriores en las que participan integrantes del mismo cuerpo docente abordan con mayor profundidad nociones propias del poscolonialismo y la teoría descriptivista (en particular, la concepción de polisistemas), que —dadas las limitaciones impuestas por las condiciones contextuales (especialmente el tiempo) y las características del sujeto que aprende— se consideraron poco adecuadas e incluso contraproducentes para su inclusión en primer año.

2.4. Marco metodológico, tareas o actividades

La asignatura objeto de esta propuesta es una asignatura cuatrimestral. En circunstancias de presencialidad, la asignatura se dicta una vez por semana en un bloque de cuatro horas, de las que al menos la mitad se imparten en laboratorio de informática con acceso individual a los equipos. Las clases suelen dividirse en dos partes, una teórica y una práctica, tanto para optimizar los tiempos como para mantener la atención de quienes cursan la asignatura.

El cuerpo docente a cargo de la asignatura parte de una visión constructivista de los fenómenos de enseñanza y aprendizaje, con elementos de la teoría social crítica, y aplica un enfoque por tareas similar al propuesto por

Rabadán y Fernández Nistal (2002). En cuanto a su visión de la traducción, se la considera primordialmente como acto comunicativo. Se incorporan, además, elementos del poscolonialismo y la teoría de la finalidad, y —en términos de didáctica— en las clases se hace honor al clásico adagio de Peter Newmark «*Translation is for discussion*».

Con atención a lo anterior, y a todo lo enunciado en las demás secciones del presente trabajo, el dictado formal de los contenidos de la unidad didáctica diseñada se programó para el transcurso de cinco clases, pero se previó que comenzaran a trabajarse desde el inicio de la cursada y se recuperaran de manera recurrente hasta el cierre del espacio. Las lecturas se habilitaron desde el inicio de la cursada y se previó que, para la clase en que se abordara un tema específico, las estudiantes[3] ya hubieran leído el/los texto/s relacionado/s (incluso cuando en la mayoría de los casos el comentario inicial refiriera a la falta de comprensión o la dificultad del texto, algo muy característico de primer año). Cabe aclarar que todos los textos se acompañaron de guías de lectura que incluían preguntas orientadoras al abordaje de los temas y cuestionarios de corrección automática centrados en ejemplos de aplicación práctica de los temas. Todo esto se planteó como contribución, directa e indirecta, al desarrollo de las subcompetencias bilingüe, extralingüística, de conocimientos de traducción e instrumental.

Dadas las circunstancias ya mencionadas en cuanto a la ubicación de la asignatura en el plan de estudios y las características de quienes la cursan, el abordaje de los primeros temas se planteó a partir de exposiciones de los docentes. Estas se orientaron, por un lado, a vincular los contenidos con los saberes que se suponen adquiridos en el nivel secundario (por ejemplo, la concepción estructuralista de signo lingüístico), y, por el otro, a contextualizarlos y abordarlos de manera crítica (en consonancia con Venuti [2000]). Para su desarrollo se dispuso de la parte teórica de una sola clase (es decir, unas dos horas).

Para los textos relacionados con la teoría de la equivalencia, se dividió a los cursantes en grupos de dos o tres estudiantes y se les asignó un autor —o, en el caso de Vinay y Darbelnet, un procedimiento— en quien centrarse. Se esperaba que los grupos, organizados desde el primer día de la cursada,

3 Los grupos de primer año suelen constar, en promedio, de 35 estudiantes y la gran mayoría (85 %-90 %) son mujeres.

investigaran sobre el tema asignado (a partir del texto fundacional correspondiente y su guía de lectura), redactaran un informe en inglés (por ser el idioma del material desde el que se parte) y expusieran los resultados oralmente ante el resto de la clase (en el transcurso de tres clases, las dos primeras con dedicación parcial y la última con dedicación total a las presentaciones). Para garantizar que la información presentada fuera correcta y también guiar la investigación (sobre todo, el abordaje de otras fuentes de información), se previeron múltiples entregas parciales con instancias de corrección y devolución. Esto significó, por supuesto, que el cuerpo docente dedicó mucho tiempo al seguimiento de tales actividades.

Las exposiciones/presentaciones orales se programaron como espacios semiestructurados que admitieran el debate, la reflexión y, sobre todo, la interrelación entre temas y con la traducción como proceso y profesión. Para cerrar las presentaciones, los docentes propusieron el análisis de material audiovisual en busca de ejemplos de aplicación de los conceptos abordados, ejercicio que también se implementó regularmente durante las tareas desarrolladas en la parte práctica de la asignatura (por ejemplo, al analizar las características de un texto fuente o las estrategias de resolución de problemas aplicadas correcta o incorrectamente en un texto meta). Como puede apreciarse, la actividad contempló espacios para el desarrollo de todas las subcompetencias de traducción.

En cuanto a los textos relacionados con la teoría de la finalidad, también se abordaron mediante exposiciones docentes (durante la parte teórica de una sola clase) que propiciaron el debate, la reflexión, la interrelación con otros temas y la extrapolación de los conceptos de teoría a la práctica de la traducción como profesión liberal. También allí se brindaron espacios para el desarrollo, aunque de manera más indirecta, de todas las subcompetencias mencionadas.

La correlación proactiva y explícita entre el abordaje de estos temas y las tareas prácticas o de traducción fue constante y permanente en todos los casos.

2.5. Evaluación

Se previó que las instancias de entrega de informes funcionaran como evaluaciones formativas (Serrano de Moreno 2002, pág 248), pues permitían intervenir durante el proceso, hacer comentarios sobre el desempeño y dar a estudiantes y docentes una idea de las fortalezas y las debilidades del aprendizaje de la persona evaluada. También generaron una serie de criterios —relacionados con la dedicación en el trabajo, la disposición a recibir e incorporar correcciones, el desenvolvimiento en las presentaciones orales y la participación en clase— que Steiman denomina «de incidencia» (2008, pág. 171).

La evaluación sumativa, por su parte, se programó para el final del cuatrimestre con el objetivo de verificar los saberes. Su diseño previó el análisis de un texto científico (dada la naturaleza de la asignatura) y su traducción al español; en la Figura 5 se incluye como ejemplo el par de textos utilizado para el parcial de la cursada 2021. Es importante destacar que, como la singularidad del examen está dada por los textos elegidos, las consignas puntuales pueden usarse y reusarse cuantas veces se considere adecuado —o se necesite, por ejemplo, para un recuperatorio— siempre que se aborden pares de textos diferentes. Los textos de origen para tales evaluaciones (parcial y recuperatorio) se eligieron de entre los textos utilizados en otras actividades de la asignatura; como en este caso, lo ideal es que se trate de textos que ya se hayan traducido en el marco de la asignatura y resultan familiares. Eso redujo la incidencia del nerviosismo o la comprensión lectora deficiente como factores confundidores en los resultados del examen, además de reforzar la idea de que los contenidos de teoría realmente tienen una aplicación práctica concreta incluso en su actividad como estudiantes de primer año. Este acercamiento a la realidad concreta y su integración con ella es característica de la evaluación de competencias (incluso la traductora), según plantean Zabala y Arnau (2017, págs. 198–201), y constituye un primer paso hacia la práctica profesional (donde, como ya se comentó, resulta esencial poder explicar y defender lo hecho).

Las consignas requirieron que, dado el texto fuente y su traducción (ambos provistos por el cuerpo docente), se procediera a la identificación exitosa y justificada de ejemplos de al menos cuatro procedimientos de traducción (a elección) en tales textos, y la enunciación de un análisis breve que aplicara a este par de textos concreto alguna de las categorías estudiadas por autor, para al menos cuatro autores de los estudiados (también a elección). En el caso de los textos presentados en la Figura 5, por ejemplo, sería correcta una respuesta que indique que, según los postulados de Roman Jakobson estudiados en clase, estamos ante un ejemplo de traducción interlingüe porque el texto de origen y el texto meta están en idiomas diferentes; también sería correcta la identificación de «*Great War*/Gran Guerra» como un ejemplo lícito de calco, bajo la justificación de que el idioma meta toma prestado del idioma de origen un sintagma cuyo significado que es diferente del de la suma de sus elementos (que se traducen literalmente). No se pidió la correcta identificación/aplicación de la totalidad de los conceptos porque, en este nivel y con el poco tiempo de maduración de la teoría que ofrece el cuatrimestre, su resolución completa sería imposible (y, en consecuencia, constituiría un defecto en el diseño del examen o un acto de mala fe). Sin embargo, para la cursada 2022 se agregaron consignas específicas que requerían análisis basados en el funcionalismo (desde Reiss y Nord).

Influenza	La gripe
The prize for the Most Globally Devastating Epidemic goes to the influenza or Spanish Flu pandemic of 1918-1919. Just as World War I was coming to an end, thousands of people around the world were suddenly getting sick with what they believed at the time to be a common cold. In less than two years, an estimated 20-100 million people around the world were dead from type A influenza, wiping out 2.5% to 5% of the world's population. It was widely believed that this was mother nature's response to the death and destruction which occurred during the Great War. The end of the war certainly helped to spread the disease, as millions of infected soldiers brought it back to their home countries when the fighting was over. By 1919, 25% of Americans were infected with influenza.	El premio a la epidemia más devastadora a nivel mundial es para la pandemia de influenza o gripe española ocurrida entre los años 1918 y 1919. A finales de la Primera Guerra Mundial, miles de personas en todo el mundo repentinamente comenzaron a enfermarse de lo que creían que era un resfrío común. En menos de dos años, aproximadamente entre veinte y cien millones de personas en todo el mundo fallecieron de influenza A, que exterminó entre el 2,5 y el 5 % de la población mundial. En general, se creía que esta era la respuesta de la Madre Tierra a la muerte y destrucción ocurridas en la Gran Guerra. El final de ese conflicto ciertamente contribuyó a esparcir la enfermedad, ya que millones de soldados infectados la propagaron por sus países de origen al regresar a estos una vez concluido el enfrentamiento. Para 1919, el 25 % de los estadounidenses estaban infectados con influenza.
The disease was widely spread in the air from coughing and sneezing, from contact with saliva, feces and blood. Symptoms included fever, muscle aches (especially in the back and legs), headaches, coughing, and overall weakness. As was mentioned earlier, it is for these reasons that many people perished without any treatment. They thought they had a common cold, and in less than a day, they'd be gone. Severe pneumonia was also a symptom of influenza infection, which would easily claim the lives of the already weakened victims.	La enfermedad se propagaba ampliamente por el aire a partir de la tos y los estornudos, y por el contacto con la saliva, las heces y la sangre. Los síntomas incluían fiebre, dolor muscular (especialmente en la espalda y las piernas), dolor de cabeza, tos y debilitamiento general. Como se mencionó anteriormente, es por esto que muchas personas fallecieron sin recibir tratamiento alguno: creían padecer un resfriado común y, en menos de un día, fallecían. La neumonía severa era otro de los síntomas de infección con influenza, y causaba con facilidad la muerte de las víctimas ya debilitadas.

Figura 5. Par de textos utilizado para la evaluación parcial en esta experiencia

La modalidad de evaluación se adelantó durante todo el cuatrimestre, para así fomentar la relectura y la reflexión continuas, y también anticipar dudas y problemas. Se hizo especial énfasis, por ejemplo, en la importancia de identificar de manera precisa e inequívoca la unidad de análisis tomada (el texto completo, una oración, una frase, etc.). También se aclaró que, en el caso de autores con teorías integrales, con numerosas categorías en distintos niveles (Catford, Baker), solo sería necesario que elijan y apliquen correctamente una de ellas. La administración del examen se previó en hora y media, aunque la mayoría de la clase terminó en alrededor de 60 minutos.

Estudiante: ELENA FERNÁNDEZ

	Procedimiento/ análisis por autor(a)	¿Identificación/ análisis correcto? (0,4 ptos.)	¿Justificación adecuada? (0,4 ptos.)	¿Redacción adecuada? (0,2 ptos., solo si justificación adecuada)	Total (sobre 1 pto. por respuesta)
Proc. 1	Calco	Sí	Sí	Sí	1
Proc. 2	Equivalencia	No	—	—	0
Proc. 3	Modulación	Sí	No	—	0,4
Proc. 4	Transposición	Sí	Sí	No	0,8
Aut. 1	R. Jakobson	Sí	Sí	Sí	1
Aut. 2	J. House	No	—	—	0
Aut. 3	E. Nida	Sí	Sí	No	0,8
Aut. 4	J. C. Catford	Sí	No	—	0,4
Reiss	K. Reiss	Sí	Sí	No	0,8
Nord	C. Nord	Sí	Sí	Sí	1
				Calificación (sobre 10 ptos. totales)	6,2

Observaciones: EVALUACIÓN SUMATIVA APROBADA

Figura 6. Ejemplo de diseño y uso del asistente de corrección, lista de cotejo con puntaje (cursada 2022)

En cuanto a la corrección y la calificación, debido a circunstancias contextuales —relacionadas con la cantidad de estudiantes y el volumen de correcciones previsto para el parcial de práctica, entre otras—, resultaba importante que este examen pudiera corregirse de manera ágil y sistematizada. Para ello se utilizó como asistente una lista de cotejo con puntaje (Figura 6), que para cada instancia corroboraba la correcta identificación del ejemplo/categoría/análisis, su correcta justificación y la correcta redacción del enunciado en inglés (entendida como la ausencia de errores gramaticales y la presencia de solo un error ortotipográfico), idioma elegido por ser el idioma en que se encuentra toda la bibliografía obligatoria sobre los contenidos evaluados. A cada uno de los parámetros anteriores se asignó un puntaje sobre un máximo posible de 10 (diez), como lo requiere el sistema educativo argentino: correcta identificación y correcta justificación otorgaron 0,5 puntos (0,4 en 2022) cada una, mientras que correcta redacción sumó 0,25 puntos (0,2 en 2022), pero solo si la justificación era adecuada. En consecuencia, para alcanzar la nota de aprobación (cuatro sobre un total de diez, por reglamento), fue necesario aplicar la teoría correctamente en alguna medida en al menos la mitad de los análisis.

Dadas las circunstancias pandémicas en que transcurrió la cursada 2021, es de notar que el diseño preliminar del examen se adaptó a una evaluación remota sincrónica, con las limitaciones correspondientes (aplicación dependiente de que quienes cursaban la asignatura tuvieran un equipo con monitor desde el que conectarse, por ejemplo). Mediante videollamada individual, se compartió la pantalla con los textos y se requirió la verbalización de los ejemplos y el análisis. Como ajustes motivados por las restricciones de tiempo, se redujo la cantidad de ejemplos/requeridos (también se contempló como alternativa la posibilidad de solicitar que se enunciaran ejemplos/análisis de procedimientos o autores específicos), lo que también requirió la adaptación del asistente de corrección. Gracias a la disponibilidad de recursos institucionales, fue posible grabar las videollamadas, lo que a su vez permitió la administración simultánea de varios exámenes. Además, fue posible grabar de antemano un instructivo con un examen de ejemplo que ayudara a comprender la modalidad e incluso practicar su resolución. Ninguna de estas adaptaciones fue necesaria para la administración de la evaluación durante la cursada 2022, pero el instructivo en video resultó igualmente un buen recurso auxiliar.

2.6. Bibliografía para cursantes y docentes

La lista de bibliografía obligatoria destinada a quienes cursan la asignatura se detalla en el cuadro a continuación.

Baker, M. (1992). *In Other Words: A Coursebook on Translation*. Londres y Nueva York: Routledge.
Bassnett, S. (1991). *Translation Studies*. Londres: Routledge. Introducción.
Byrne, J. (2006). *Technical Translation. Usability Strategies for Translating Technical Documentation*. Dordrecht: Springer

Catford, J. C. [1965] (2004). Translation Shifts, en L. Venuti (ed.). *The Translation Studies Reader* (capítulo 10). Londres: Routledge.
Gil, J. M. (2001). *Introducción a las teorías lingüísticas del siglo XX* (2.ª ed.). Buenos Aires: Melusina. Capítulo 1.
Holmes, J. S. [1972] (2004). The Name and Nature of Translation Studies, en L. Venuti (ed.). *The Translation Studies Reader* (capítulo 13). Londres: Routledge.
House, J. (1977). A Model for Assessing Translation Quality. *Meta, 22*(2), 103–109.
Jakobson, R. [1959] (2004). On Linguistic Aspects of Translation, en L. Venuti (ed.). *The Translation Studies Reader* (capítulo 8). Londres: Routledge.
Lederer, M. (2017). *La traducción: el modelo interpretativo.* Ciudad Autónoma de Buenos Aires: Eudeba – Colegio de Traductores Públicos de la Ciudad de Buenos Aires.
Newmark, P. (1988). *A Textbook of Translation.* Hertfordshire: Prentice Hall. Capítulo 3.
Nida, E. [1964] (2004). Principles of Correspondence, en L. Venuti (ed.). *The Translation Studies Reader* (capítulo 9). Londres: Routledge.
Nord, C. (1997). *Translation as a Purposeful Activity.* Manchester: St. Jerome Publishing. Capítulo 3.
Reiss, K. (1989). Text Types, Translation Types and Translation Assessment, en A. Chesterman (ed.) *Readings in Translation Theories* (capítulo 11). Helsinki: Oy Finn Lectura Ab.
Vinay J. P. y Darbelnet, J. [1958] (2004). A Methodology for Translation, en L. Venuti (ed.). *The Translation Studies Reader* (capítulo 6). Londres: Routledge.

Cuadro 2: Bibliografía obligatoria

Como principio rector en la selección de las lecturas obligatorias, teniendo en cuenta la naturaleza investigativa de gran parte de las actividades planificadas para esta unidad, se privilegió el acceso a los textos fundacionales específicos (y no la lectura de textos que los interpretaran o abordaran indirectamente) que funcionaran como punto de partida. Como segundo parámetro, se priorizó la posibilidad de acceder a los textos de manera virtual y gratuita.

Respecto del texto de Holmes, cabe aclarar que se previó su presentación acompañado de la representación gráfica del mapa de la disciplina elaborada por ese autor y recuperada por Gideon Toury, que constituyó el recurso didáctico primario. En ese sentido, la lectura del artículo fue subsidiaria y tuvo como fin la desambiguación de la nomenclatura utilizada en el mencionado diagrama.

En cuanto a los textos de Bassnett y de Gil, se tomaron en consideración características adicionales. En el primer caso, la lectura se eligió tanto por su prosa sencilla como por su tinte poscolonialista, que deja de manifiesto el modo en que la traducción puede reflejar relaciones de poder y responder a ellas, lo cual resulta de gran interés para el cuerpo docente y aborda de manera directa las inquietudes sociolingüísticas de las últimas cohortes de ingresantes a la carrera. En el segundo caso, se tuvo en cuenta que cualquier conocimiento previo en lingüística estructuralista se habría abordado en español y se privilegió la búsqueda de recursos en ese idioma para facilitar la recuperación de tal información o al menos generar un sentimiento de familiaridad con los contenidos. El texto de Gil se seleccionó por la sencillez del estilo de redacción. Resultó valioso, además, por ser directo y abordar los puntos principales del tema sin redundancias ni adiciones innecesarias.

Respecto de la bibliografía para docentes (en cuanto al abordaje específico de la teoría), además del material destinado a quienes cursan y el citado artículo de Hurtado Albir (2019) utilizado como referencia general, la lectura del artículo «¿Será útil la teoría de la traducción para los traductores?» de Venuti (que se cita en la bibliografía del presente trabajo) resultó absolutamente necesaria para contextualizar y guiar el abordaje de los contenidos, al igual que los artículos de Chaia (2016) y Sabio Pinilla (2017). Por su parte, Cagnolati (2012) y Pym (2016) ofrecieron lecturas ágiles que ayudan a interconectar autores y conceptos.

2.7. Resultados a corto y mediano plazo

En el marco de la asignatura (en la cursada de implementación inicial, es decir, a corto plazo, y en cursadas subsiguientes, a mediano plazo), los resultados de la experiencia fueron sumamente positivos. La elaboración de informes tuvo resultados aprobatorios en el 83 % de los casos y —si bien esa actividad constituía la base de las presentaciones orales, por lo que la desaprobación del 17 % del estudiantado generó repercusiones—, con cierto redireccionamiento, las exposiciones orales pudieron darse exitosamente en un 100 % de los casos. El tratamiento de los temas se dio con mayor profundidad que en cursadas anteriores, donde se había intentado implementar un abordaje indirecto (sin los textos fundacionales), y el porcentaje de aprobación de la evaluación sumativa fue muy alto: 93 % en la cursada 2021 y 94 % en el ciclo lectivo 2022. Las notas promedio de aprobación fueron 7 (siete) y 6,5 (seis con 50/100), respectivamente, sobre un máximo posible de 10 (diez).

Los resultados del parcial de traducción permiten establecer cierta correlación entre el desempeño en ambas evaluaciones. El porcentaje de aprobación del parcial fue 68 % en 2021 y 79 % en 2022, en comparación con 46 % en 2019 y 42 % en 2020. Además, la ausencia o rendimiento por debajo del promedio en el parcial de teoría resultó un predictor eficaz de la desaprobación del parcial de traducción en un 45 % en 2021 y un 35 % en 2022. Finalmente, entre quienes hicieron un examen recuperatorio de traducción, un rendimiento promedio o superior en el examen parcial de teoría fue un predictor eficaz de la aprobación en un 66 % (2 de 3 estudiantes) y un 83 % (5 de 6 estudiantes), respectivamente.

Es importante destacar que los resultados positivos de esta experiencia abren la puerta a la implementación de una variedad de actividades prácticas basadas en la integración entre teoría y práctica en asignaturas más avanzadas de la carrera. Entre estas se destacan, como potenciales herramientas pedagógicas, la defensa oral de traducciones y el informe de traducción.

3. Conclusión

Los beneficios de la incorporación de la teoría en asignaturas prácticas de traducción resultan evidentes, consciente o inconscientemente: «Los traductores formados en traducción suelen valorar positivamente el estudio de la teoría a pesar de haber sido reticentes a la abstracción en su época de estudiantes» (Sabio Pinilla, 2017, pág. 145).

Entre las conclusiones que pueden obtenerse de los postulados teóricos enunciados en este capítulo y su aplicación práctica, destaca, en primer lugar, la certeza de que la enseñanza de la teoría de traducción es necesaria y deseable por múltiples razones, entre ellas, porque nos permite explicar y fundamentar lo que hacemos al traducir. Tal enseñanza debe darse de manera holística, es decir, de la mano de la práctica y del desarrollo de las demás subcompetencias, en un proceso de retroalimentación. Las aulas de traducción son lugares fecundos para tal tarea, independientemente de su ubicación en el plan de estudios y el tipo de traducción que se enseñe; las asignaturas de traducción especializada no quedan al margen.

En relación con lo anterior, además, es importante destacar que la manera de abordar estos conocimientos es flexible y, sobre todo, situada, y su implementación puede guiarse mediante la matriz presentada que permite aplicar el modelo didáctico de manera específica para la enseñanza de la traducción especializada. Los resultados de tal aplicación práctica son concretos y medibles, y respaldan de manera contundente la incorporación de la teoría en las asignaturas prácticas como estrategia para la mejora del desempeño en traducción.

Se extiende, en consecuencia, la invitación a utilizar la matriz de aplicación del modelo didáctico en la traducción especializada en otros contextos académicos y con otros estudiantes, y comprobar su adaptabilidad a circunstancias diversas.

4. Limitaciones

Las limitaciones para la aplicación de esta propuesta son, por supuesto, contextuales y específicas, y quedarán evidenciadas al analizar el modelo didáctico que corresponda a la asignatura en donde se desee concretar la implementación.

La primera limitación potencial quizás sea la más obvia: nuestra propia formación teórica y pedagógica, pues no se puede pretender enseñar (o facilitar el aprendizaje) de aquello que no se domina o incluso se desconoce. Ya se ha hablado de la escasa oferta en asignatura de formación de formadores en traducción, por lo que en muchos casos la capacitación en teoría de traducción y la didáctica para enseñarla quizás quede librada a las tendencias autodidactas de cada plantel docente.

Por otro lado, la aplicación de esta experiencia en más de una asignatura (que, según se propone, sería ideal) requeriría de un alto nivel de coordinación (formal e informal) entre las distintas áreas curriculares en planes de estudio estructurados. Esto puede ser más o menos desafiantes según las características puntuales de cada institución.

Finalmente, es imposible ignorar las limitaciones inherentes a cursos numerosos de, incluso, varios cientos de estudiantes, donde el diseño de actividades se complejiza exponencialmente. En tales casos, la composición del cuerpo docente a cargo, la duración de la cursada y la selección de contenidos seguramente serán factores determinantes.

Referencias bibliográficas

Albert, S. (1993). The Traps of Formal Correspondence. *Perspectives. Studies in Translatology, 1*, 11–21.

Aparicio, J. J. (1995). El conocimiento declarativo y procedimental que encierra una disciplina y su influencia sobre el método de enseñanza. *Tarbiya: Revista de Investigación e Innovación Educativa, 10*, 23–38.

Baker, M., y Saldanha, G. (Eds.) (2011). *Routledge encyclopedia of translation studies* (2.ª ed.). Nueva York/Londres: Routledge.

Bardají, A. G., y Presas, M. (31 de diciembre de 2007). Procedimientos, técnicas, estrategias: operadores del proceso traductor. Universitat Autònoma de Barcelona. Facultat de Traducció i d'Interpretació. Recuperado de https://core.ac.uk/display/13284115?

Botte, E. (2016). Clase Nro. 1. Un espacio de reflexión didáctica. *Módulo Taller de escritura académica. Especialización Docente Superior en alfabetización inicial.* Buenos Aires: Ministerio de Educación de la Nación.

Cagnolati, B. E. (Ed.). (2012). *La traductología: miradas para comprender su complejidad.* La Plata: Universidad Nacional de La Plata, Facultad de Humanidades y Ciencias de la Educación.

Chaia, M. C. (2016). Interrelación traducción y traductología: su enseñanza y evaluación. *Estudios de Traducción, 6*, 227–242.

Colina, S., y Venuti, L. (2017). A Survey of Translation Pedagogies. En L. Venuti (Ed.), *Teaching Translation. Programs, Courses, Pedagogies* (págs. 220–233). Londres/Nueva York: Routledge.

Davini, M. C. (2008). *Métodos de enseñanza: didáctica general para maestros y profesores.* Buenos Aires: Santillana.

Fawcett, P. D. (1997). *Translation and Language. Linguistic Theories Explained.* Mánchester/Northampton: St. Jerome Publishing.

Firmenich Montserrat, S., y Leslabay, L. (2019). Enseñar a traducir: un desafío didáctico complejo. *Mesa redonda: Didáctica de la traducción. II Congreso Universitario de Formación en Traducción e Interpretación.* Buenos Aires: Universidad de Buenos Aires, Facultad de Derecho.

Franco Aixelá, J. (2012). La teoría os hará libres. *Vasos Comunicantes: revista de ACE traductores, 43*, 31–48.

García Yebra, V. (1989). *Teoría y práctica de la traducción.* Madrid: Gredos.

García, A. M. (2012). *Traductología y neurocognición: cómo se organiza el sistema lingüístico del traductor.* Córdoba: Universidad Nacional de Córdoba, Facultad de Lenguas.

Gentzler, E. C. (2001). *Contemporary Translation Theory* (2.ª ed.). Clevedon, Buffalo, Toronto, Sídney: Multilingual Matters Ltd.

Hatim, B., y Mason, I. (1993). *Discourse and the Translator.* Singapur: Longman Singapore Publishers (Pte) Ltd.
House, J. (1997). *Translation quality assessment: A model revisited.* Tubinga: Narr.
Hurtado Albir, A. (2001). *Traducción y traductología: introducción a la traductología* . Madrid: Cátedra.
Hurtado Albir, A. (2015). The acquisition of translation competence. Competences, tasks, and assessment in translator training. *Meta, 60*(2), 256–280. Recuperado de https://www.erudit.org/fr/revues/meta/2015-v60-n2-meta02055/1032857ar.pdf
Hurtado Albir, A. (2019). La investigación en didáctica de la traducción. Evolución, enfoques y perspectivas. En M. Tolosa Igualada y Á. Echeverri (Eds.), *Porque algo tiene que cambiar. La formación de traductores e intérpretes: Presente & futuro / Because something should change: Present & Future Training of Translators and Interpreters. MonTI 11*, págs. 47–76. Recuperado de http://dx.doi.org/10.6035/MonTI.2019.11.2
Kelly, D. A. (2002). La competencia traductora: bases para el diseño curricular. *Puentes, 1*, 9–20.
Kiraly, D. (2013). Towards a view of translator competence as an emergent Phenomenon: thinking outside the box(es) in translator education. En D. C. Kiraly, S. Hansen-Schirra y K. Maksymski (Eds.), *New prospects and perspectives for educating language mediators* (págs. 187–224). Tubinga: Narr Verlag.
López Guiz, J. G., y Wilkinson, J. M. (1997). *Manual de traducción inglés/castellano: teoría y práctica.* Barcelona: Gedisa Editorial.
Munday, J. (2016). *Introducing Translation Studies: Theories and Applications* (4.ª ed.). Nueva York: Routledge.
Newmark, P. (1988). *A Textbook of Translation.* Nueva York: Prentice Hall.
Nida, E., Argüeso, A., y Ribas, A. (1996). ¿Sirve para algo la teoría de la traducción? Función de la teoría. *Hieronymus Complutensis, 4*, 125–130.
PACTE (2005). Primeros resultados de un experimento sobre la competencia traductora. *Actas del II Congreso Internacional de la AIETI* (págs. 573–587). Madrid: Publicaciones de la Universidad Pontificia Comillas.
Pym, A. (2016). *Teorías contemporáneas de la traducción, materiales para un curso universitario.* Tarragona: Intercultural Studies Group.
Rabadán, R., y Fernández Nistal, P. (2002). *La traducción inglés-español: fundamentos, herramientas, aplicaciones.* León: Universidad de León.
Sabio Pinilla, J. A. (2017). ¿Por qué es útil la teoría de la traducción para los traductores? *Conexão Letras, 12*(17), 137–151.
Serrano de Moreno, S. (2002). La evaluación del aprendizaje: dimensiones y prácticas. *Educere, 6*(19), 247–257.

Steiman, J. (2008). *Más didáctica (en el nivel superior).* Buenos Aires: UNSAMedita.

Vázquez-Ayora, G. (2005). *Introducción a la traductología.* Washington D. C.: Georgetown University Press.

Venuti, L. (2000). ¿Será útil la teoría de la traducción para los traductores? *Vasos Comunicantes, 16*, 126–135.

Vinay J. P. y Darbelnet, J. [1958] (2004). A Methodology for Translation. En L. Venuti (ed.). *The Translation Studies Reader* (capítulo 6). Londres: Routledge.

Zabala, A., y Arnau, L. (2017). *11 ideas clave. Cómo aprender a enseñar competencias.* Barcelona: Graó.

Creación de un corpus de cursiva digital para la enseñanza y la traducción en el ámbito turístico

Susana Garrido
Les Roches Global Hospitality Education
sgarrido@lesroches.es

Miriam Seghiri
IUITLM
Universidad de Málaga[1]
seghiri@uma.es

ABSTRACT

The tourism sector is one of the sectors that has grown the most in the last few months. At the same time, technology and, more specifically, the use of the Internet has exponentially increased the ability of tourism companies to access and attract customers from all over the world. For this reason, the use of digital marketing tools has become one of the key issues to be discussed among world tourism professionals in recent years.

This sub-sector (tourism digital marketing) evolves as fast as new tools and techniques are launched and expanded. Therefore, these digital marketing materials need to be quickly created and adapted to the languages that are used wherever tourists arrive and where subsequently tourism businesses are opening and will therefore need to attract and retain their customers.

This study focuses on hotels as a subsector of the tourism industry, on SEO as a subsector of digital marketing, and on corpus linguistics as a useful tool for these translation and didactics purposes.

In order to create this digital marketing corpus for hotels in English and Spanish, the protocolized corpus creation system designed by Seghiri (2011) has been followed to, once created, verify its quantitative representativeness using ReCor, a software created and patented specifically for this purpose by Corpas and Seghiri (2010).

1 Esta investigación se enmarca en el seno de las actividades del Instituto Universitario de Investigación de Tecnologías Lingüísticas Multilingües (IUITLM), así como del Grupo de Investigación consolidado LexyTrad (HUM-106) y del Grupo Permanente de Innovación Educativa en Tecnologías Lingüísticas Aplicadas a la Enseñanza-Aprendizaje de la Traducción (TRADUTEACH). Igualmente, se enmarca parcialmente en el marco de los siguientes proyectos: GAMETRAPP (ref. TED2021-129789B-I00), VIP (II) (ref. PID2020-112818GB-I00), PROMOTUR (ref. PID2024-160929OB-I00), DICENS (C-HUM-106-UGR23) y DIFARMA (ref. DIFARMA).

This corpus will serve as the first milestone for later research pieces related to the translation and didactics of texts on hotel digital marketing.

Keywords: digital marketing, hotels, translation, corpus linguistics, tourism.

RESUMEN

El sector turístico es uno de los que más ha crecido durante los últimos meses y al mismo tiempo, la tecnología y, más concretamente, el uso de Internet ha aumentado exponencialmente la capacidad de las empresas turísticas para acceder y captar clientes de todo el mundo. Por esta razón, el uso de herramientas de *marketing* digital se ha convertido en uno de los temas clave a debatir entre los profesionales del turismo mundial en los últimos años.

Este subsector del *marketing* digital turístico evoluciona tan rápido como se crean y amplían las nuevas herramientas y técnicas. Por lo tanto, es necesario crear y adaptar rápidamente estos materiales sobre *marketing* digital, a los idiomas que se utilizan en cualquier lugar al que lleguen los turistas y allá donde, por tanto, abran las empresas turísticas y necesiten atraer y mantener a sus clientes.

El presente estudio se centra en los hoteles como subsector de la industria turística, en el SEO como subsector del *marketing* digital y en la lingüística de corpus como herramienta útil para estos fines de traducción y didáctica.

Para la creación de este corpus de *marketing* digital para hoteles en inglés y español se ha seguido el sistema protocolizado de creación de corpus diseñado por Seghiri (2011) para, una vez creado, comprobar su representatividad cuantitativa mediante ReCor, un *software* creado y patentado por Corpas y Seghiri (2010) específicamente para este fin.

Este corpus nos servirá como primer hito de investigaciones posteriores relacionadas con la traducción y la didáctica de textos sobre *marketing* digital de hoteles.

Palabras clave: marketing digital, hoteles, traducción, lingüística de corpus, compilación de corpus, turismo.

1. Introducción

En la actualidad, las tecnologías de la información son una de las mayores palancas de la globalización, ya que se han convertido en un punto clave de los negocios globales y de las estrategias de *marketing* de las empresas. De hecho, es una generalidad aceptada que vivimos en una sociedad globalizada (Bilková, 2021). Estas tienen que adaptar sus contenidos en línea a las necesidades de las audiencias a las que quieren atraer, teniendo en cuenta que estas audiencias pueden estar localizadas casi en cualquier punto del planeta. Del mismo modo, el turismo es una de las industrias globales más relevantes. De acuerdo con el WTTC (World Travel and Tourism Council, 2022), antes de la pandemia, 1 de cada 4 puestos de trabajo de nueva creación, el 10,6 % de los puestos de trabajo globales totales, así como el 10 % del PIB (producto interior bruto) global se originaban de industrias directa e indirectamente relacionadas con el turismo.

Aunque el sector del turismo se vio notablemente afectado por los recientes acontecimientos mundiales causados por la Covid, se prevé una recuperación total del sector turístico (Baker, Francis, Tognini-Bonelli y Sinclair, 1993). De hecho, la Organización Mundial del Turismo (UNWTO, 2022a, 2022b, 2022c, 2023) afirma que el sector del turismo se estaba ya recuperando a un ritmo muy sólido en la primera mitad del 2022 e incluso prevé que ciertas regiones alcanzarán cifras de prepandemia en este 2023. Así, se considera un sector que en el futuro seguirá teniendo un peso importante en la economía global y en los intercambios entre países.

Partiendo de este contexto, tener conocimientos de los usos del *marketing* en los canales digitales y poder sacarles el máximo partido en la comunicación de las empresas se convierte en un conocimiento muy atractivo. En primer lugar, debido al crecimiento de la demanda de este tipo de puestos de trabajo en los últimos años, precisamente porque el sector del *marketing* digital es uno de los que más ha evolucionado recientemente (Bermúdez-Tobón y Rubio-Gil, 2021) y, en segundo lugar, porque su crecimiento se ha visto impulsado tras los recientes acontecimientos globales.

Por consiguiente, se detecta la necesidad de desarrollo de personas especialistas en *marketing* digital y que además sean capaces de trasladar esos mensajes y estrategias de *marketing* de un mercado a otro para que sean consumidos por usuarios de otras nacionalidades y lenguas. Así, la industria del turismo es un buen ejemplo de la existencia e interdependencia de relaciones globales internacionales y va en la línea de las palabras de Tfaily (2018, pág. 190) cuando apuntaba lo siguiente:

> [...] en un contexto económico caracterizado por la influencia de la globalización, la información y las tecnologías de la comunicación entre las que se encuentra Internet, juegan un papel fundamental en la innovación de las empresas turísticas y se considera una de las principales fuentes de ingresos.

Más concretamente, esta temática de *marketing* digital de hoteles[2], es altamente relevante, pertinente y generadora de información fundamental para la práctica traductora, como se verá en las secciones a continuación.

---

2 Es importante mencionar, además, que utilizamos la denominación «marketing digital de hoteles» por ser la combinación que más resultados devuelve en Google (43 500

Con esta idea en mente, el objetivo del presente trabajo es compilar un corpus de *marketing* digital especializado en SEO para páginas de hoteles, inexistente hasta la fecha que tengamos constancia, que sea representativo a nivel cualitativo y cuantitativo, y que sirva como fuente de información, pues su explotación permitirá llevar a cabo estudios traductológicos y de enseñanza de lenguas de especialidad.

2. Importancia del cursiva digital en el ámbito turístico

Para ilustrar la importancia que juega el *marketing* digital para las empresas turísticas, se analizarán, en primer lugar, la relevancia a nivel mundial de las páginas web como herramienta estratégica en la comunicación de las empresas, En segundo lugar, se abordarán los diferentes subsectores del *marketing* digital y de las empresas turísticas, respectivamente.

2.1. El auge de las páginas web y el *marketing* digital

El auge del uso de Internet y la importancia de las páginas web, se puede evidenciar con el siguiente dato: 4,6 mil millones de personas o, lo que es lo mismo, el 60 % de la población mundial tenían acceso a información en línea en enero del 2021 (Statista, 2021).

En consecuencia, Internet se ha convertido en un canal digital en el que anunciar productos y servicios (Parkin, 2014) y, por tanto, es innegable la necesidad de las empresas de exponer sus productos en el escaparate global en que se ha convertido Internet. Por su parte, Porter (2001) ya afirmaba que las empresas no tienen opción de no estar en Internet si quieren seguir siendo competitivas. Estas palabras siguen siendo válidas hoy en día, pues, como afirma la consultora Deloitte, las empresas que quieran tener el papel de líderes del mercado tendrán que adaptarse rápidamente a esta nueva realidad (Deloitte, 2020). Además, durante la etapa Covid, se ha incrementado el tráfico en páginas web, lo que ha significado que cada vez más empresas han ido recurriendo a los canales digitales para captar la atención de sus clientes (Digital Marketing Institute, 2021). De hecho, las páginas de Internet son el segundo canal más usado en *marketing*, solo por detrás de las redes sociales (Hubspot, 2021, 2022).

resultados), aunque le siguen otras expresiones con menos uso, como «marketing digital para hoteles» (17 000 resultados) o «marketing digital hotelero» (2330 resultados).

Ciertamente, ya sea motivado por la oportunidad de acceder a otros mercados o por la necesidad de supervivencia, las actividades de *marketing* de las empresas se han globalizado (Keegan, 1989). Así, en el *marketing* digital, la geografía se ha vuelto irrelevante y las barreras de entrada han desaparecido (Parkin, 2014). Internet permite que los clientes conecten con ellas directamente, por lo que, uno de los retos a los que se enfrenta el sector turístico (como el resto de los sectores) es asegurarse el acceso a las últimas novedades de este sector en rápida evolución, así como la obtención de perfiles laborales que gestionen sus estrategias de *marketing* digital. Si se gestiona de forma adecuada, la aplicación de tecnologías digitales ayudará a mejorar la satisfacción de sus clientes, la interacción con colaboradores y el saber hacer de los empleados (Damnjanović, Lončarić y Dlačić, 2020).

En conclusión, las tecnologías digitales han revolucionado las comunicaciones actuales y el sector turístico tiene que aplicarlas de una forma intensiva para sacarles partido y seguir siendo competitivo (Cvetkovski y Cvetkovska Tomanović, 2021). De esta forma, optimizar la presencia en línea de la marca —ya sea a través de la página web de la empresa, de las redes sociales o de la página de un tercero— les llevará a incrementar sus ventas en este nuevo mundo digital (Digital Marketing Institute, 2021).

2.2. El *marketing* digital y sus subsectores

El *marketing* digital se define como la aplicación de medios, datos y tecnología digitales integrados con comunicaciones tradicionales para lograr objetivos de *marketing* (Chaffey y Ellis-Chadwick, 2019). Asimismo, según el modelo diseñado por Kierzkowski, McQuade y Waitman (1996), la utilidad del *marketing* digital para empresas tiene múltiples beneficios e influye en diversos factores de éxito, a saber:

- la atracción de nuevos clientes;
- el fomento del interés de los clientes por la empresa y por la participación en sus iniciativas de *marketing*;
- la fidelización de clientes;
- el uso de servicios interactivos digitales; y
- la obtención de información de sus preferencias para poder personalizar la relación con el cliente basándose en sus preferencias particulares.

A su vez, el *marketing* digital, como mencionan Chaffey y Ellis-Chadwick (2019), incluye numerosos subsectores. Entre ellos destacan los siguientes:

- SEO (*search engine optimization* u optimización en motores de búsqueda): estudia la optimización de las páginas web para que aparezcan en las primeras líneas de resultados orgánicos[3] en motores de búsqueda.
- SEM (o *search engine marketing*): se trata de anuncios digitales de pago en motores de búsqueda.
- PPC (*pay per click*, también conocido como paid search, o pago por clic): dedicado a anuncios en otras páginas web diferentes de los motores de búsqueda.
- *E-mail marketing*: son promociones y contenidos que se envían por correo electrónico a clientes o usuarios que han cedido sus direcciones de correo electrónico a la empresa en cuestión.
- cursiva de contenidos, también llamado cursiva: en él, las empresas se centran en crear contenidos sobre algún tema relacionado con sus productos y servicios. El objetivo es convertirse en autoridad dentro de su industria a la vez que les ayuda a optimizar las apariciones en motores de búsqueda.
- Optimización de la experiencia de usuario: se centra en mejoras en las páginas web para que sean más atractivas, fáciles de usar para los visitantes y más eficientes a la hora de conseguir sus objetivos (frecuentemente de ventas).
- cursiva de redes sociales: prioriza el uso de estrategias orgánicas (no pagadas) en redes sociales de la empresa para conectar con usuarios con perfiles ideales predefinidos por la empresa.

Debido a la especificidad de cada uno de estos subsectores, cada uno de ellos podría ser objeto de estudio pormenorizado por separado. En la presente investigación, nos centraremos en el SEO como lenguaje de especialidad dentro del *marketing* digital turístico.

2.3. Clasificación de la industria turística

El turismo es un sector muy amplio que se puede clasificar principalmente en cinco segmentos, a saber: alojamiento, alimentación y bebidas, transporte y recreación y servicios de intermediación (UNWTO, 2010).

Los hoteles, al igual que los demás subsectores del turismo, son susceptibles de utilizar la mayoría de las herramientas que componen el *marketing* digital actual mencionadas anteriormente (cf. Mahmutović, 2021; Kapoor y Kapoor,

3 Los resultados orgánicos son aquellos que aparecen en los motores de búsqueda "naturalmente", esto es, no son anuncios pagados por las empresas que allí figuran.

2021; Schutte y Chauke, 2022; Business Wire, 2021) Así, este trabajo se centra en el segmento del alojamiento, y más concretamente, en el alojamiento hotelero como subsector de la industria turística.

Una vez demostrada la relevancia del *marketing* digital en el sector turístico, se procede a detallar el proceso seguido a la hora de crear el corpus de que trata este estudio.

3. Creación de un corpus comparable de cursiva digital en el ámbito turístico

En los siguientes apartados se detallará la justificación de la elección del corpus para la traducción turística y el proceso seguido para su creación.

3.1. El uso de corpus para la traducción turística

EAGLES (Expert Advisory Group on Language Engineering Standards[4]) (1996) define un corpus como «[a] collection of pieces of language that are selected and ordered according to explicit linguistic criteria in order to be used as a sample of the language». Por su parte, Bowker y Pearson (2002, pág. 20) describen un corpus como «a large collection of authentic texts that have been gathered in electronic form according to a specific set of criteria». Asimismo, Seghiri (2006, pág. 209) sostiene que, un corpus:

> [e]s una compilación de textos que atiende a unos criterios lingüísticos específicos. Además, se ha codificado según un procedimiento estándar y homogéneo, de modo que permita, a través de procesos informáticos, mostrar el comportamiento de una o más lenguas.

Mientras que, siguiendo a Conrad y Levelle (2008, pág. 540), un corpus es «a large, principled collection of naturally occurring texts that are stored electronically».

A su vez, un corpus puede ser comparable o paralelo. Así, un corpus paralelo puede definirse como una colección de textos en un idioma A y su traducción en otro idioma B o más idiomas (C, D, etc.). En ellos, una unidad (un párrafo, frase o locución) en el texto original tiene una correspondencia en el otro idioma o los otros idiomas. Por su parte, un corpus comparable es representativo del lenguaje natural (Altenberg y Granberg, 2002). y no incluye textos traducidos, sino que se escribieron en los idiomas originales con la

4 (De Santa Olalla Sánchez, s.f.)

misma función comunicativa (Bowker y Pearson, 2002). Por consiguiente, tal y como apunta Zanettin (1998), el análisis comparativo de corpus multilingües y, en particular, de aquellos comparables, puede llegar a revelar la forma en la que se expresan diferentes ideas y conceptos en diferentes lenguas.

Del mismo modo, Altenberg y Granberg (2002, pág. 18) apuntan lo siguiente: «domain-specific corpora are especially useful for terminological studies». De esta definición se desprende que los textos que se eligen para un corpus son muestras del uso del lenguaje en su contexto. Esta característica les permite ofrecer diversas utilidades para los profesionales de las lenguas de especialidad en particular y de la traducción en general, tal y como demuestran múltiples estudios previos (cf. Zanettin, 1998, 2014; Gandin, 2013, 2015). De hecho, el corpus se ha convertido en un recurso cada vez más frecuentemente utilizado tanto por investigadores en traducción, como por aquellos profesionales centrados en la didáctica de las lenguas, dedicados a la terminología o enfocados en lenguas de especialidad (cf. Seghiri, 2006). En el caso de este trabajo, y como se ha mencionado anteriormente, nos centraremos en el lenguaje del *marketing* digital turístico. Así, tal y como apunta Gandin (2013, pág. 326)

> the language of tourism represents a peculiar type of specialised language made up of a wider range of stylistic, pragmatic and lexical features intertwined with and influenced by different registers and different specialised languages.

La pléyade de trabajos existentes sobre corpus y traducción turistica sirve como prueba de la relevancia del corpus como instrumento valioso en el sector de la traducción especializada en general y de la traducción turística en particular. Sirvan como botón de muestra los trabajos de Corpas Pastor (2003), Seghiri (2006, 2011) o Durán-Muñoz (2011, 2020, 2022), entre otros. En concreto, Corpas Pastor (2003) utiliza un corpus sobre contratos de viajes para analizar el lenguaje jurídico-turístico. Por su parte, Seghiri (2006) usa un corpus sobre seguros turísticos como herramienta de análisis del lenguaje especializado de este género textual en tres lenguas diferentes (inglés, español e italiano). Igualmente, Durán-Muñoz realiza estudios terminográficos turísticos por medio del uso de corpus (2022a, 2022b).

Así las cosas, podemos afirmar que los corpus son beneficiosos para estudiar la traducción y los lenguajes de especialidad, y más concretamente el lenguage del *marketing* digital turístico. En nuestro caso concreto, nos ocuparemos de la creación de un corpus que recoja textos de esta temática, a saber, *marketing* digital turístico, y más específicamente, sobre el SEO como subsector del *marketing* digital y los hoteles como subsector del turismo. Así, este corpus será útil para los profesionales no solo del sector de la traducción, sino también del *marketing* digital y del ámbito turístico.

Tal y como apunta Seghiri (2006), para que un corpus sea considerado como tal, debe tener un diseño claro y aplicarse un protocolo de compilación que asegure la representatividad tanto cualitativa como cuantitativa de la muestra. Así, para el diseño y la compilación de nuestro corpus, el cual procedemos a exponer a continuación, seguiremos lo propuesto por Seghiri (2006, 2011); Seghiri y Arce (2021); Arce y Seghiri (2021a, 2021b, 2022) o Luque Giráldez y Seghiri (2021).

3.2. Diseño del corpus

Como demuestran los trabajos anteriormente mencionados, para que un corpus sea representativo desde el punto de vista de la calidad, debe contar con un diseño claro (Seghiri, 2006, 2011).

En este caso, el corpus de *marketing* digital de SEO de hoteles será virtual, es decir, estará alimentado exclusivamente de recursos electrónicos disponibles en la red. Además, será comparable, esto es que estará integrado por textos originales, no traducidos. Por otro lado, el corpus estará compuesto de textos completos, ya que esto permite recoger todas las características propias de estos textos especializados y, como exponen Sinclair y Carter (2004).

Asimismo, este corpus de *marketing* digital hotelero será bilingüe, más concretamente, en inglés neutro y español de España. La selección del inglés en su modalidad neutra se debe a que el corpus se compondrá de documentos originales encontrados en la red Internet, en la que solo el 16 % de los usuarios tienen el inglés como lengua materna (Byte Level Research, 2022). Es por ello que se considera que, en la red, el inglés es *lingua franca* (ELF[5]).

Finalmente, respecto al rango temporal, se han considerado solo textos publicados en línea a partir de 2018, de forma que el corpus refleje las necesidades más actuales del *marketing* digital de hoteles, al ser este un sector que está en constante y rápida evolución.

---

5 *ELF*: *English as Lingua Franca*. El término *lingua franca* se define como «a vehicular language, or a contact language, used when speakers do not share a first language» (Mauranen, Carey y Ranta, 2015).

Tras abordar el diseño del corpus, procedemos a exponer el protocolo que se ha seguido para la compilación del mismo.

3.3. Protocolo de compilación

Una vez diseñado el corpus de *marketing* digital hotelero, se seguirá el protocolo de compilación descrito por Seghiri (2011), consistente en cuatro fases: búsqueda y acceso a la documentación, descarga de datos, formato y almacenamiento.

3.3.1. Búsqueda y acceso a la documentación

La primera fase del protocolo de compilación es la búsqueda documental, que puede ser de dos tipos, a saber: búsqueda institucional y búsqueda por palabra clave. Este corpus estará compuesto por textos obtenidos en su totalidad siguiendo la búsqueda por palabras clave.

3.3.1.1. Búsqueda por palabra clave

La búsqueda por palabra clave será la que nos ayude a completar el grueso de nuestro corpus gracias a la alta disponibilidad de textos *online* y a la facilidad de acceso a la información. Para ello, se han utilizado operadores booleanos (en concreto, utilizamos comillas para que el buscador identifique las palabras en el mismo orden en que las introducimos, como se muestra en la Figura 1), en cada uno de los idiomas que conformarán nuestro corpus: inglés y español.

Las palabras clave que se han utilizado en estas búsquedas son las siguientes:

Estas búsquedas de palabra clave nos han provisto de un alto número de resultados. Estos se han filtrado gracias a la opción disponible en el buscador Google para asegurarnos de que la fecha de producción de cada texto cumpliese con nuestro criterio de diseño, es decir, que los textos hayan sido publicados desde 2018 en adelante.

En nuestro caso, la búsqueda por palabra clave ha sido muy fructífera y hemos encontrado principalmente resultados de agencias, consultoras y empresas especialmente dedicadas al sector del *marketing* digital aplicado a hoteles.

En concreto, las empresas que se dedican a asesorar a hoteles en *marketing* digital suelen tener una sección de blog en sus páginas webs, donde ofrecen información relevante a hoteleros sobre estrategias de *marketing* digital que pueden aplicar en sus negocios. Estos artículos de blog son altamente especializados y las empresas las utilizan para demostrar su conocimiento del tema en cuestión, con el fin de que los hoteles recurran a ellas para contratar servicios relacionados con el *marketing* digital.

Búsqueda en inglés	**Búsqueda en español**
«seo for hotels»	«seo para hoteles»
«search engine optimization» hotel	estrategias optimización seo hoteles
«website optimization» hotel seo	posicionamiento seo hotel
«hotel website» optimization seo	seo hotel estrategia
hotel web seo strategy	«posicionamiento web» hoteles
optimizing website performance hotel	«mejora web» seo hoteles
ranking seo hotels	ranking seo hoteles

Figura 1. Búsqueda por palabras clave

Por lo explicado anteriormente, las tipologías de textos que han resultado de nuestra búsqueda por palabra clave han sido principalmente artículos de blog de empresas especializadas, descripciones de servicios ofrecidos por agencias y consultoras especializadas en *marketing* digital de hoteles, así como descripciones de contenidos de cursos de la misma temática enfocados a formar a profesionales presentes y futuros del *marketing* digital de hoteles.

Una vez localizada nuestra información gracias a la búsqueda por palabras clave, procederemos a describir la fase de descarga de los textos que formarán parte de nuestro corpus.

3.3.2. Descarga de datos

Una vez localizados los textos, se procederá a su descarga. Esta descarga puede hacerse de forma manual (con un sencillo Ctrl+G desde cada página web que visitemos una vez está totalmente descargada en nuestro navegador[6]) o bien con programas que permiten la descarga en lotes, como WebBootCat[7].

---

6 Para asegurar que la página web se ha descargado por completo, se puede navegar rápidamente hasta el final de la página con el cursor. Ese es el método que se ha utilizado para descargar los documentos que componen el corpus.

7 Para más información, léase: https://www.sketchengine.eu/wp-content/uploads/2015/03/WebBootCaT_web_tool_2006.pdf

En nuestro caso, la descarga de datos ha sido manual para, así, comprobar que cada uno de los textos correspondían a la delimitación diatópica que habíamos especificado en la fase de diseño (inglés neutro para el subcorpus en inglés y español de España para el subcorpus en español).

Una vez finalizada la descarga de datos, procederemos detallar cómo se ha llevado a cabo la fase de formato.

3.3.3. Formato

La fase dedicada al formato consiste en unificar el formato de los textos que conformarán nuestro corpus.

En principio, la gran mayoría de los documentos disponibles en red que hemos localizado se encuentran en formato HTML; sin embargo, algunos programas de gestión de corpus actuales no soportan este formato, motivo por el cual deben convertirse a formato de texto plano (.txt). Para esta conversión, se ha empleado la herramienta en línea Convertio (Convertio, s.f.)[8]. Con esta herramienta, seleccionamos en nuestro ordenador los archivos HTML que queremos convertir y los desplazamos a la caja de descarga, tal y como muestra a continuación la Figura 3.

Figura 2. Opción de selección de archivos en Convertio.io

Una vez hecho esto, seleccionamos el tipo de archivo al que queremos convertir todos los documentos (texto plano, .txt), presionamos el botón "Convertir" y en unos segundos los archivos se habrán transformado en el formato deseado. Una vez finalizada la conversión de todos los textos, podemos descargarlos

8 Para más información, se puede visitar: https://convertio.co/

en una carpeta comprimida en una carpeta comprimida formato .zip con solo hacer clic en el botón “Descargar todo en .ZIP”.

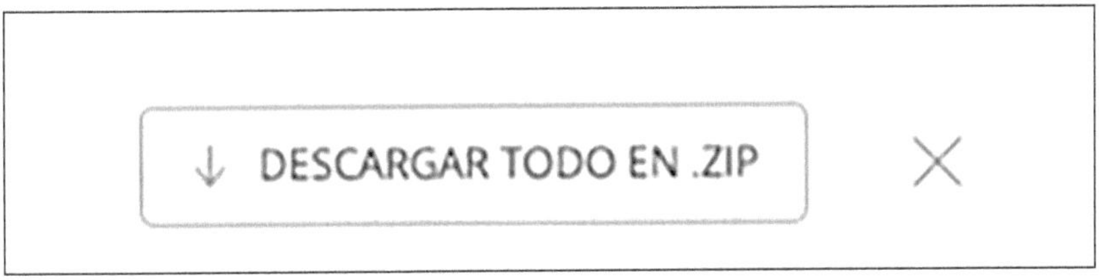

Figura 3. Botón de descarga de archivos en .zip en Convertio.io

Una vez descargados los archivos en formato comprimido, debemos almacenarlos de forma adecuada para su posterior procesamiento. Esta es la fase que detallaremos a continuación.

3.3.4 Almacenamiento

Esta fase versa sobre el almacenamiento apropiado de los textos que componen el corpus una vez convertidos a formato texto plano.

Para su tratamiento y posterior estudio, así como para considerar posteriores adiciones y modificaciones, es importante que cada documento esté sistemáticamente clasificado y codificado.

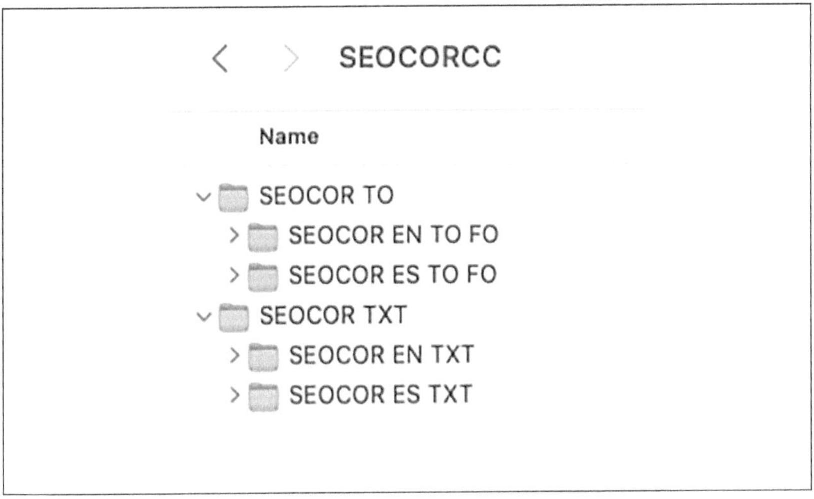

Figura 4. Estructura de almacenamiento del corpus SEOCORCC

De este modo, se ha organizado el corpus como se detalla a continuación. En primer lugar, se ha creado una carpeta principal a la que hemos denominado como SEOCCORCC (por Corpus Comparable de cursiva Digital en SEO Hotelero). Dentro de ella, se han creados subcarpetas para cada subcorpus de lengua original (TO), en inglés (EN) y español (ES). A su vez, en cada una de estas subcarpetas, se han creado otras dos subcarpetas, en función de si los archivos se encuentran en su formato original (FO) (es decir, .html o .pdf) o si se ha convertido a texto plano (.txt).

Una vez creadas las carpetas y subcarpetas, cada texto se ha almacenado convenientemente codificado. Así, un documento llamado 01ENCCTOSEOCOR.html, se refiere a que es el primer documento almacenado (01), en inglés como idioma original del corpus comparable (ENCCTO), del corpus de *marketing* digital hotelero (MDH) especializado en SEO (SEO) y en formato .html. Por su parte, un texto llamado 06ESCCTOSEOCOR.txt, se refiere a que es el sexto documento almacenado (06), en español como idioma original del corpus comparable (ESCCTO), de *marketing* digital especializado en SEO (SEO) y convertido a texto plano (.txt). Esta codificación se puede llevar a cabo manualmente o bien a través de programas de codificación automática como LupasRename[9] (*software* descargable) o Webrenamer[10] (uso *online*).

Una vez seguidas las fases previas, se ha obtenido un corpus comparable virtual de cursiva digital hotelero especializado en SEO que está integrado por 116 textos en español y 102 textos en inglés, con unos totales de 171 317 y 188 640 *tokens* respectivamente.

A partir de los criterios de diseño y del proceso de compilación seguidos y detallados en los apartados anteriores, se ha asegurado la representatividad cualitativa de la muestra compilada. Una vez asegurada la representatividad cualitativa, debemos pasar a comprobar la representatividad cuantitativa.

4. Representatividad cuantitativa

Un corpus se diferencia de cualquier otro tipo de colección de textos por ser representativo y esta representatividad se puede entender tanto desde el punto de vista cualitativo como cuantitativo (Seghiri, 2011). Un corpus

9 Este programa se puede descargar en https://rename.lupasfreeware.org/
10 Véase https://www.webrename.com/

es representativo cualitativamente si está bien diseñado y se ha seguido un protocolo adecuado para su compilación. Así, los pasos realizados hasta ahora (y que se han descritos en los apartados precedentes) aseguran dicha representatividad cualitativa.

Sin embargo, no solo debemos garantizar que la muestra sea representativa desde un punto de vista cualitativo, sino también cuantitativo. En este sentido, Biber (1990) sostiene que el tamaño de un corpus puede aproximarse a modo de corazonada y es solo a través de nuestra investigación posterior cuando comprobaremos si estábamos en lo cierto o no. Por ejemplo, en un trabajo sobre el Corpus LOB en la misma publicación Biber concluyó que «ten texts represented the categories of the LOB Corpus well for many grammatical features» (Biber, Conrad y Reppen, 1998, pág. 249). Sin embargo, la mayoría de los corpus necesitan un número mayor de textos para poder llegar a conclusiones.

En nuestro caso, para verificar la representatividad cuantitativa del corpus, se utilizará el programa ReCor[11]. ReCor es un *software* que funciona en entornos operativos de Windows y fue patentado por Corpas Pastor y Seghiri en 2010. En concreto, se basa en el uso de un algoritmo (NCor) que determina la representatividad cuantitativa de un corpus basándose en la densidad léxica y analizando el número de textos y el número de términos contenidos (Corpas Pastor y Seghiri Domínguez, 2007).

Así pues, ReCor permite extraer dos identificaciones gráficas denominadas «Estudio gráfico A» y «Estudio gráfico B», las cuales se explicarán a continuación usando el subcorpus español como ejemplo. En las figuras 5 y 6 se muestran imágenes de los resultados que ReCor ha proporcionado una vez introducidos los datos del corpus de *marketing* hotelero especializado en SEO.

El denominado como «Estudio gráfico A» representa las ratios de palabras reales frente a palabras totales (en orden aleatorio y en orden alfabético) dependiendo del número de textos. Partiendo de la idea de que la ratio entre palabras reales de un texto y las palabras totales no aumenta proporcionalmente a partir de un número de textos determinado (el punto donde se unen las dos líneas en la gráfica A), este será el número de textos a partir del cual

[11] Para este estudio se utiliza la versión 2.0. Además, el programa ReCor puede solicitarse de manera gratuita en la siguiente dirección URL: https://rsoftuma.uma.es/es/software/recor.

añadir más documentos no aportará mucho más léxico a nuestro corpus (Corpas Pastor y Seghiri Domínguez, 2007).

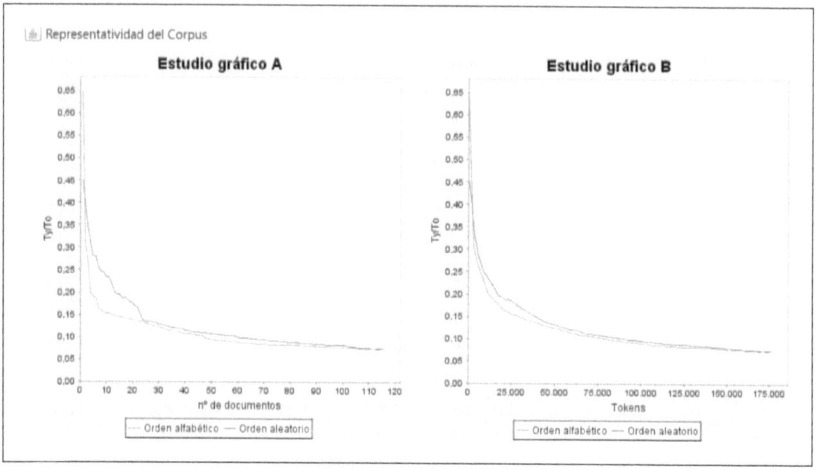

Figura 5. Representatividad del subcorpus español de cursiva digital de SEO de hoteles

Como se aprecia en la Figura 5, mientras más aumente el número de documentos del subcorpus español (eje de abscisas en la gráfica izquierda), más cercanas están las líneas que representan a los documentos en orden alfabético y aleatorio. Así pues, comprobamos que las líneas se vuelven casi una única y se convierten en casi paralelas al eje *y* en torno a 105 documentos.

En estos estudios gráficos podemos comprobar cómo tanto en el análisis del número de textos (izquierda) y el de número de *tokens* (gráfica derecha), las líneas de orden alfabético y de orden aleatorio acaban uniéndose y casi volviéndose una única línea. Si nos fijamos en los puntos donde las líneas se unen y se vuelven casi únicas, encontraremos el umbral de representatividad de nuestro corpus. De ellos se desprende que nuestro subcorpus en español es representativo a partir de 105 textos y de 170 000 palabras o *tokens* aproximadamente.

Por otro lado, la gráfica denominada «Estudio gráfico B» representa un análisis similar al de la gráfica A, pero teniendo en cuenta las secuencias de palabras o *n gramas* contenidos en nuestro corpus. Esto quiere decir que el algoritmo estaría calculando la densidad léxica basándose en la ratio de secuencias de palabras (podemos elegir valores entre 1 y 10 a la hora de crear la gráfica) frente a palabras o *tokens* totales (Corpas Pastor y Seghiri Domínguez, 2007).

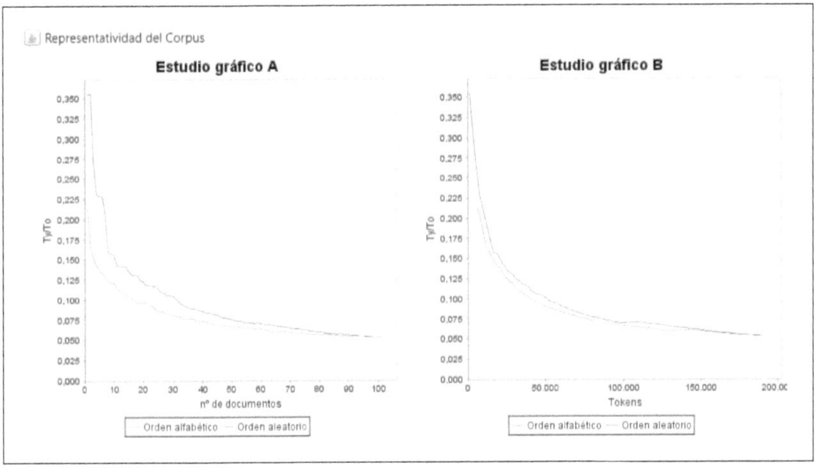

Figura 6. Representatividad del subcorpus inglés de cursiva digital de SEO de hoteles

Una vez explicado el resultado del subcorpus español, se procede a analizar el subcorpus de *marketing* digital de hoteles en inglés. La Figura 6 muestra las gráficas resultantes.

En estas gráficas, y siguiendo el mismo razonamiento que ya se ha llevado a cabo con el subcorpus en español, se observa que el subcorpus en inglés es representativo a partir de unos 85 documentos y 150 000 tokens.

Con este análisis, se puede concluir que el corpus de *marketing* digital de SEO de hoteles que se ha compilado es efectivamente representativo del área de especialidad seleccionada, ya que además de los requisitos cualitativos marcados en la fase de diseño, se ha comprobado con un método objetivo con el software ReCor que cumple los requisitos cuantitativos para que se considere representativo del ámbito de estudio.

5. Conclusiones

Debido a la democratización del acceso libre a información en línea y a la globalización de las relaciones económicas, el interés por el uso de corpus como herramienta investigadora ha aumentado. Como se ha mostrado en este estudio, al crear un corpus se compila una colección de documentos con una relevancia intencionada. Idealmente, estos documentos deberían estar ya en un formato digital, lo cual implica su búsqueda y descarga en línea. Tras ello, se convertirán a un formato que se pueda cargar en un software de procesamiento y análisis de corpus como han indicado otros autores anteriormente (Kübler y Aston, 2010).

Así, el corpus es una base de información primordial para el lingüista según apuntan múltiples autores como Sinclair (1991), Bowker y Pearson (2002), Zanettin (1998) o Kenning (2010). Por este motivo, se utilizan frecuentemente para identificar las características significativas y más usuales en un tipo de texto concreto, como los usos específicos de fraseología, terminología, así como otros estudios lingüísticos relevantes para el traductor. Especialmente, cuando el objeto de estudio es un texto especializado, un corpus nos ayudará a localizarlas y a traducirlas de forma fiable aun sin ser expertos en el tema ya que los textos compilados se manejan en su contexto original. Por tanto, los corpus, ya sean comparables o paralelos pueden aportar tanto a los traductores como a los estudiantes y profesionales un medio donde puedan evaluar y verificar o descartar la relación entre elementos del lenguaje en los que, a priori, se percibe algún tipo de equivalencia o similitud y por ello se nos muestran como de gran utilidad para confirmar una hipótesis de traducción o para sugerir posibles soluciones a problemas de traducción de textos especializados. Una vez corroborada la pertinencia de la elección de un corpus, por ello, lo elegimos como base para la elaboración de este estudio.

Sin embargo, si el corpus no está diseñado adecuadamente, como apunta Zanettin (2002, pág. 2), no nos podrá ofrecer pruebas fiables del lenguaje analizado, por eso, hemos seguido un diseño de corpus muy detallado y bien estructurado. Por todas estas razones, nuestro corpus es virtual y se ha compilado de una selección de páginas webs identificadas siguiendo un proceso previamente definido que permitiera garantizar la relevancia de los textos que conformarían nuestro corpus.

Así, una vez compilado un corpus de forma adecuada, el estudiante de traducción o el traductor especializado podrá, como destaca Fletcher (1996), sumergirse en el estilo y el lenguaje del dominio en cuestión antes de preparar cualquier tipo de material.

Sin embargo, las aplicaciones de los corpus comparables no se restringen solo al ámbito de la traducción. Puesto que se trata de textos originales monolingües, se pueden utilizar también para la enseñanza de idiomas o de terminología especializada. De hecho, pueden funcionar como estímulo y como fuente autónoma de aprendizaje para estudiantes avanzados debido a su fácil acceso a la vez que especificidad como señala a su vez Kenning (2010).

El corpus compilado en este estudio especializado en cursiva digital de SEO de hoteles (en inglés y en español) es el primero de esta temática que tengamos constancia hasta la fecha y está listo para ser utilizado en subsiguientes investigaciones, por ejemplo, para realizar estudios de corte monolingüe y monocultural, así como de corte comparado y traductológico. Este corpus es un ejemplo que confirma las palabras de Durán-Muñoz (2011), que afirma que los corpus y las herramientas de análisis de los mismos para la traducción turística permiten adquirir nuevos conocimientos conceptuales mediante la consulta de documentos, la identificación de terminología en este lenguaje de especialidad, la propuesta de neologismos adecuados, la estandarización de sinónimos y la clarificación de dudas que de otro modo solo se podrían resolver consultando a expertos del dominio en cuestión.

Por ello, una vez consideradas las virtudes de un corpus en la traducción y la didáctica de lenguajes de especialidad, se desprende que los posibles beneficiarios de este corpus podrían ser profesionales o estudiantes de la traducción y del sector del *marketing* turístico, así como los profesionales relacionados con la didáctica de estas dos disciplinas (*marketing* digital hotelero y traducción).

Referencias bibliográficas

Altenberg, B., y Granger, S. (Eds.) (2002). Lexis in contrast: Corpus-based approaches. John Benjamins Publishing Company.

Arce Romeral, L. y Seghiri,M. (2022). Implementation of a glossary for the translation of housing purchase and sale agreements in Spain, Argentina, the United Kingdom and the United States: a methodology based on corpus. *Hermēneus. Revista de Traducción e Interpretación, 22*. 87–118.

Arce Romeral, L., y Seghiri Dominguez, M. (2021a). COMPRAVENTACOR: sitio web para la traducción de contratos de compraventa de viviendas en España, Argentina, Reino Unido y Estados Unidos. *HIKMA: Estudios de Traducción, 20-(1)*, 221–254.

Arce Romeral, L., y Seghiri Dominguez, M. (2021b). Creación de plantillas de redacción de contratos de compraventa de viviendas en español: variedades peninsular y argentina. En J. Torralbo, y M. A. Garcia Peinado, *Formas y variedades tradicionales de la traducción: literaria, jurídico-económica y científica*. Peter Lang.

Baker, M., Francis, G., y Tognini-Bonelli, E. (Eds.). (1993). Text and technology: In honour of John Sinclair. John Benjamins Publishing Company.

Bermúdez-Tobón, J., y Rubio-Gil, M. A. (2021). Nuevas profesiones y TICs en las organizaciones turísticas: Ocupaciones, perfiles y competencias. *Sociología y Tecnociencia, 11*(Extra 1), 188–208.

Biber, D. (1990). Methodological Issues Regarding Corpus-based Analyses of Linguistic Variation. *Literary and Linguistic Computing, 5*(4), 257–269.

Biber, D. (1993). Representativeness in Corpus Design. En G. Sampson, y D. McCarthy, *Corpus Linguistics: Readings in a Widening Discipline* (págs. 174–197). Bloomsbury Publishing.

Biber, D., Conrad, S., y Reppen, R. (1998). *Corpus Linguistics. Investigating Language Structure and Use.* Cambridge University Press.

Bilková, R. (2021). *Digital Marketing Communication in the Age of Globalization* (Vol. 129). SHS Web of Conferences, 6002.

Bowker, L., y Pearson, J. (2002). *Working with Specialized Language: A Practical Guide to Using Corpora.* Routledge.

Business Wire. (7 de Octubre de 2021). *Global Budget Hotels Market to 2025: Growing Popularity of Social madia with Millennials and Gen Z Travelers Pushes Need for Digital Marketing.* Recuperado el 19 de Julio de 2022, de Business Wire: https://www.businesswire.com/news/home/20211007005458/en/Global-Budget-Hotels-Market-to-2025-Growing-Popularity-of-Social-Media-with-Millennials-and-Gen-Z-Travelers-Pushes-Need-for-Digital-Marketing---ResearchAndMarkets.com

Byte Level Research. (2022). *2022 Web Globalization Report Card.*

Chaffey, D., y Ellis-Chadwick, F. (2019). *Digital Marketing. Strategy, Implementation and Practice* (17 ed.). Pearson.

Coll Morales, F. (2022). ¿Cuándo se recuperará el sector turístico? *Hosteltur.* Recuperado el 5 de Julio de 2022, de https://www.hosteltur.com/comunidad/005086_cuando-se-recuperara-el-sector-turistico.html

Conrad, S., y Levelle, K. (2008). Corpus Linguistics and Second Language Instruction. En B. Spolsky, y F. Hult, *The Handbook of Educational Linguistics.* John Wiley y Sons, Incorporated.

Consiglio Nazionale delle Ricerche. (1996). *What is a corpus?* Obtenido de Istituto di Linguistica computazionali Antonio Zampolli: https://www.ilc.cnr.it/EAGLES96/corpintr/node23.html#ibiblio

Convertio. (s.f.). Obtenido de Convertidor de archivos: https://convertio.io
Corpas Pastor, G. (2003). Turicor: Compilación de un corpus de contratos turísticos (alemán, español, ingles, italiano) para la generación textual multilingüe y la traducción jurídica. En *Panorama actual de la investigación en traducción e interpretación*. Atrio.
Corpas Pastor, G., y Seghiri, M. (2007). Deteminación del umbral de representatividad de un corpus mediante el algoritmo N-Cor. *Sociedad Española para el Procesamiento del Lenguaje Natural*(39), 165–172.
Corpas, G. y Seghiri, M. (2010). ReCor (versión 2.0). [Programa informático]. Málaga. https://rsoftuma.uma.es/es/software/recor
Cvetkovski, T., y Cvetkovska Tomanović, V. (2021). Digital Communication - Convenience or Necessity of Modern Tourism? *Megatrend Revija*, *18*(3), 35–52.
Damnjanović, V., Lončarić, D., y Dlačić, J. (2020). Digital Marketing Strategy of Accor Hotels. *Tourism and Hospitality Management*, *26*(1), 233–244.
De Santa Olalla Sánchez, A. (s. f.). *Eagles (expert advisory group on language engineering stadards)*. Obtenido de Elies Rediris: http://elies.rediris.es/elies3/cap134.htm
Deloitte. (2020). *Changing Consumer, Digital Marketing and Impact of Covid-19*. Obtenido de Deloitte: https://www2.deloitte.com/si/en/pages/strategy-operations/articles/changing-consumer-digital-marketing-impact-Covid-19.html
Deloitte. (2022). *The Winding Path to Recovery*. Obtenido de Deloitte Travel Outlook: https://www2.deloitte.com/content/dam/Deloitte/us/Documents/consumer-business/us-2022-travel-outlook.pdf
Digital Marketing Institute. (2021). *The Future of Marketing after Covid-19*. Obtenido de https://digitalmarketinginstitute.com/blog/the-future-of-marketing-after-covid-19
Durán-Muñoz, I. (2011). Criterios específicos para la elaboración y diseño de los corpus especializados para la terminografia. En M. Carrio Pastor, y M. Candel Mora, *Las tecnologías de la información y las comunicaciones: presente y futuro en el análisis de córpora. Actas del III Congreso Internacional de Lingüística de Corpus*, 43–50. Valencia: Universidad Politécnica de Valencia.
Durán-Muñoz, I., y L'Homme, M. C. (2020). Diving into English motion verbs from a lexico-semantic approach: A corpus based analysis of adventure tourism. *Terminology*, *26*(1), 33–59.
Durán-Muñoz, I. (2022). El trabajo terminográfico basado en corpus: el caso del recurso DicoAdventure. *Estudios de Traducción* (12), 109–118.

El Bayoumi Salem, I., y Cavlek, N. (2016). Evaluation of hotel website contents: existence-importance analysis. *Journal of Hospitality and Tourism Technology, 7*(4), 366–389. doi:https://doi.org/10.1108/JHTT-04–2016–0020

Fletcher, W. (1996). Facilitating the compilation and dissemination of ad-hoc web corpora. En G. Aston, S. Bernardini, y D. Stewart, *Corpora and Language Learners* (Vol. 17), 273–300. Ámsterdam: John Benjamins.

Gandin, S. (2013). Translating the language of tourism. A corpus based study on the translational tourism english corpus (T-TourEC). *Procedia. Social and Behavioral Sciences, 95*, 325–335.

Gandin, S. (2015). Translating the representation of the tourist landscape: A corpus-based study. *Topics in Linguistics, 15*(1).

González Pastor, D. M., y Candel Mora, M. Á. (2021). Mediación intercultural y traducción en el sector turístico español. En M. Á. Candel Mora, *Lenguas de especialidad, turismo y traducción* (págs. 11–32). Valencia: Editorial Tirant.

Hubspot. (2021). *State of Marketing Report*. Recuperado el 22 de noviembre de 2021 de https://www.hubspot.com/state-of-marketing.

INE. (2022). *Frontur - Movimientos turísticos en Frontera*. Recuperado el 2 de marzo de 2022, de Instituto Nacional de Estadística.

Kapoor, R., y Kapoor, K. (2021). The Transition from Traditional to Digital Marketing: a Study of the Evolution of e-marketing in the Indian hotel Industry. *Worldwide Hospitality and Tourism Themes*, 199–213. doi:10.1108/WHATT-10–2020–0124

Keegan, W. J. (1989). *Global Marketing Management*. London: Prentice Hall.

Kierzkowski, A., McQuade, S., y Waitman, R. (1996). Marketing to the Digital Consumer. *The McKinsey Quarterly*, 180–183.

Mahmutovic, K. (2021). Development and Valientation of the Scale for Measuring Digital Marketing Orientation in the Hotel Industry. *Ekonomski Vjesnik*, 115–129. doi:doi:https://doi.org/10.51680/ev.34.1.9

Mauranen, A., Carey, R., y Ranta, E. (2015). New answers to familiar questions: English as a lingua franca. En D. Biber, y R. Reppen, *The Cambridge Handbook of English Corpus Linguistics*. Cambridge: Cambridge University Press.

Parkin, G. a. (2014). *Digital Marketing: Strategies for Online Success*. IMM Lifestyle Books.

Porter, M. E. (March de 2001). Strategy and the Internet. *Harvard Business Review*, págs. 63–78.

Sager, J. (1990). *Practical Course in Terminology Processing*. John Benjamins Publishing.

Schutte, F., y Chauke, T. (Abril de 2022). The Impact of Digital Marketing on Consumer Behaviour: A Case Study of Millenials in South Africa. *African Journal of Hospitality, Tourism and Leisure, 11*(2), 875–886. doi:10.46222/ajhtl.19770720.263

Seghiri, M. (2017). Metodología de elaboración de un glosario bilingüe y bidireccional (ingles-español/español-inglés) basado en corpus para la traducción de manuales de instrucciones de televisores. *Babel, 63*(1), 43–64.

Seghiri, M. (2011). Metodología protocolizada de compilación de un corpus de seguros de viajes: aspectos de diseño y representatividad. *Revista de Lingüística Teórica y Aplicada, 49*(2), 13–30.

Seghiri, M. (2006). *Compilación de un corpus trilingüe de seguros turísticos (español-inglés-italiano): aspectos de evaluación, catalogación, diseño y representatividad.* Recuperado el 3 de noviembre de 2022, de https://riuma.uma.es/xmlui/handle/10630/2715

Sinclair, J., y Carter, R. (2004). *Trust the Text: Language, Corpus and Discourse.* Taylor y Francis Group.

Sketch Engine. (s.f.). Obtenido de Sketch Engine: https://www.sketchengine.eu/

Statista. (2021). *Global digital population as of January 2021.* Obtenido el 6 de agosto de 2022 de https://www.statista.com/statistics/273018/number-of-internet-users-worldwide/

Tfaily, R. A. (May de 2018). E-Tourism and the Competitiveness of Tourism Products in the Context of the Global Tourism and Travel Tourism Market. *Review of International Comparative Management, 19*(2), 187–195. doi:10.24818/RMCI.2018.2.187

UNWTO. (2010) *Recomendaciones Internacionales para estadísticas de turismo 2008*. Obtenido de: https://www.unwto.org/es/tourism-statistics/on-basic-tourism-statistics-irts-2008. Madrid: Naciones Unidas.

UNWTO. (3 de Mayo de 2022). *World Tourism Barometer excerpt.* Recuperado el 5 de Julio de 2022, de UNWTO World Tourism Organization: https://webunwto.s3.eu-west-1.amazonaws.com/s3fs-public/2022-06/UNWTO_Barom22_02_May_excerpt.pdf?VersionId=5c9Q9abJCiFcJYyU_.4zmzilL3YBzI7A

UNWTO. (3 de Junio de 2022). *Tourism Recovery Gains Momentum as Restrictions Ease and Confidence Returns*. Recuperado el 5 de Julio de 2022, de UNWTO: https://www.unwto.org/taxonomy/term/347

UNWTO. (2023). *Tourism Set to Return to Pre-Pandemic Levels in Some Regions in 2023*. Obtenido de UNWTO: https://www.unwto.org/news/tourism-set-to-return-to-pre-pandemic-levels-in-some-regions-in-2023

Webootcat. (s.f.). [Programa informático]. Obtenido de: https://www.sketchengine.eu/

World Travel and Tourism Council. (2022). *Economic Impact Reports.*

Zanettin, F. (1998). Bilingual Comparable Corpora and the Training of Translators. *Meta. Journal des Traducteurs, 43*(4), 616–630.

Zanettin, F. (2002). DIY Corpora: The WWW and the Translator. En B. Maia, J. Haller, y M. *Training the Language Services Provider for the New Millennium.* Porto: Facultade de Letras.

Zanettin, F. (2014). Corpora in Translation. En J. House, *Translation: a Multidisciplinary Approach.* Palgrave Macmillan.

La compraventa inmobiliaria en Argentina y Estados Unidos: derecho comparado y análisis textual contrastivo

Lorena Arce Romeral
Departamento de Traducción e Interpretación
Universidad de Málaga
arce@uma.es

ABSTRACT
The real estate business between Argentina and the United States is growing, which generates a growing demand for multilingual writing and translations of housing purchase and sale agreements (Spanish-English). Thus, one of the main difficulties of legal translation is the combination of the regulations of the different countries. In this sense, the study of the applicable regulations of the thematic genre to be translated is essential, since the legislation will have an impact on the writing of legal documents. Firstly, the normative applicable to the sale and purchase of real estate in Argentina and United States (Louisiana) is analysed. Secondly, given the stereotyped nature of the thematic genre, it is necessary to base the study on corpus linguistics, that is, through examples of the (EAGLES, 1996a, page 4). Thus, in this research work, we propose to study the real estate purchase and sale agreements in Spanish (in the Argentinean variety) and in English (in the American variety) from a virtual corpus, representative both from a qualitative and quantitative point of view, previously compiled, composed of real estate purchase and sale agreements written in Argentina and the United States. In this way, the aim is to verify whether real estate agreements in both countries have the same rhetorical structure or whether, on the contrary, they present different patterns in the aforementioned languages and varieties, all this from a normative approach that will have an impact on the writing and structure of the agreements.

Keywords: legal translation, comparative law, corpus linguistics, comparable corpus, real estate.

RESUMEN
El negocio de la compraventa inmobiliaria entre Argentina y Estados Unidos está en auge, lo que genera una creciente demanda de redacción multilingüe y traducción de contratos de compraventa de viviendas en el par de lenguas español-inglés, en la que, no solo intervienen dos lenguas diferentes sino también dos sistemas jurídicos distintos. Así, uno de los principales escollos que supone la traducción jurídica es la conjugación de las normativas de los diferentes países desde y hacia los cuales se está traduciendo. En este sentido, el estudio de la normativa aplicable del género temático sobre el que verse la traducción será crucial, pues la legislación propia de cada país incidirá en su redacción de los documentos jurídicos. En consecuencia, se analiza, en primer lugar, la normativa aplicable a la compraventa inmobiliaria de los países objeto estudio, a saber, Estados Unidos —concretamente, el estudio se ha centrado en el Estado de Luisiana— y Argentina. En segundo lugar, dado el

carácter estereotipado del género temático en el que nos movemos, se hace necesario basar el estudio en la lingüística de corpus, es decir, a través de «ejemplos de esa lengua o parte de la lengua» (EAGLES, 1996, pág. 4). Así, en el presente trabajo de investigación, nos proponemos estudiar la macroestructura —desde un punto de vista contrastivo— de los contratos de compraventa inmobiliaria en español (en la variedad argentina) y en inglés (en la variedad estadounidense) a partir de un corpus virtual, representativo tanto desde el punto de vista cualitativo como cuantitativo, previamente compilado, compuesto por contratos de compraventa inmobiliaria redactados en Argentina y Estados Unidos. De esta manera, se pretende comprobar si los contratos de compraventa inmobiliaria en ambos países tienen la misma estructura retórica o si, por el contrario, presentan patrones diferenciados en las mencionadas lenguas y variedades, todo ello desde un enfoque normativo que influirá en la redacción y en la estructura de los contratos.

Palabras clave: traducción jurídica, derecho comparado, lingüística de corpus, corpus comparable, contratación inmobiliaria.

1. Introducción

El negocio de la compraventa e inversión inmobiliaria entre los países de Argentina y Estados Unidos está en auge y así lo evidencia el diario *Ámbito* (2021) de economía y fianzas más leído de Argentina que afirma que el «mercado del ladrillo» en Estados Unidos vuelve a ser el «[…] destino elegido por los argentinos que desean apostar por una rentabilidad apreciable y estable en dólares […]». Así, este apunta que, en la última década, «[…] el 51,6 % del total de nuevos propietarios en Estados Unidos (1,9 millones), son latinoamericanos, una tendencia que según la Asociación Nacional de Profesionales Hispanos de Bienes Raíces (NAHREP), se mantendrá […]». Argentina es, en primer lugar, seguido de Venezuela, México y Colombia el que encabeza las estadísticas en términos de inversión en Estados Unidos en este sector. Concretamente, durante el año 2020, las operaciones de inversión se incrementaron un 117 % con respecto al año anterior, de las cuales el 77 % son de nacionalidad argentina. En efecto, como ya se ha apuntado, la posibilidad de inversión en Estados Unidos se configura como una oportunidad para los nacionales argentinos, pues la economía estadounidense, según señala el diario *Ámbito* (2021) es una de las economías más potentes y seguras del panorama actual, no solo para los propios estadounidense sino también para aquellos que desean depositar sus ahorros en un «refugio seguro».

Por otro lado, según el *ranking* de IED (*Inversión Extranjera Directa*), Estados Unidos ocupa el segundo lugar en lo que a inversión extranjera en Argentina se refiere, con un 16,8 %, dato igualmente publicado en el *V Informe del Panorama de Inversión Española en Latinoamérica* (PIEL, 2012 pág. 28). Además, en el ámbito nacional, los anuncios de inversión realizados por parte de la Agencia Argentina de Inversiones y Comercio Internacional son de 5455 millones de dólares, de los cuales 164 estarían dedicados al desarrollo inmobiliario. En consecuencia, se está llevando a cabo el desarrollo del Plan Nacional de Vivienda, a través del cual se prevé construir 120 000 viviendas, lo que tendrá un reflejo directo muy positivo en el sector de la construcción y triplicará el Producto Interior Bruto (PIB) en Argentina.

Estas tendencias evidencian todo un negocio de compraventa de viviendas, tanto a nivel nacional como internacional, que genera, en consecuencia, una creciente demanda de redacción multilingüe y traducción de contratos de compraventa inmobiliaria en español (en la variedad argentina) e inglés (en la variedad estadounidense). En este sentido, es necesario que los profesionales del sector cuenten con formación específica en las dos áreas principales involucradas en estas transacciones de carácter internacional; es decir, en Traducción (pues intervienen el par de lenguas inglés-español) y en Derecho comparado (conocimiento de las normativas argentina y estadounidense).

Con esta idea en mente surge el principal objetivo de este trabajo, a saber, analizar la normativa aplicable a la compraventa inmobiliaria en los países objeto de estudio Argentina y Estados Unidos —concretamente, en el Estado de Luisiana[1]—, así como estudiar, desde un punto de vista contrastivo, la estructura retórica de los contratos de compraventa inmobiliaria en español (variedad argentina) e inglés (variedad estadounidense). Para dicho análisis, el recurso ideal, dado el carácter estereotipado de los contratos de compraventa de viviendas, sería el corpus pues este recurso se configura como «ejemplos de esa lengua o parte de la lengua» (EAGLES, 1996a: 4). Así, para el análisis

[1] Dado el gran número de estados que forman Estados Unidos, el presente estudio se va a centrar en el Estado de Luisiana. La razón que justifica dicha elección es la proximidad entre los ordenamientos jurídicos de Argentina y Luisiana, lo que facilita establecer una comparativa entre ambas normativas. Así, la legislación de Luisiana deriva del Código Napoleónico y, por consiguiente, del Derecho Romano, del que también procede la legislación argentina (y, además, el ordenamiento jurídico español). De esta manera, todos los ordenamientos jurídicos estudiados en el presente trabajo se basan en un sistema de leyes codificadas, lo que se denomina *civil law*. De este modo, Luisiana constituye la excepción en Estados Unidos, pues el resto de ordenamientos jurídicos estadounidenses se han basado en el *common law* como fuente legislativa.

de dichos patrones nos hemos basado en el corpus representativo y de calidad previamente compilado, al que hemos denominado VENTACOR.

2. La legislación aplicable al género textual objeto de estudio

En primer lugar, es necesario encuadrar el género textual objeto de estudio: los contratos de compraventa inmobiliaria, que se clasifican, según la taxonomía propuesta por Borja Albi (2000 pág. 85), en textos de aplicación del derecho. Concretamente, estos documentos establecen una relación entre dos partes (vendedora y compradora) y son, por consiguiente, documentos privados, cimentados en la legislación correspondiente aplicable, por lo que su traducción se subsume dentro de la traducción jurídica. El concepto de *traducción jurídica* puede definirse, según Hurtado Albir (2007 pág. 52) como la «[...] traslación de un idioma a otro de textos que se circunscriben a un determinado campo temático, el Derecho».

En este sentido, uno de los mayores desafíos en el desempeño de este tipo de traducción es la carencia de un marco legislativo de referencia común, debido a la divergencia existente entre los sistemas jurídicos implicados, pues estos se han configurado a lo largo de la historia a partir de diversas fuentes del derecho y de tradiciones y costumbres propias y nacionales. En consecuencia, la traducción jurídica no solo consiste en un traslado de componentes lingüísticos, sino también en una traslación de los ordenamientos jurídicos. Así lo indica Šarčević (1997 pág. 230) cuando afirma que «[e]ach legal system has its own language and its own system of reference». En consecuencia, el conocimiento y análisis del marco legislativo constituye una premisa indispensable antes de abordar una traducción jurídica, pues, como se comprobará, la estructura de los textos jurídicos es prescriptiva, es decir, viene determinada por el propio sistema jurídico en el cual se enmarca (Borja, 2007).

Con esta premisa se aborda el primer objetivo del presente estudio. En primer lugar, se analiza la normativa aplicable a la compraventa inmobiliaria en Argentina y Estados Unidos (concretamente, nos hemos centrado en el Estado de Luisiana), pues esta incidirá el contenido y estructura de estos documentos jurídicos.

2.1. Legislación en Argentina

En lo que a contratos de compraventa en general se refiere, destaca la regulación que establece el *Libro II De los derechos personales en las relaciones civiles* en su *Sección tercera De las obligaciones que nacen de los contratos* del *Código Civil de Argentina*[2]. Concretamente, los Títulos dedicados a la regulación de nuestro objeto de estudio son los que se indican a continuación. En primer lugar, el *Título I De los contratos en general* que sienta las bases del concepto de contrato. Dentro de este título, se recogen los siguientes capítulos en relación a los contratos *Capítulo I Del consentimiento de los contratos* (artículos 1144–1159), *Capítulo II De los que pueden contratar* (artículos 1160–1166), *Capítulo III Del objeto de los contratos* (artículos 1167–1179), *Capítulo IV De la forma de los contratos* (artículos 1 180–1 189), *Capítulo V De la prueba de los contratos* (artículos 1190–1194) y *Capítulo VI De los efectos de los contratos* (artículos 1195–1216). Seguidamente, en el *Título III Del contrato de compra y venta* se regula de manera sustantiva este tipo de documentos jurídicos privados. En primer lugar, es el artículo 1323 el que define el concepto de contrato de compra y venta al establecer que «[…] habrá compra y venta cuando una de las partes se obligue a transferir a la otra la propiedad de una cosa, y esta se obligue a recibirla y a pagar por ella un cierto precio en dinero […]». Bajo este Título, destacan los capítulos que se indican a continuación relativos a los contratos de compra y venta: *Capítulo I De la cosa vendida* (artículos 1327–1348), *Capítulo II Del precio* (artículos 1349–1 356), *Capítulo III De los que pueden comprar y vender* (artículos 1357–1362), *Capítulo IV De las cláusulas especiales que pueden ser agregadas al contrato de compra y venta* (artículos 13 63–1407), *Capítulo V De las obligaciones del vendedor* (artículos 1408–1423) y *Capítulo VI De las obligaciones del comprador* (artículos 1424–1433). En lo que a materia de protección de datos se refiere, cabe mencionar la *Ley n.º 24 240, relativa a las normas de protección y defensa de los consumidores, autoridad de aplicación, procedimiento y sanciones*[3] enmendada por la *Ley n.º 26 361 de Normas de Protección y Defensa de los Consumidores, Autoridad de Aplicación,*

---

[2] Disponible en <https://www.oas.org/dil/esp/Codigo_Civil_de_la_Republica_Argentina. pdf>.

[3] Disponible en <http://servicios.infoleg.gob.ar/infolegInternet/anexos/0-4999/638/texact.htm>.

Procedimiento y Sanciones[4]. Además, y referido a los contratos de compraventa inmobiliaria de forma particular, destaca la *Ley 14 005 de Venta de Inmuebles fraccionados en lotes y a plazos*[5].

2.2. Legislación en Estados Unidos (Estado de Luisiana)

Actualmente, la ley suprema de los Estados Unidos es la Constitución y, bajo esta, conviven las diversas leyes aprobadas por el Congreso junto con los tratados en los que Estados Unidos sea parte. Al mismo tiempo, los cincuenta Estados que conforman la nación cuentan con soberanías independientes dotadas de sus propias constituciones y con potestad legislativa para promulgar leyes. El derecho de los Estados Unidos se basa en el sistema *common law* (derecho común o anglosajón), que constituye la base para un gran número de costumbres y procedentes legales americanos, por lo que se caracteriza por la inexistencia de código escritos. Sin embargo, como se ha mencionado previamente, el Estado de Luisiana constituye la única excepción, pues cuenta con un Código Civil que dimana del Derecho Romano.

Así, la Constitución de Luisiana (*Constitution of Louisiana*[6]) regula, de manera general, en el apartado Disposiciones Generales (*Part I General Provisions*), así como en el artículo 23 la adquisición de la propiedad (*§23 Acquisition of Property*) el contrato de compra y venta como modo de adquisición de la propiedad. Por su parte, el Código Civil de Luisiana (*Louisiana Civil Code*[7]) contiene regulación general en materia de contratos bajo el título *Title IV Conventional Obligations or Contract* (artículos1903–2291), con referencia a los siguientes capítulos: *Chapter 1 General Capacity and Exceptions* (artículos 1918–1926), *Chapter 2 Contractual Capacity and Exceptions* (artículos 1918–1926), *Chapter 3 Consent* (artículos 1948–1965), *Chapter 4 Vices of Consent* (artículos 1948–1965), *Chapter 5 Cause* (artículos 1966–1970), *Chapter 6 Object and Matter of Contracts* (artículos1971–197), *Chapter 7 Third Party Beneficiary* (artículos 1971–1977), *Chapter 8 Effects of Conventional Obligations* (artículos 1983–2012), *Chapter 9 Dissolution* (artículos 2013–2024), *Chapter 10 Simulation* (artículos 2025–2028),

---

4 Disponible en <http://servicios.infoleg.gob.ar/infolegInternet/anexos/135000-139999/139252/nor ma.htm>.

5 Disponible en <http://servicios.infoleg.gob.ar/infolegInternet/anexos/185000-189999/189846/nor ma.htm>.

6 Disponible en <http://senate.legis.state.la.us/documents/constitution/>.

7 Disponible en <https://lcco.law.lsu.edu/?uid=1&ver=en#1>.

Chapter 11 Nullity (artículos 2029–2035) y *Chapter 12 Revocatory Action and Oblique Action* (artículos 2036–2044). Al anterior, se suma *Title V Obligations Arising without Agreement* (artículos 2292–2324.2), así como el *Title VII Sale* (artíuclos 2438–2659) con los siguientes capítulos de relevancia: *Chapter 1 Of the Nature and Form of the Contract of Sale* (artículos 2438–2446), *Chapter 2 Of Persons Capable of Buying and Selling* (artículos 2447), *Chapter 3 Of Things Which May be Sold* (artículos 2448–2455), *Chapter 4 How the Contract of Sale is to be Perfected* (artículos 2456–2463), *Chapter 5 Of the Price of the Contract Sale* (artículos 2464–2466), *Chapter 6 At Whose Risk the Thing is, After the Sale is completed* (artículos 2467–2473), *Chapter 7 Of the Obligations of the Seller* (artículos 2474–2499), *Chapter 8 Eviction* (artículos 2500–2519), *Chapter 9 Eviction* (artículos 2520–2519), *Chapter 10 Of the Obligations of the Buyer* (artículos 2549–2566), *Chapter 11 Of the Sale with a Right of Redemption* (artículos 2567–2588), *Chapter 12 Rescission for Lesion beyond Moiety* (artículos 2589–2641), *Chapter 13 Sales of Movables* (artículos 2601–2619), *Chapter 14 Agreement Preparatory to the Sale* (artículos 2625–2626), *Chapter 15 Assignment of Rights* (artículos 2642–2654) y *Chapter 16 Of the Giving in Payment* (artículos 2655–2659).

La legislación de Luisiana, por otra parte, proporciona garantías y obligaciones para los compradores de nuevas viviendas en Luisiana, gracias a la aprobación en el año 2006, por *Louisiana State Licensing Board*[8], del *Act 3 141 New home warranty*[9]. Además, en ese mismo año, la Asamblea de Luisiana aprobó el *Act 333* (anexo al *Louisiana Real Estate License Law*[10]), prescrito por *Lousiana Real Estate Commission*[11], en virtud del cual se establece un modelo estandarizado de contratos de compraventa de viviendas, a fin de agilizar las transacciones inmobiliarias que tienen lugar en el Estado de Luisiana.

Como resultado del análisis normativo precedente, se expone la siguiente tabla que muestra, de manera esquematiza y contrastiva, la legislación

8 *Louisiana State Licesing Board* (LSLBC) fue creada en 1956 y tiene como principal objetivo la protección del comprador frente a las transacciones inmobiliarias fraudulentas.

9 Disponible en <http://www.lslbc.louisiana.gov/wp-content/uploads/New_Home_Warranty_Act.pd f>.

10 Disponible en <https://lrec.gov/wp-content/uploads/Laws/Real-Estate-License-Law-Updated-throu gh-8-2016.pdf>.

11 *Louisiana Real Estate Commission* es una agencia estatal que regula las transacciones inmobiliarias que tienen lugar en el Estado de Luisiana. Disponible en <http://www.lrec.state.la.us>.

aplicable a los contratos de compraventa de viviendas en los países objeto de estudio (*cfr.* Tabla 1):

Tabla 1. Legislación aplicable a los contratos de compraventa inmobiliaria

<table>
<tr><th colspan="2">LEGISLACIÓN APLICABLE A LOS CONTRATOS DE COMPRAVENTA INMOBILIARIA</th></tr>
<tr><td>Legislación en Argentina
CÓDIGO CIVIL:
Libro II. De los derechos personales en las relaciones civiles
Sección III. De las obligaciones que nacen de los contratos
Título I. De los contratos en general
Título II. Del contrato de compra y venta
·Ley n.º 24 240 de Normas de Protección y Defensa de los Consumidores.
Autoridad de aplicación. Procedimiento y Sanciones, reformada por:
·Ley n.º 26 361 de Defensa del Consumidor.
·Ley n.º 14 005 de Venta de Inmuebles fraccionados en lotes y a plazos.
·Ley n.º 27 328 de Contratos de Participación Público-Privada.</td>
<td rowspan="2">Legislación en Estados Unidos
Deriva del common law (Derecho anglosajón) carácter consuetudinario (Derecho no escrito).

[Constitución (ley suprema) + leyes aprobadas por congreso y tratados=legislación comunitaria] + leyes federales de los 50 estados y otros territorios.

Legislación en Luisiana:Soberanía independiente en cuestiones no establecidas en la Constitución federal.
Basada en el Código Napoleónico de Francia (Derecho romano), Derecho escrito.
Constitution of Louisiana:
Part I Acquisition of Property
§23 Acquisition of Property
Louisiana Civil Code:
Title IV Conventional Obligations or Contract (arts. 1903–2291)
Title V Obligations Arising without Agreement (arts. 2292–2324.2)
Title VII Sale (arts. 2438–2659)</td></tr>
<tr><td>·Act 333 aprobado por Lousiana Real Estate Commission (normalización del contrato de compraventa de vivienda).
·Act 3141 New Home Warranty (2006) aprobado por la Louisiana State Licensing Board.</td></tr>
</table>

Fuente: Elaboración propia

Una vez analizada la normativa aplicable a los contratos de compraventa de viviendas de los ordenamientos jurídicos de Argentina y Estados Unidos (en concreto el Estado de Luisiana)[12], procederemos a mencionar las principales

[12] La legislación aplicable a la compraventa de viviendas relativa a los países implicados en el presente estudio—Argentina y EE. UU. (Estado de Luisiana)— se encuentra,

ventajas de uso para el análisis, redacción y traducción del discurso especializado y, concretamente, jurídico.

3. Lingüística de corpus aplicada a la traducción jurídica

En el presente apartado, como se ha mencionado, nos proponemos exponer sucintamente las principales virtudes que suponen el uso de los corpus para el análisis del lenguaje jurídico y, en particular, a la traducción jurídica. En cuanto a su estilo, el lenguaje jurídico se caracteriza por un estilo formulario y marcado por la presencia de su propia fraseología y terminología. En este sentido, cuenta con una serie de rasgos propios que lo definen por ser un discurso altamente especializado y por un acusado «[...] apego a fórmulas estereotipadas [...]» (Alcaraz Varó, 2001 pág. 239). Por este motivo, se parte de la premisa que el recurso documental principal, e ideal, del traductor jurídico sería el corpus jurídico, pues este es capaz de mostrar cómo la terminología y la fraseología se comportan en su contexto original de producción (Seghiri, 2006) y, además, es «[...] de gran valor para aproximarse al estilo y formato del texto original (TO)» (Seghiri, 2006 pág. 211). Asimismo, los corpus constituyen una macrofuente documental, pues muestran modelos y patrones, a nivel macro- y microestructural (Corpas Pastor, 2008). Concretamente, el corpus virtual —aquel descargado de la red Internet— es de gran utilidad pues, tal y como apuntan Corpas Pastor y Seghiri (2009), dada su reusabilidad y fácil manejo, así como por la rápida gestión que permite de gran cantidad de información. En el caso de los contratos de compraventa inmobiliaria, objeto de estudio del presente trabajo, resulta aún más evidente, pues se trata de documentos que presentan de manera recurrente sus propias rutinas y convenciones. En definitiva, las virtudes que supone el hecho de trabajar con corpus virtuales en Traducción son múltiples, hecho que pretendemos demostrar en el apartado 4 de la presente investigación, pues, a partir de la explotación de un corpus previamente compilado —cuyas características abordaremos de forma sucinta en el subapartado 3.1., se realizará un estudio

---

igualmente, disponible en la página *web*: <www.compraventacor.com>, en el apartado *Legislación*.

de la estructura retórica contrastiva de los contratos de compraventa inmobiliaria en Argentina y Estados Unidos (Estado de Luisiana).

3.1. Descripción del corpus VENTACOR

En este apartado se describe el corpus VENTACOR[13], que es un corpus de contratos de compraventa inmobiliaria que se caracteriza por ser virtual (pues incluye exclusivamente textos descargados de la red Internet), bilingüe (español-inglés) —aunque delimitado diatópicamente a España y Argentina, en el caso de la lengua española, y a Reino Unido y Estados Unidos para la lengua inglesa— y representativo tanto desde un punto de visto cualitativo como cuantitativo (*cfr.* Arce Romeral y Seghiri, 2018a)[14]. Si bien, dado que este estudio se va a centrar en comparar los contratos de compraventa inmobiliaria en Argentina y en Estados Unidos (Estado de Luisiana), del corpus completo VENTACOR, vamos a explotar el subcorpus en español (en la variedad argentina) y el subcorpus en inglés (variedad estadounidense).

Para la compilación de este corpus, hemos seguido la metodología propuesta por Seghiri (2006, 2017a y 2017b), integrada por cuatro fases: localización de los documentos, descarga, formato y almacenamiento Para la localización de la información (Fase I) se ha recurrido a dos tipos de búsquedas, a saber, la realizada a través de descriptores y ecuaciones de búsqueda, volcados en la Búsqueda avanzada de Google y la búsqueda institucional. Identificados los contratos, se ha procedido a su descarga (Fase II) y, a continuación, puesto que los programas de gestión de corpus únicamente trabajan con texto plano (.txt), se ha realizado la conversión a dicho formato (Fase III) de todos los documentos que integran el corpus. Finalmente, se han almacenado y organizado en carpetas y subcarpetas (Fase IV). En este punto, además, es indispensable que los documentos se encuentren codificados, pues esto permitirá ordenar correctamente el corpus.

En cuanto al tamaño de la parte del corpus VENTACOR que vamos a explotar en este estudio, cabe señalar que el subcorpus de Argentina está compuesto por 60 contratos (y 75 253 palabras) y el subcorpus de Estados Unidos (Luisiana) por 10 contratos (y 48 070 palabras). A continuación, para comprobar la representatividad cuantitativa del corpus, se ha utilizado el

---

[13] El corpus VENTACOR se encuentra disponible en línea, a través de un gestor de consulta, en la página *web*: www.compraventacor.com en el apartado *Corpus VENTACOR*.

[14] Por evidentes limitaciones de espacio, se aborda el proceso de compilación del corpus de forma sucinta. Para más información, véase Arce Romeral y Seghiri (2018a).

programa ReCor[15] y se ha determinado que el subcorpus de Argentina alcanza su representatividad en 49 documentos y 50 500 palabras aproximadamente. En cuanto al subcorpus de Estados Unidos, es ya representativo con 1 documento y 4807 palabras. Esto se debe, tal y como se ha mencionado, a que en virtud *Act 333* aprobado por *Lousiana Real Estate Commission*, ha quedado estipulado el modelo de contrato que debe utilizarse en el Estado de Luisiana sin que pueda realizarse ninguna modificación. De ahí que este subcorpus sea representativo, a nivel cualitativo y cuantitativo, con una sola muestra.

A continuación, se ha explotado el corpus VENTACOR a fin de realizar un análisis contrastivo de la estructura de los contratos de compraventa inmobiliaria en los países de Argentina y Estados Unidos (Luisiana).

4. Estudio contrastivo macroestrcutural de los contratos de compraventa inmobiliaria en Argentina y Estados Unidos

Para llevar a cabo este estudio contrastivo de los contratos de compraventa inmobiliaria de Argentina, se ha partido de un modelo de contrato de compraventa inmobiliaria. Para la obtención de dicho modelo, se ha explotado dicho subcorpus con el programa de gestión de corpus AntConc y se han extraído las diferentes fórmulas más recurrentes para cada una de las partes que componen los contratos de compraventa inmobiliaria en dicho país. Por su parte, en el caso de Estados Unidos (Estado de Luisiana), se ha estudiado, de forma pormenorizada, la micro- y macroestructura del único modelo posible prescrito por ley.

4.1. Micro- y macroestructura de los contratos de compraventa inmobiliaria en Argentina

Estudiada la macro- y microestructura de los contratos de compraventa de viviendas en español (en la variedad argentina)[16], se puede concluir que

---

15 El programa ReCor, diseñado por Corpas Pastor y Seghiri, que permite determinar por primera vez *a posteriori* la representatividad de corpus, recibió el premio en Tecnología de la Traducción de España (2007). Para más información, véase Seghiri (2014).

16 Véase el estudio Arce Romeral y Seghiri (2022/en prensa) para más información sobre la micro- y macroestructura de los contratos de compraventa inmobiliaria en español (variedad argentina).

estos[17] están integrados, fundamentalmente, por tres partes bien diferenciadas, a saber, *título*, *cuerpo del contrato* (integrado a su vez por las *cláusulas iniciales o de apertura* —o, también denominado, *cuerpo sustantivo*— y las *cláusulas contractuales* —o *cuerpo normativo*—) y *fórmula de cierre*. Así, en la siguiente tabla se muestra la micro- y macroestructura de este contrato (*cfr.* Tabla 2):

Tabla 2. Micro- y macroestructura de los contratos de compraventa inmobiliaria en español (variedad argentina)

<table>
<tr><th colspan="2">Título</th><th colspan="2">BOLETO DE COMPRAVENTA DE VIVIENDA</th></tr>
<tr><td rowspan="2">CUERPO CONTRACTUAL</td><td rowspan="2">Cláusulas iniciales o de apertura/cuerpo sustantivo</td><td>Entre el/la Sr./Sra. D./D. ª ...., de nacionalidad ...., de estado civil ...., con (indique tipo de documento) .... n. ° ...., domiciliado en la calle .... de la localidad ...., provincia de ...., en adelante LA PARTE VENDEDORA y el/la Sr./Sra. D./D. ª ...., de nacionalidad ...., de estado civil ...., con .... (indique tipo de documento) n. °........, domiciliado en la calle............ de la localidad de ...., provincia de ...., en adelante LA PARTE COMPRADORA; todos mayores de edad y hábiles para contratar en los términos fijados por la legislación vigente, acuerdan en celebrar el presente boleto de compraventa, sujeto a las siguientes cláusulas:</td><td>Bajo las condiciones estipuladas en las cláusulas insertas en el presente boleto de compraventa y que las partes contratantes aceptan de común acuerdo se celebra la presente obligación:</td></tr>
<tr><td>PRIMERA: El/la Sr./Sra. D./D. ª ...., de nacionalidad ...., de estado civil ...., quien acredita su identidad con (indique tipo de documento) .... n. ° ...., domiciliado en la calle .... de la localidad de ...., provincia de ...., quien en adelante será denominado LA PARTE VENDEDORA, vende al/a la Sr./Sra. D./ D.ª ...., de nacionalidad ...., quien acredita su</td><td>PRIMERA: LA PARTE VENDEDORA vende a LA PARTE COMPRADORA y, esta compra la vivienda de su propiedad,</td></tr>
</table>

[17] La plantilla de contratos de compraventa de viviendas en español (variedad argentina), en la que nos hemos basado para la realización de este estudio contrastivo, se encuentra disponible en formato .xls en la siguiente dirección URL: <https://cutt.ly/8rtaMQI>. También se recoge en la página *web*: <www.compraventacor.com> en el apartado *Plantillas*, concretamente en el subapartado *Español (variedad argentina)*.

Tabla 2. *(Continued)*

Título		**BOLETO DE COMPRAVENTA DE VIVIENDA**	
		identidad con .... (indique tipo de documento) n. ° ...., de la localidad de ...., provincia de ...., quien en adelante será denominado LA PARTE COMPRADORA. Esta última compra la vivienda ubicada en la calle ...., n. ° .... de la localidad de ...., provincia de ...., NOMENCLATURA CATASTRAL ...., Circunscripción ...., Sección ...., Manzana ...., Parcela .... y Polígono ....; todo ello conforme su respectivo título de propiedad extendido por Escritura Pública n. ° ...., con fecha ..... día .... de .... de ....., en la localidad de ...., Partido de......, provincia de ...., autorizada por el/la Escribano Público D./D. ª ...., titular del Registro n. ° ...., Partido de ...., provincia de ...., la que paso al Folio .... de dicho Registro y fue inscripta en el Registro de la Propiedad Inmueble en la Matricula n. ° .... con fecha día ......, de .... de	ubicada en la calle ...., n. ° .... de la localidad de ...., provincia de ...., con los siguientes datos catastrales ....
		SEGUNDA: Esta operación se realiza por el precio total y convenido de .... (indique tipo de moneda) .... pagaderos de la forma que, a continuación, se indica. En este acto LA PARTE VENDEDORA recibe de manos de LA PARTE COMPRADORA la suma de .... (indique tipo de moneda) .... en concepto de A CUENTA DE PRECIO y como principio de ejecución del contrato, sirviendo el presente de suficiente recibo y carta de pago en forma y el saldo de precio que asciende al importe de .... (indique tipo de moneda) ...., los deberá pagar LA PARTE COMPRADORA a LA PARTE VENDEDORA el día .... de .... de .... a las ...... horas en los escritorios del/de la Escribano designado, y contra el otorgamiento de la respectiva escritura traslativa de dominio, ocasión en que simultáneamente LA PARTE COMPRADORA tomará la posesión definitiva del inmueble objeto del presente contrato.	
		TERCERA: La propiedad deberá entregarse totalmente desocupada, es decir, libre de inquilinos, intrusos u ocupantes de cualquier orden.	

(Continued)

Tabla 2. *(Continued)*

Título		**BOLETO DE COMPRAVENTA DE VIVIENDA**	
	Cláusulas contractuales/cuerpo normativo	**CUARTA:** Esta operación se realiza sobre la base de títulos perfectos, sin vicio alguno, que no tienen por origen prescripción veinteñal o treintañal, obtenida por información sumaría o dación en pago, debiendo entregarse el inmueble libre de gravámenes, deudas e inhibiciones, o embargos, comprometiéndose a pagar LA PARTE VENDEDORA sus impuestos, tasas y contribuciones hasta el día de la escrituración.	
		QUINTA: LA PARTE COMPRADORA manifiesta, con carácter de declaración jurada, estar en posesión de la cantidad de .... (indique tipo de moneda) .... necesarios para satisfacer el saldo de precio de esta operación, constituyéndose en depositaria de los mismos y comprometiéndose a conservarlos hasta el día del otorgamiento de la escritura traslativa de dominio, acto en el cual los deberá entregar a LA PARTE VENDEDORA a cambio del inmueble objeto del presente contrato.	
		SEXTA: Las partes pactan la mora automática para todas las obligaciones emergentes del presente contrato, la que se producirá en todos los casos por el mero vencimiento del plazo, sin necesidad de intimación Judicial o Extrajudicial alguna y sin perjuicio de lo estatuido por el Artículo 509 del Código Civil. Asimismo, convienen la vía ejecutiva para el caso de incumplimiento en el pago de las sumas establecidas.	
		SÉPTIMA: Las partes convienen de común acuerdo en dejar establecido el pacto que, a continuación, se detalla. Para el supuesto que fuere LA PARTE VENDEDORA quien incurriere en incumplimiento, LA PARTE COMPRADORA podrá a su elección: exigir el cumplimiento del contrato o bien podrá resolver el mismo en forma totalmente automática, exigiendo la devolución de todas las sumas de dinero entregadas hasta el momento de producirse el incumplimiento con más otro tanto en concepto de indemnización. Y para el supuesto de que quien incurriere en incumplimiento fuere LA PARTE COMPRADORA, LA PARTE VENDEDORA podrá quedarse con todas las sumas de dinero recibidas hasta el momento de producirse el incumplimiento en concepto de indemnización.	**SÉPTIMA:** Las partes convienen que los incumplimientos para los cuales en el presente no se han previsto condiciones especiales tendrán los efectos y darán lugar a las acciones, que correspondan según la legislación vigente.
		OCTAVA: La respectiva escritura traslativa de dominio se otorgará por ante el/la Escribano D./D. ª ...., con escritorios en la calle .... de la localidad de ...., Partido de ....,	

Tabla 2. *(Continued)*

Título	BOLETO DE COMPRAVENTA DE VIVIENDA
	provincia de ......, siendo los gastos que origine la escritura a cargo de cada una de las partes conforme las proporciones de Ley.
Fórmula de cierre	En prueba de conformidad se firman tres ejemplares de un mismo tenor y, a un solo efecto, en la localidad de ...., Partido de ...., provincia de ...., el día .... de .... de .....
	(Firma de las partes)

Fuente: Elaboración propia

De forma sucinta, en cuanto a su contenido, seguido del *título*, encontramos el *cuerpo del contrato*, compuesto por las *cláusulas iniciales* o *de apertura* —o *cuerpo sustantivo*— en el que se identifican las partes involucradas en el contrato[18], así como la descripción de la vivienda (cláusula primera). La segunda parte del cuerpo del contrato corresponde con las *cláusulas contractuales* —o *cuerpo normativo*—, en las que se recogen las siguientes cuestiones: precio y forma de pago[19] (cláusula segunda), obligaciones de la parte vendedora (cláusulas tercera y cuarta)[20], garantía de pago para la parte vendedora (cláusula quinta), fijación de plazos para el cumplimiento de las obligaciones (cláusula sexta), protección para ambas partes en caso de incumplimiento contractual (cláusula séptima) y obligación de elevar a escritura pública dicha transacción (obligación octava). Por último, cierra el contrato la *fórmula de cierre*; en ella se expresa la conformidad de las partes, a través de las correspondientes firmas, y se indica fecha y lugar de celebración del contrato.

---

18 No obstante, en ocasiones, el contenido de dicha fórmula rutinaria constituye una anticipación de las estipulaciones que se detallarán en las siguientes partes del contrato —opción 2 (*cfr.* Tabla 2)—.

19 Dichos aspectos son de gran importancia, pues, de acuerdo con lo dispuesto en el artículo 1350 (Capítulo II *Del precio*, Título II *Del contrato de compra y venta* del Código Civil argentino), «cuando la persona o personas determinadas para señalar el precio no quisieron o no llegaran a determinarlo, la venta quedará sin efecto».

20 En dicha cláusula se hace referencia a las consecuencias derivadas del incumplimiento de las partes de acuerdo con lo dispuesto en la legislación pertinente, en aras a lo dispuesto en los *Capítulos V De las Obligaciones del vendedor* y *Capítulo VI De las obligaciones del comprador* relativo al *Título III Del contrato de compra y venta* del Código Civil Argentino.

4.2. Micro- y macroestructura de los contratos de compraventa inmobiliaria en Estados Unidos (Estado de Luisiana)

Estudiada la micro- y macroestructura del modelo de contrato de compraventa inmobiliaria en inglés (variedad estadounidense), relativo al Estado de Luisiana[21], prescrito en virtud de la *Act 333*[22], se determina que este está formado por dos partes bien diferenciadas. La primera de ellas, el *cuerpo contractual*, está integrado, a su vez, por un *cuerpo sustantivo* y por un *cuerpo normativo* —o *cláusulas contractuales*—; la segunda parte consiste en la *fórmula de cierre* (*cfr.* Tabla 3).

Tabla 3. Micro- y macroestructura de los contratos de compraventa inmobiliaria en inglés (variedad estadounidense) del Estado de Luisiana

CUERPO CONTRACTUAL	Cuerpo sustantivo	Age	Seller's and Buyer's designated agent
		Título	LOUISIANA RESIDENTIAL AGREEMENT TO BUY OR SELL
			Date
			PROPERTY DESCRIPTION
			1. MINERAL RIGHTS
			2. PRICE
			3. ACT OF SALE
			4. OCCUPANCY
			5. CONTINGENCY FOR SALE OF BUYER'S OTHER PROPERTY
			6. ALL CASH SALE

---

21 La plantilla de contratos de compraventa de viviendas en inglés (variedad estadounidense), en la que nos hemos basado para la realización de estudio, se encuentra disponible en formato .xls en la siguiente dirección URL: <https://cutt.ly/8rtaMQI>. También en la página *web* <www.compraventacor.com> en el apartado *Plantillas*, concretamente en el subapartado *Inglés (variedad estadounidense)*.

22 Véase el estudio Arce Romeral y Seghiri (2019) para más información sobre la micro- y macroestructura de los contratos de compraventa inmobiliaria en inglés (variedad estadounidense). Así, por limitaciones de espacio no se ha podido incluir el contenido concreto para cada parte que compone el contrato. Si bien, puede consultarse en el estudio indicado.

Tabla 3. *(Continued)*

Cláusulas contractuales/ cuerpo normativo	7. FINANCED SALE
	8. PRORATIONS/OTHER COST
	9. APPRAISAL
	10. DEPOSIT
	11. RETURN OF DEPOSIT
	12. LESASES/SPECIAL ASSESSMENTS
	13. NEW HOME CONTRUCTION
	14. INSPECTION AND DUE DILIGENCE PERIOD
	15. PRIVATE/WATER SEWERAGE
	16. WARRANTY OF AS IS CLAUSE WITH WAIVER OF RIGHT OF REDHIBITION
	17. MERCHATABLE TITLE/CURATIVE WORK
	18. FINAL WALK THROUGH
	19. DEFAULT OF AGREEMENT BY SELLER
	20. DEFAULT OF AGREEMENT BY BUYER
	21. MOLD RELATED HAZARDS NOTICE
	22. OFFENDER NOTIFICACIÓN
	23. CHOICE OF LAW
	24. DEADLINES
	25. ADDITIONAL TERMS AND CONDITIONS
	26. ROLES OF BROKERS AND DESIGNED AGENT
	27. LIST ADDENDA TO BE ATTACHED AND MADE A PART OF THIS AGREEMENT
	28. SINGULAR-PRURAL USE
	29. ACCEPTANCE
	30. NOTICE AND OTHER COMMUNICATIONS
	31. CONTACT
	32. ENTIRE AGREEMENT
	33. EXPIRATION OF OFFER
Fórmula de cierre	ACCEPTANCE
	BUYER'S AND SELLER'S SIGNATURE
	BUYER'S AND SELLER'S PERSONAL INFORMATION

Fuente: Elaboración propia

Como se ha mencionado, el *cuerpo contractual del contrato* está conformado por un *cuerpo sustantivo* y por un conjunto de *cláusulas contractuales o cuerpo normativo.* En el cuerpo sustantivo se incluye la siguiente información, a saber, datos sobre la agencia inmobiliaria intermediaria, título del documento y fecha de celebración del contrato, así como descripción de la vivienda. En lo que a las *cláusulas contractuales* o *cuerpo normativo* se refiere, se hace mención a los siguientes aspectos: derechos minerales, modo de ejecutar la compraventa, contingencia para la venta de otra propiedad del comprador, pago en efectivo, compraventa financiada, otros gastos, tasación previa, depósito, devolución del depósito, entrega de la documentación, información adicional en caso de una vivienda de nueva construcción, inspección y diligencia, agua de uso privado y alcantarillado, condiciones de garantía de la vivienda, derecho de redhibición, título comercial, derecho de inspección de la vivienda, incumplimiento del contrato por parte el vendedor, incumplimiento del contrato por parte el comprador, régimen de regulación por la aparición de humedades, notificación de hechos ilícitos, mención a la legislación, establecimiento de fechas límites, condiciones y disposiciones adicionales, listado de apéndices, uso plural y singular, condiciones relativas a la aceptación del contrato, autorización para la entrega de documentos, lectura detenida por ambas partes, referencia al modelo de contrato prescrito por *Louisiana Real Estate Commission* y fecha de vencimiento de la oferta de compra.

Finalmente, en cuanto a la *fórmula de cierre*, se incluye acuerdo y aceptación por medio de la firma de las partes compradora y vendedora. Además, se han de incluir los datos personales de las partes involucradas en la transacción.

4.3. Análisis contrastivo macroestructural de los contratos de compraventa inmobiliaria en Argentina y Estados Unidos (Estado de Luisiana)

Una vez hemos realizado un estudio macroestructural de los contratos de compraventa de viviendas en Argentina y en Estados Unidos (Estados de Luisiana), desde un punto de vista contrastivo, se presenta la siguiente tabla autocontenida que permite comparar las partes previamente identificadas (*cfr.* Tabla 4):

Tal y como se aprecia, la macroestructura de los contratos en ambos países presenta, de forma fundamental, una estructura retórica muy similar; las diferencias que existen se deben, fundamentalmente, a cuestiones de orden de aparición.

Tabla 4. Estudio contrastivo de la macroestructura de los contratos de compraventa inmobiliaria en Argentina y Estados Unidos (Luisiana)

Estudio contrastivo de la macroestructura delos contratos de compraventa de viviendas	
España	**Estados Unidos (Luisiana)**
X	Datos sobre la inmobiliaria
X	Fecha de celebración
Título del documento	
Identificación de las partes	X
Descripción de la propiedad	
CLÁUSULAS Y DISPOSICIONES DEL CONTRATO	
Fecha y lugar de celebración	X
Aceptación del contrato	
X	Datos personales de las partes
Identificación de las partes y firmas	

Fuente: Elaboración propia

5. Conclusiones

No cabe duda de que los corpus comparables son de gran utilidad para la traducción de los discursos especializados y, concretamente, para traducción jurídica. Así, el presente estudio ha presentado una metodología, basada en corpus, para el estudio de la macroestructura de los contratos de compraventa inmobiliaria en Argentina y Estados Unidos (para el caso concreto de Luisiana) que es de crucial importancia en el ámbito de la redacción multilingüe. En segundo lugar, se ha evidenciado la importancia del análisis de la normativa aplicable al género temático que estamos traduciendo, pues esta incidirá en la redacción de los documentos jurídicos.

6. Agradecimientos

El presente trabajo ha sido realizado en el seno de la red temática «T3: Terminología, Técnica y Traducción», la red docente de excelencia «TACTRAD (Ref. 719/2018)» y el proyecto «INMOCOR (Ref. P20–00109)», todos de la

Universidad de Málaga, así como en el marco de los proyectos «POSTrad IV», «El uso de TICs y corpus aplicado al discurso jurídico» y «TorreznoTRAD (PROYEMER-2021–28)» de la Universidad de Valladolid.

Referencias bibliográficas

Alcaraz Varó, E. (2001). *El inglés jurídico norteamericano.* Barcelona: Ariel.

Arce Romeral, L.y Seghiri, M. (2018a). Determinación de la representatividad cualitativa y cuantitativa de un corpus virtual de contratos de compraventa de viviendas (inglés-español). En M. Á. García Peinado e I. Ahumada Lara (Eds.), *Traducción literaria y discursos traductológicos especializados* (pp. 309–330). Ámsterdam: Peter Lang.

Arce Romeral, L. y Seghiri, M. (2019). Diseño de plantillas de redacción y traducción al inglés (variedades británica y estadounidense) de contratos de compraventa de viviendas basadas en corpus. En M. Seghiri (Ed.), *La lingüística de corpus aplicada al desarrollo de la competencia tecnológica en los estudios de traducción e interpretación y la enseñanza de segundas lenguas* (pp. 69–106). Ámsterdam: Peter Lang.

Arce Romeral, L., y Seghiri, M. (2022/en prensa). Creación de plantillas de redacción de contratos de compraventa de viviendas en español: variedades peninsular y argentina. En M. Á. García Peinado y J. D. Torralbo (Eds.), *Formas y variedades tradicionales de la traducción: literaria, jurídica y científica.* Ámsterdam: Peter Lang.

BBVA Research (junio de 2018). Inversión Extranjera Directa. Recuperado de http://www.iberglobal.com/files/2018–2/IED-Argentina_Jun18.pdf.

Borja Albi, A. (2000). *El texto jurídico inglés y su traducción al español.* Barcelona: Ariel.

Borja Albi, A. (2007). Los géneros jurídicos. En E. Alcaraz (Ed.), *Las lenguas profesionales y académicas.* Barcelona: Ariel.

Corpas Pastor, G. (2008). *Investigar con corpus en traducción: los retos de un nuevo paradigma.* Fráncfort del Meno: Peter Lang.

Corpas Pastor, G. y Seghiri, M. (2009). Virtual Corpora as Documentation Resources: Translating Travel Insurance Documents (English-Spanish). En A. Beeby, P. Rodríguez y P. Sánchez-Gijón (Eds.), *Corpus Use and Translating* (pp. 75–107). Ámsterdam/Filadelfia: John Benjamins.

EAGLES (1996a). Preliminary Recommendations on Corpus Typology. *Documento EAGLES* (Expert Advisory Group on Language Engineering) EAGTCWG-CTYP/P.

Hurtado Albir, A. (2007). *Traducción y Traductología. Introduccción a la Traductología*. Madrid: Cátedra.

Ie Business School, Iberia, LLYC, Casamérica. (2020). XIII Informe Panorama de Inversión Española en Iberoamérica, PIE. Recuperado de http://www.espanhabrasil.org/img/documentos/XIII%20Informe%20de%20inversi%C3%B3 n%20en%20Ibe roam%C3%A9rica_1.pdf.

Ministerio del Interior de Argentina (2021). Plan Nacional de Hábitat y Vivienda. Recuperado de https://mininterior.gov.ar/vivienday habitat/plan-nacional-habitat.php.

Šarčević, S. (2000). Legal Translation and Translation Theory: A Receiver-oriented Approach. *Legal Translation: History, Theory/ies and Practice*. Ginebra: University of Geneva.

Seghiri, M. (2006). *Compilación de un corpus trilingüe de seguros turísticos (español-inglés-italiano): aspectos de evaluación, catalogación, diseño y representatividad*. Málaga: SPICUM.

Seghiri, M. (2014). Too big or not too big: Establishing the minimum size for a legal *ad hoc* corpus. *Hermes Journal, 53*, 85–98.

Seghiri, M. (2017a). Metodología de elaboración de un glosario bilingüe y bidireccional (inglés-español/español-inglés) basado en corpus para la traducción de manuales de instrucciones de televisores, (Creating a bilingual and bidirectional glossary (English-Spanish/Spanish-English) based on corpus for the translation of TV user manuals). *Babel, 63*(1), 43–64.

Seghiri, M. (2017b). Corpus e interpretación biosanitaria: extracción terminológica basada en bitextos del campo de la Neurología para la fase documental del intérprete (Corpora and medical interpreting: terminology extraction based on bitexts for the interpreter's documentation process). *Panacea, 18*(46) *Volumen monográfico de interpretación en el ámbito biosanitario*, 123–132.

Lexonomy y OneClick Dictionary como nuevas herramientas lexicográficas para traducir: creación de un diccionario especializado bilingüe (inglés-español) sobre contratación de distribución exclusiva

Cristina Toledo-Báez
IUITLM, Universidad de Málaga.
toledo@uma.es

Ángeles Camero García
Universidad de Córdoba
z82camga@uco.es

ABSTRACT

Despite the improvements in Lexicography and Terminography and the vast amount of specialized dictionaries, translators still face a major obstacle when dealing with specialized translation: the lack of appropriate terminological and lexicographical resources that meet their needs and enable them to acquire expert knowledge. In response to the scarcity of terminological resources, translators are compelled to create their own material using, a task for which they need to make use of the latest lexicographical tools. The aim of our study is to create a specialized bilingual (English-Spanish) dictionary about exclusive distribution agreements using two main elements: on the one hand, the dictionary writing system Lexonomy and the function OneClick Dictionary, both available at the lexicographical and corpus manager Sketch Engine and, on the other hand, the bilingual (English-Spanish) comparable virtual corpus DISTRIBUCOR. This corpus of exclusive distribution agreements contains contracts written in the diatopic varieties of English from United States of America and Spanish from Spain. In addition, DISTRIBUCOR was semiautomatically compiled using Sketch Engine and its representativeness was determined thanks to the ReCor tool. The result of our study is the dictionary DISTRIBUDICC, a specialized bilingual 250-entry dictionary containing the six following grammatical categories: nouns (179), different types of phrases (26), verbs (17), adjectives (12), prepositions (12) and adverbs (4). The combination of a virtual comparable bilingual corpus, Sketch Engine, Lexonomy and OneClick Dictionary helps to create a terminological resource, specifically a specialized dictionary, which is quick, at zero cost and of great quality. Its use is intended to be beneficial for Translation and Interpreting lecturers, students, and practitioners as well as for linguists, lawyers and international trade experts.

Keywords: Lexonomy, OneClick Dictionary, bilingual specialized dictionary, Sketch Engine, bilingual comparable virtual corpus.

RESUMEN
A pesar de los avances en lexicografía y terminografía y de la cantidad ingente de diccionarios especializados, los traductores se siguen encontrando con una dificultad de gran calibre a la hora de traducir textos especializados: la falta de recursos lexicográficos y terminológicos que respondan a sus necesidades y que les permita adquirir un conocimiento experto. Ante la escasez de recursos, el traductor se ve obligado a crear sus propios materiales, tarea para la cual le conviene servirse de las últimas herramientas lexicográficas. En el presente trabajo hacemos uso, por un lado, del sistema gestor de diccionarios Lexonomy y de la función OneClick Dictionary, accesibles ambos desde la herramienta lexicográfica y de análisis de corpus Sketch Engine, y, por otro, del corpus DISTRIBUCOR, un corpus *ad hoc* comparable bilingüe (inglés-español) de contratos de distribución exclusiva en las variedades diatópicas de inglés de Estados Unidos y de español de España que se compiló de forma semiautomática con Sketch Engine y cuya representatividad se aseguró con la herramienta ReCor, con el objetivo principal de crear un diccionario especializado bilingüe (inglés-español/español-inglés) sobre contratación de distribución exclusiva. El resultado de nuestro trabajo es DISTRIBUDICC, un diccionario que consta de 250 entradas que contienen las seis siguientes categorías gramaticales: sustantivos (179), locuciones de diverso tipo (26), verbos (17), adjetivos (12), preposiciones (12) y adverbios (4). La combinación de un corpus *ad hoc* comparable bilingüe, Sketch Engine, Lexonomy y OneClick Dictionary ayuda a crear un recurso terminológico de calidad, a coste cero y con suma rapidez, con lo que su uso tanto en el aula de Traducción como en la labor profesional del traductor, intérprete, lingüista, jurista o especialista en Comercio exterior consideramos que es altamente recomendable.

Palabras clave: Lexonomy, OneClick Dictionary, diccionario especializado bilingüe, Sketch Engine, corpus *ad hoc* comparable bilingüe.

1. Introducción

Tal y como detalla la Secretaría de Estado de Comercio del Ministerio de Industria, Comercio y Turismo[1] de España, las relaciones económicas de España con los países de NAFTA (Estados Unidos, Canadá y México) se basan en los tratados negociados por la Unión Europea. De los tres países mencionados, Estados Unidos es para España el socio comercial más importante en la región: en 2017 la exportación española alcanzó los 12 451 millones de euros, convirtiéndose así en el sexto país en el *ranking* internacional; asimismo,

[1] Los datos ofrecidos por la Secretaría de Estado de Comercio se encuentran disponibles en https://www.icex.es/icex/es/navegacion-principal/todos-nuestros-servicios/informacion-de-mercados/paises/navegacion-principal/el-pais/relaciones-bilaterales/index.html?idPais=US#0.

la importación a nuestro país fue de 13 824 millones de euros, situando a Estados Unidos como el quinto proveedor de España.

Otros datos ofrecidos por la Secretaría de Estado y que refuerzan la relevancia comercial entre ambos países es que Estados Unidos es el primer inversor en España en términos de *stock* (87 642 millones de euros, el 16,3 % del total). Además, EE. UU. es también el primer destino de la inversión española en el exterior con una posición de inversión de 86 079 millones de euros, el 18,5 %.

Los intercambios comerciales entre España y Estados Unidos llevan pareja la creación de contratos internacionales, los cuales han de traducirse a o desde español, inglés u otras lenguas como puedan ser catalán o vasco, por ejemplo. Dado que, además de la situación bilingüe o multilingüe, están implicados sistemas jurídicos radicalmente distintos, para las relaciones comerciales internacionales se han creado contratos atípicos que, por paradójico que parezca, no se recogen en ningún estatuto o ley (Vintimilla Saldaña, 2016). Uno de estos tipos de contrato es el contrato de distribución exclusiva, del cual nos ocuparemos en el presente capítulo.

Aunque carece de legislación propia, el contrato de distribución exclusiva ha ido adquiriendo con el paso de los años una mayor relevancia, no solo en las relaciones hispano-estadounidenses, sino también en los intercambios comerciales entre países de todo el mundo. Es tal su importancia que se ha convertido en la alternativa más frecuente a los contratos de colaboración o de agencia, es decir, los contratos mercantiles que tradicionalmente se emplean en comercio exterior (Ramos Ibos, 2006).

En vista de la importancia para la economía española que supone el contrato de distribución exclusiva, en particular en sus exportaciones a Estados Unidos, consideramos que es de especial interés estudiarlo, sobre todo desde un punto de vista terminológico, ya que suele ser el aspecto que supone más problemas para los traductores. De hecho, a pesar de los avances en lexicografía y terminografía y de la cantidad ingente de diccionarios especializados, bases de datos o glosarios, los traductores se siguen encontrando con una dificultad de gran calibre a la hora de traducir textos especializados: la falta de recursos lexicográficos y terminológicos que respondan a sus necesidades y que les permita adquirir un conocimiento experto. La carencia de recursos puede deberse a la especialización del texto, a la novedad temática, al par de lenguas de trabajo o a una combinación de cualquiera de los factores anteriores. Ante la escasez de recursos, el traductor se ve obligado a crear sus propios materiales, tarea para la cual le conviene servirse de las últimas herramientas lexicográficas.

Siguiendo la estela de trabajos como los de Bartolomé-Díaz y Frontini (2020), el objetivo principal del presente trabajo es detallar la creación de un diccionario especializado bilingüe (inglés-español) sobre contratación de distribución exclusiva mediante el sistema gestor de diccionarios Lexonomy (Měchura, 2017) y la función OneClick Dictionary (Jakubíček et al., 2021), accesibles ambos desde la herramienta lexicográfica y de análisis de corpus Sketch Engine (Kilgarriff et al., 2014). Para ello, nos valdremos del corpus DISTRIBUCOR (Toledo Báez y Camero García, 2021), un corpus *ad hoc* comparable bilingüe (inglés-español) de contratos de distribución exclusiva en las variedades diatópicas de inglés de Estados Unidos y de español de España que se compiló de forma semiautomática con Sketch Engine y cuya representatividad se aseguró con la herramienta ReCor (Seghiri, 2017).

Aparte del objetivo principal planteado, que es detallar la creación de un diccionario especializado bilingüe (inglés-español/español-inglés) sobre contratación de distribución exclusiva mediante el sistema gestor de diccionarios Lexonomy y la función OneClick Dictionary, nos hemos fijado en nuestro trabajo los siguientes cuatro objetivos secundarios:

1. Definir el contrato de distribución exclusiva y determinar su legislación en los dos países de las dos variedades diatópicas objeto de estudio: Estados Unidos y España.
2. Aproximarnos desde un punto de vista teórico a la elaboración de diccionarios con los sistemas gestores de diccionarios y las nuevas herramientas lexicográficas existentes.
3. Presentar el sistema gestor de diccionarios Lexonomy y la función OneClick Dictionary y detallar cómo se han empleado ambos para crear el diccionario DISTRIBUDICC a partir del corpus DISTRIBUCOR.
4. Mostrar las entradas más relevantes del diccionario DISTRIBUDICC.

2. El contrato de distribución exclusiva: definición y legislación

Siurantea Pérez (2006, pág. 209) define el contrato de distribución exclusiva de la siguiente manera:

> El contrato de distribución es aquel contrato mercantil en virtud del cual una parte denominada «distribuidor» se compromete, de forma continuada, a vender en una zona geográfica y/o para un grupo humano determinados y en nombre e interés propios los productos que previamente ha adquirido de la otra parte, denominada «principal», asumiendo frente al cliente determinados compromisos, entre ellos, habitualmente, el de proporcionarle asistencia técnica.

En este tipo de contratos, el proveedor o fabricante pone a disposición exclusiva de un distribuidor sus productos para que pueda venderlos a terceros en un territorio y durante un tiempo determinado. Por consiguiente, el distribuidor obtiene sus beneficios de la reventa de dichos productos.

Los contratos de distribución exclusiva se caracterizan por ser contratos de tipo oneroso, en los que ambas partes se benefician económicamente; de tipo conmutativo, pues las partes conocen los riesgos y las obligaciones que asumen; *intuitu personae*, ya que se basan en la confianza mutua y en estos las capacidades y las virtudes del distribuidor desempeñan un papel importante; de tipo consensual, esto es, que se perfecciona con el acuerdo entre las partes involucradas; y autónomo, en los que el distribuidor y el distribuido no presentan vínculos laborales ni societarios (Vintimilla Saldaña, 2016). Aunque, probablemente, su característica más destacable sea la bidireccionalidad (Ortega Giménez, 2013), ya que el concedente o proveedor tiene la obligación de suministrar sus productos al distribuidor, dentro de un territorio concreto, y el distribuidor se compromete a vender los productos de dicho contrato. Es importante mencionar que el distribuidor asume todos los riesgos y costes que supone la comercialización del producto, mientras que el fabricante se encarga de la fabricación del mismo.

El contrato de distribución exclusiva, también conocido como «contrato de concesión» o «contrato de suministro en exclusiva», es un contrato atípico, pues no se encuentra regulado por ninguna normativa específica. En lo que atañe a su legislación en España, a pesar de los varios intentos por crear un proyecto de ley que recogiera los aspectos fundamentales del contrato de distribución, sigue sin haber una ley que respalde completamente este tipo de contratos. Aun así, tal y como afirma Suirantea Pérez (2006), se rigen por el artículo 51 del Código de Comercio y 1255 del Código Civil. Cruz Rivero (2015, pág. 1270) defiende que los contratos de distribución «son una categoría en la que se integran distintas modalidades contractuales atípicas, aunque parcialmente reguladas. De este modo, el contenido del contrato y las obligaciones que asumen los contratantes varían en función de lo pactado por las partes». Es decir, las relaciones entre la empresa y el distribuidor se ajustan a las condiciones estipuladas en el contrato.

En cuanto a Estados Unidos, los contratos de distribución exclusiva se rigen por las leyes antimonopolio (*Sherman Antitrust Law*). Estas leyes impiden todas aquellas actividades que limiten el comercio internacional e interestatal, aunque, para ello, es necesario que sean interpretadas a través de la *rule of reason*, donde los tribunales deciden si las conductas llevadas a cabo por alguna de las partes son legales o no, tal y como afirma Gajin (2011, pág. 111): «if a practice is judged under the rule of reason, the court is supposed to examine procompetitive and anticompetitive aspects of the conduct and decide on the legality based on which of the two aspects prevails». Por lo tanto, la parte demandante deberá alegar y probar que la parte demandada ha llevado a cabo conductas anticompetitivas (Hanni, 2019).

3. Los sistemas gestores de diccionarios y las nuevas herramientas lexicográficas: Lexonomy y OneClick Dictionary

Hace casi una década, como ya concretó Fuertes-Olivera (2012), comenzó una nueva era de la Lexicografía gracias, por un lado, a la aplicación de la Lingüística Computacional y la Lingüística de Corpus a la elaboración de diccionarios y, por otro, a iniciativas como la Linguistic Linked Open Data (LLOD) cloud[2] (McCrae et al., 2016), cuyo objetivo era crear un espacio de información compartida a través de la publicación y conexión de recursos estructurados en la Web Semántica. Hoy en día, la LLOD aglutina los principales proyectos de corpus, gestores terminológicos, diccionarios, sistemas de traducción automática, bases de datos tipológicas, etc. que existen; además, proyectos como ELEXIS[3] (Krek et al., 2018) se han desarrollado precisamente para facilitar a los lexicógrafos y a otros usuarios interesados el acceso a la LLOD y a sus múltiples componentes.

A pesar de que los sistemas gestores de diccionarios (SGD) o *dictionary writing systems* (esto es, herramientas informáticas que facilitan la escritura,

2 https://linguistic-lod.org/llod-cloud
3 https://elex.is/

administración y publicación de diccionarios) (Rubio López et al., 2021) son anteriores a toda esta vorágine tecnológica, no cabe duda de que se han beneficiado también de estas iniciativas a la hora de mejorar y crear nuevos SGD. Estos SGD, también llamados *dictionary compilation software* (Joffe y De Schryver, 2004), *dictionary content management system* (Alegría et al., 2006), *dictionary editor and browser* o *DEB platform* (Horák y Rambousek, 2007) o *dictionary writing and publishing systems* (Měchura, 2017), entre otras denominaciones, nacieron con el objetivo de facilitar al lexicógrafo la elaboración de la entrada de diccionarios (Rundell y Kilgariff, 2011). Sin embargo, en la actualidad los esfuerzos se centran en generar borradores de diccionarios de forma automática que después los modifiquen o posediten los lexicográfos, dando así lugar a los que determinados autores denominan *post-editing lexicography* (Jakubíček et al., 2018).

Existen tres tipos de SGD: 1) sistemas comerciales, los más completos y que cuentan con todas las herramientas para administrar el proceso completo de elaboración de diccionarios, entre los que destacan TshwaneLex o TLex[4], ABBYY Lingvo Content[5] o Dictionary Production System[6]; 2) sistemas propios, creados por editoriales o universidades con el fin de que se puedan adaptar a las necesidades de sus proyectos lexicográficos, como son EELex[7], diseñado por el Institute of Estonian Language, INL-DWS (Tiberius et al., 2014), creado por el Institute of Dutch Lexicology, o Dictionary Content Management System (Alegría et al., 2006), resultado de una colaboración entre el Centro de Lingüística Aplicada de Santiago de Cuba y el Grupo IXA de la Universidad del País Vasco para la realización del *Diccionario básico escolar*[8]; y 3) sistemas de software libre o abierto, entre los que se encuentran Termania[9], Dictionary Editor and Browser, DEB Platform[10] o la herramienta que emplearemos en nuestro trabajo y que describiremos a continuación, Lexonomy.

---

4 https://tshwanedje.com/tshwanelex/
5 https://www.abbyy.com/lingvo-mobile-dictionary/
6 https://www.idmgroup.com/
7 https://eelex.eki.ee/
8 https://ixa2.si.ehu.eus/dbe/index4.html
9 https://www.termania.net/uporabnik/prijava
10 https://deb.fi.muni.cz/

3.1. Lexonomy y OneClick Dictionary

Lexonomy (Měchura, 2017) es un sistema gestor de diccionarios abierto y en la nube; además, resulta muy versátil, pues se adapta tanto a grandes proyectos de elaboración de diccionarios, como a trabajos terminológicos de escasa envergadura como puedan ser glosarios especializados, lista de palabras o recursos terminológicos concretos. El sistema permite a los usuarios adaptar las estructuras del diccionario, creadas en plantillas en XML, para poder, a continuación, importar entradas o crear y editar manualmente nuevas entradas. Lexonomy está conectado con la herramienta lexicográfica y de análisis de corpus Sketch Engine (Kilgarriff et al., 2014), de forma que permite interactuar con este recurso y con sus corpus de dos formas: bien aceptando el contenido generado (*push model*), bien interrogando los corpus y obteniendo distintos tipos de resultados (*pull model*) (Jakubíček et al., 2018).

Por un lado, el *push model* atañe en particular a la generación del borrador inicial del diccionario. El proceso comienza en Sketch Engine y precisa que el usuario seleccione el corpus que se ha de emplear como fuente para los datos del diccionario. A continuación, el usuario determina cómo desea que se genere la lista de entradas, ya sea basándose en la frecuencia mediante una lista de palabras o bien empleando palabras clave. Seguidamente, configura qué partes de las entradas desea que se añadan, a saber, ejemplos de colocaciones, sinónimos, frecuencia de información, etc. Por último, Sketch Engine analiza el corpus y genera el número de entradas de diccionario requerido o exporta el borrador del diccionario automáticamente generado a Lexonomy, donde puede editarse y publicarse en línea. Por otro lado, el *pull model* se asocia con el proceso de poseditar el borrador de diccionario en Lexonomy creado de forma automática. Más concretamente, se trata de la posibilidad de que el usuario compruebe el corpus fuente o añada información adicional (como puedan ser, por ejemplo, colocaciones u oraciones que sirvan como ejemplo) para el diccionario y la añada de forma manual al diccionario. En nuestro caso, tal y como se detallará en el apartado 4, se seguirá el denominado como *push model*.

En lo que atañe a OneClick Dictionary (Kilgariff y Jackson, 2013; Jakubíček et al., 2021), la función se integró en Sketch Engine con la idea de facilitar que la edición de diccionarios fuese más productiva, rápida y barata si las entradas se generasen automáticamente a partir de corpus. OneClick Dictionary hace uso de las distintas funciones de Sketch Engine para distintos cometidos:

producir la lista de las palabras más frecuentes, crear la lista de las palabras más representativas, añadir información sobre las colocaciones más frecuentes, proporcionar oraciones que sirvan como ejemplos y facilitar equivalentes, sinónimos, lemas o definiciones. También ofrece la posibilidad de activar una opción automática de desambiguación.

A pesar de la versatilidad y adaptabilidad que ofrecen tanto Lexonomy como OneClick Dictionary, no son aún demasiado los estudios que los han empleado para la elaboración de diccionarios. Destaca en particular el trabajo de Blahuš et al. (2021) en el que se presenta la elaboración de tres diccionarios bilingües de talago, urdu y lao a inglés y a los que posteriormente se le añadió coreano. Cabe apuntar que este trabajo sigue el método *million-click dictionary* (Baisa et al., 2019; Jakubíček et al., 2021), el cual supone emplear el *pull model* con una escasa intervención humana. Sobresale también el trabajo de Bartolomé-Díaz y Frontini (2020), si bien se centra sobre todo en cómo solventar posibles dificultades metodológicas y técnicas. En cuanto a estudios previos centrados en glosario para traductores e intérpretes, destacamos el trabajo de Sultan (2020), en el que el autor presenta un diccionario para la traducción médica en la combinación lingüística español-árabe. Desconocen las autoras que se hayan realizado trabajos previos en torno a la traducción jurídica en la combinación inglés-español, como es el caso de la presente investigación.

4. El diccionario DISTRIBUDICC

Toda la información contenida en el diccionario DISTRIBUDICC se ha extraído del corpus DISTRIBUCOR, por lo que, antes de describir el proceso de creación del diccionario con Lexonomy y OneClick Dictionary, consideramos relevante ofrecer algunos datos sobre este corpus.

Así pues, se trata de un corpus *ad hoc* comparable bilingüe (inglés-español) de contratos de distribución exclusiva en las variedades diatópicas de inglés de Estados Unidos y de español de España que se compiló de forma semiautomática con Sketch Engine.

Tal y como se describe en Toledo Báez y Camero García (2021), DISTRIBUCOR está formado por un total de 81 contratos de distribución exclusiva, pertenecientes a la variedad diatópica de inglés de Estados Unidos y a la variedad diatópica de español de España. En concreto, cuenta con 44 textos en la variedad diatópica de español de España (113 562 *tokens* y 7 879 *types*) y 37 textos en la variedad diatópica de inglés de Estados Unidos (122 230 *tokens* y 5 107 *types*). Por último, cabe apuntar que la representatividad de DISTRIBUCOR se aseguró con la ReCor (Seghiri, 2017).

4.1. Proceso de creación con Lexonomy

A continuación, se detallará todo el proceso que se ha seguido para la creación del diccionario inglés-español/español-inglés. Para crear un diccionario con OneClick Dictionary, es necesario iniciar sesión en Lexonomy, bien desde la propia herramienta, bien desde Sketch Engine. Una vez iniciada la sesión y tras indicar el título del diccionario, es preciso configurarlo como un diccionario bilingüe para, posteriormente, poder añadir los equivalentes (Figura 1).

Figura 1. Configuración del diccionario como bilingüe (Lexonomy)

Tras pulsar *create*, se generará un enlace al que habrá que acceder para empezar a elaborar el diccionario. Una vez dentro del programa, se procederá a la configuración del mismo. En primer lugar, en la pestaña *Configure*, será necesario acceder a la pestaña *Sketch Engine* para conectar de nuevo Lexonomy y Sketch Engine (Figura 2).

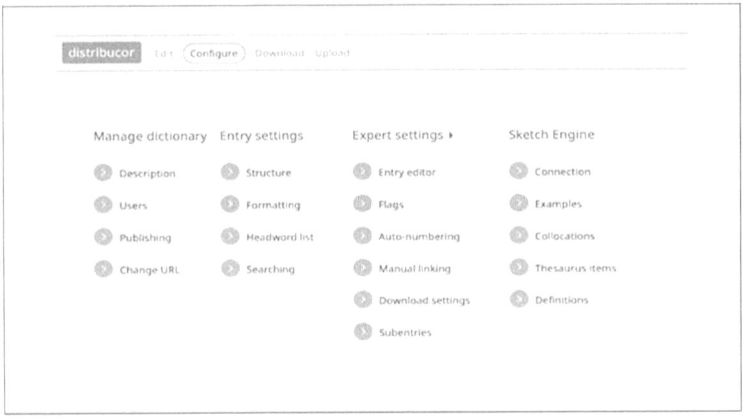

Figura 2. Pestaña de configuración de Lexonomy

Se clicará en *Connection* y, a continuación, en *Corpus name*, se seleccionará el corpus de referencia, en este caso DISTRIBUCOR_EN. Dentro de *Additional search elements*, se añadirá el elemento *Translation* para que, durante el proceso de edición aparezca la etiqueta de *<translation>* y puedan añadirse los equivalentes (Figura 3). Es importante guardar cada cambio que se haga en la configuración.

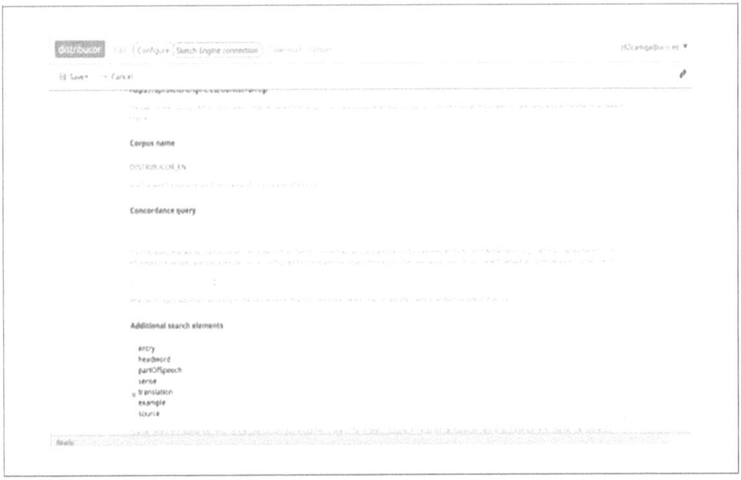

Figura 3. Selección del corpus de referencia y complementos adicionales

A continuación, en *Entry settings* en la sección *Structure*, se podrán añadir nuevas etiquetas a la estructura del diccionario, así como comprobar que todo sea correcto. Se seleccionará la etiqueta *<partOfSpeech>* y en *Values* se añadirán todas aquellas categorías gramaticales que se consideren necesarias (Figura 4). En este caso se han añadido preposiciones *(prep)* y expresiones *(expr)*. También se puede comprobar que dentro de la etiqueta *<sense>* ya aparece la etiqueta *<translation>*.

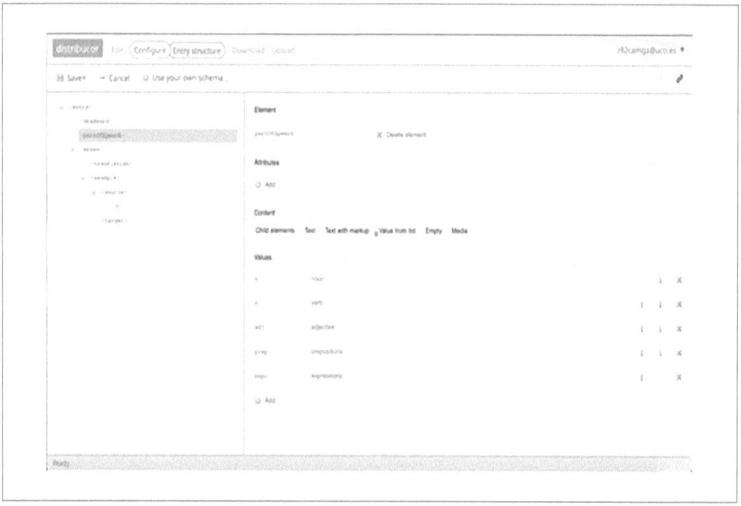

Figura 4. Comprobación de las etiquetas y edición de nuevas categorías gramaticales

De nuevo, dentro de *Settings*, se clicará en *Searching* y se volverá a clicar en *Translation*, con el objetivo de que los equivalentes también puedan buscarse. Por lo tanto, esta función ya hace que el diccionario sea bilingüe (Figura 5).

Por último, cabe mencionar que dentro de la pestaña *Manage dictionary* se podrá cambiar tanto el nombre del diccionario, añadir una descripción del mismo, así como compartir el diccionario con otros usuarios, entre otras funciones.

Una vez creado el diccionario, será necesario exportar los términos al mismo. Para ello, habrá que iniciar sesión en *Sketch Engine* y hacer clic en *OneClick*

Dictionary. Los términos se extraerán a partir de las *Keywords*, donde, previamente se habrá ajustado el nivel de frecuencia mínima de los términos; en nuestro caso se ha optado por cinco como frecuencia mínima. Será necesario insertar un número de entradas al diccionario. Es importante mencionar que se podrán introducir términos de manera manual. Por otro lado, se seleccionará la opción *Agregar a un diccionario existente*, que será el que se ha configurado previamente, y también se podrá marcar o desmarcar las casillas para la extracción de colocaciones, tesauros o acepciones de palabras (Figura 6).

Figura 5. Configuración para la búsqueda de equivalentes

Figura 6. Configuración de OneClick Dictionary para la extracción terminológica

A continuación, se podrá acceder al diccionario y modificar las entradas del diccionario, así como eliminar aquellos términos que no sean necesarios. Para modificar una entrada, se debe clicar en el término, seguido de *Edit.* Toda la información del término (categoría gramatical, ejemplos, colocaciones, equivalente, etc.) aparece codificada en lenguaje de marcado, por lo que es importante que no se modifiquen. No obstante, se podrán eliminar todos los ejemplos que no se necesiten (Figura 7). Cabe mencionar que los equivalentes de los términos se han añadido de manera manual, al igual que los ejemplos en español, teniendo siempre como referencia el subcorpus español DISTRIBUCOR.

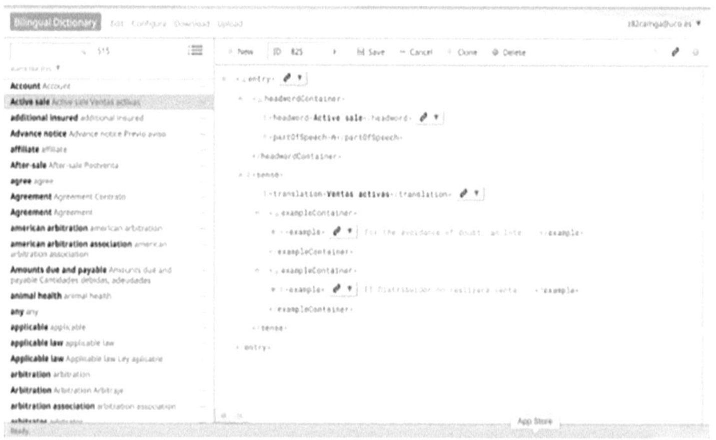

Figura 7. Edición de los términos a través del lenguaje de marcado de Lexonomy

Este proceso se repetirá con todos los términos hasta completar el diccionario, quedando como refleja la Figura 8.

4.2. Ejemplos de entradas

El diccionario cuenta con 250 entradas que contienen las seis siguientes categorías gramaticales: sustantivos (179), locuciones de diverso tipo (26), verbos (17), adjetivos (12), preposiciones (12) y adverbios (4). Con el fin de mostrar los ejemplos más relevantes de entradas del diccionario DISTRIBUDICC, hemos optado por presentar los elementos con mayor frecuencia de aparición en el corpus DISTRIBUCOR, si bien para algunas categorías hemos empleado también otros criterios de selección.

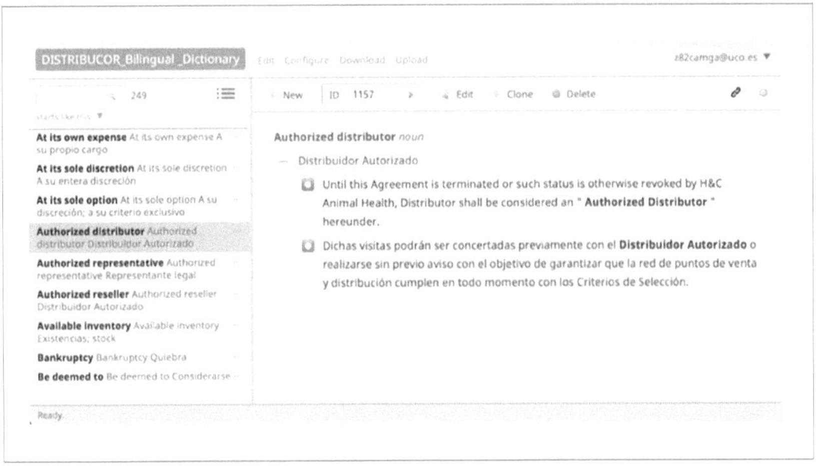

Figura 8. Ejemplo de entrada en el diccionario

Respecto a los sustantivos, por un lado, hemos seleccionado el término *retail* (Figura 10) por su frecuencia de aparición, y, por otro, dada su relevancia, hemos incluido el acrónimo *Incoterm* (Figura 9), formado a partir de *International Commercial Terms* y que permanece invariable en todas las lenguas.

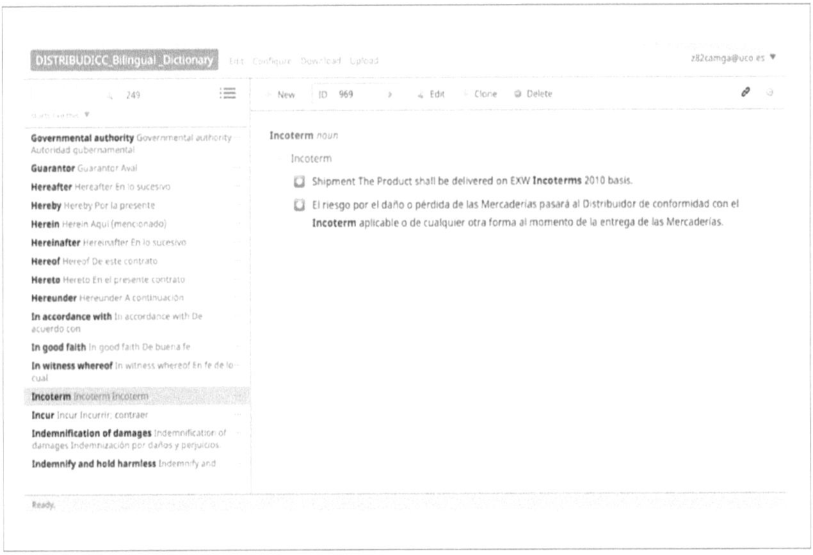

Figura 9. Ejemplo de entrada del sustantivo *Incoterm*

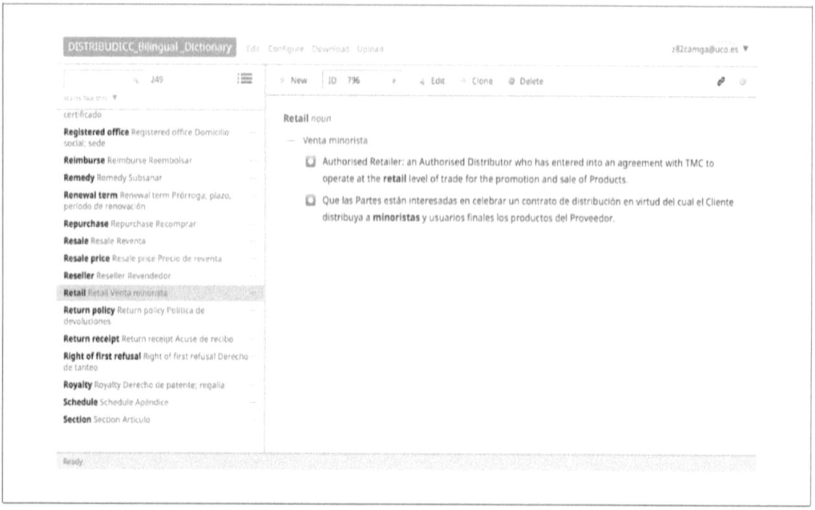

Figura 10. Ejemplo de entrada del sustantivo *retail*

En cuanto al resto de categorías gramaticales del diccionario DISTRIBUDICC, hemos optado por mostrar tres entradas. En primer lugar, la locución preposicional con mayor frecuencia de aparición, que es *at its sole discretion* (Figura 11).

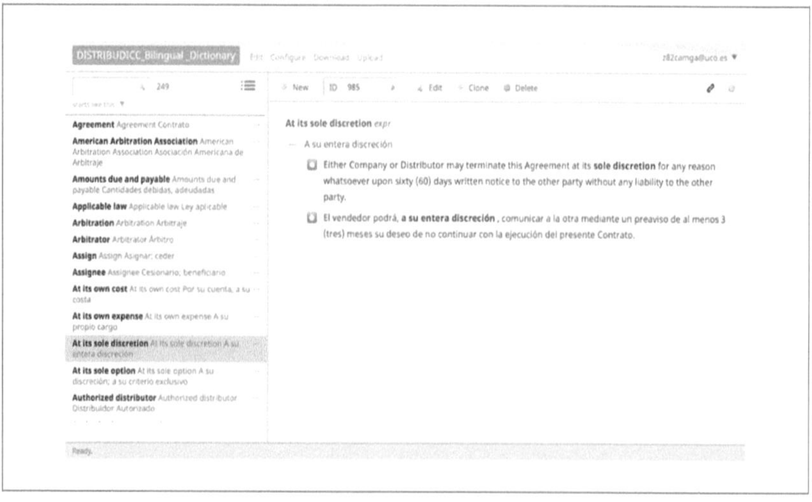

Figura 11. Ejemplo de entrada de la locución preposicional *at its sole discretion*

A continuación, el adverbio *thereof* (Figura 12) como ilustración de los adverbios sufijados tan frecuentes en inglés jurídico y que en numerosas ocasiones suponen una dificultad traductológica.

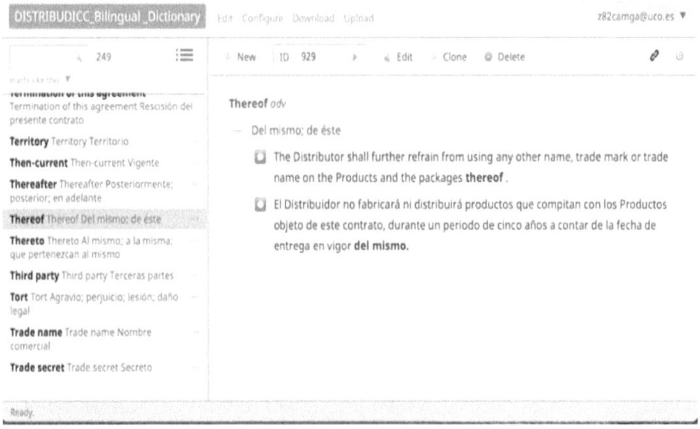

Figura 12. Ejemplo de entrada del adverbio *thereof*

Por último, mostramos en la Figura 13 el verbo *agree*, el verbo con mayor frecuencia de aparición en el corpus DISTRIBUCOR.

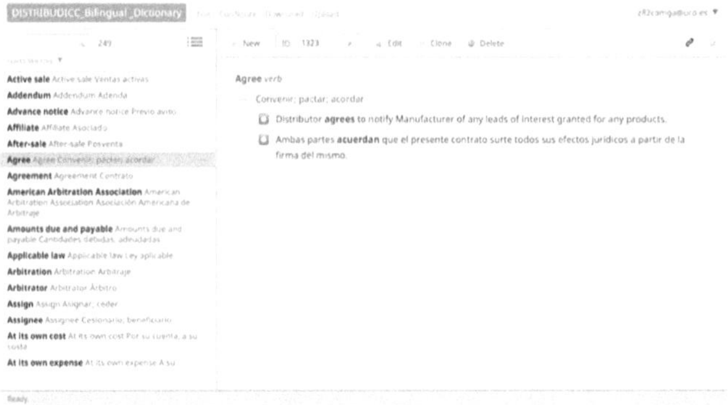

Figura 13. Ejemplo de entrada del verbo *agree*

5. Conclusiones

Tal y como se concretó en la introducción, el objetivo principal del presente capítulo era detallar la creación de un diccionario especializado bilingüe (inglés-español/español-inglés) sobre contratación de distribución exclusiva mediante el sistema gestor de diccionarios Lexonomy y la función OneClick Dictionary. Dicho objetivo se ha cumplido a lo largo de nuestro trabajo dando como resultado DISTRIBUDICC, un diccionario bilingüe en las variedades diatópicas de inglés de Estados Unidos y de español de España sobre contratación de distribución exclusiva que consta de 250 entradas que contienen las seis siguientes categorías gramaticales: sustantivos (179), locuciones de diverso tipo (26), verbos (17), adjetivos (12), preposiciones (12) y adverbios (4).

Aparte de este objetivo principal, no podemos pasar por alto los cuatro objetivos secundarios planteados al inicio de nuestro trabajo y que también se han alcanzado. El primer objetivo secundario se ha logrado tras definir el contrato de distribución exclusiva siguiendo a Suirantea Pérez (2006) y tras determinar la especificación de sus características y de su legislación de la mano de Vintimilla Saldaña (2016), Ortega Giménez (2013) y Cruz Rivero (2015) para los contratos españoles y de Gajin (2011) y Hanni (2019) para los contratos estadounidenses.

El segundo objetivo secundario también se ha conseguido tras definir qué es un sistema gestor de diccionarios, concretar las distintas denominaciones que recibe y determinar los tres tipos de sistema gestor de diccionarios que existen. Además, se ha explicado cómo funciona Lexonomy, el gestor empleado en nuestro trabajo, y se ha detallado cómo funcionan los dos modelos *push model* y *pull model* que permiten a Lexonomy interactuar con Sketch Engine. A continuación, se ha descrito brevemente la función OneClick Dictionary y, por último, se han detallado los estudios previos de elaboración de diccionarios con estas dos nuevas herramientas lexicográficas.

Los últimos dos objetivos, estrechamente vinculados, también se han cumplido: el tercer objetivo se ha alcanzado al describir paso por paso cómo se ha elaborado el diccionario; por su parte, el cuarto objetivo se ha alcanzado al presentar como ejemplos las entradas más relevantes del mismo, en concreto los sustantivos *retail* e *Incoterm*, la locución preposicional *at its sole discretion*, el adverbio *thereof* y el verbo *agree*.

El principal resultado de nuestro trabajo, el diccionario DISTRIBUDICC, consideramos que puede ser de gran utilidad no solo para traductores e intérpretes profesionales o en formación, sino también para juristas, lingüistas y especialistas de Derecho o de Comercio exterior. No obstante, la aportación más interesante de nuestro estudio es la posibilidad de llevar a cabo trabajos similares que imbriquen la Lingüística de Corpus con las últimas herramientas lexicográficas y que se apliquen a otras combinaciones lingüísticas y a otros dominios de especialidad, permitiendo así a los traductores e intérpretes crear sus propios recursos terminológicos que les facilite adquirir un conocimiento experto en una determinada materia.

6. Agradecimientos

El presente trabajo ha sido realizado (parcialmente) en el seno de los proyectos «NEUROTRAD: Traducción automática neuronal y paridad humano-máquina: aspectos de evaluación y posedición» (ref. B1–2020_07), «Adaptación multilingüe y multi-dominio para la optimización del sistema VIP (VIP II)» (ref. PID2020- 112818GB-I00), «Sistemas de diálogo multilingües de base neuronal para el desarrollo de apps en el ámbito sanitario: el triaje (español → inglés/árabe)» (ref. UMA18-FEDERJA-067, Junta de Andalucía), «MI4ALL – Interpretación Automática Para Todos Mediante una API Basada en Aprendizaje Profundo» (CEI, Andalucía Tech), «POSTrad III: La virtualización de la formación de traductores en traducción automática y posedición» (Universidad de Valladolid) y de la red docente de excelencia «TACTRAD: aplicación de nuevas herramientas TAC para la enseñanza-aprendizaje de la traducción especializada» (ref. 719/2018).

Referencias bibliográficas

Alegría, I., Arregi, X., Artola, X., Astiz, M. y Ruiz Miyares, L. (2006). A Dictionary Content Management System. En E. Corino, E., C. Marello, C. y C. Onesti. (Eds.). *Proceedings of the 12th EURALEX International Congress* (pp. 105–109). Turín: Edizioni dell'Orso.

Baisa, V., Blahuš, M., Cukr, M., Herman, O., Jakubíček, M., Kovář, V., Medveď, M., Měchura, M., Rychlý, P. y Suchomel, V. (2019). Automating dictionary production: a Tagalog-English-Korean dictionary from scratch. En I. Kosem, T. Zingano Kuhn, M. Correia, J. P. Ferreira, M. Jansen, I. Pereira, J. Kallas, M. Jakubíček, S. Krek y C. Tiberius. (Eds.), *Electronic lexicography in the 21st century. Proceedings of the eLex 2019 conference* (pp. 805–818). Brno: Lexical Computing.

Bartolomé-Días, Z y Frontini, F. (2020). Building a domain-specific bilingual lexicon resource with Sketch Engine and Lexonomy: Taking Ownership of the Issues. En I. Kernerman, S. Krek, J. P. McCrae, J. Gracia, S. Ahmadi y B. Kabashi. (Eds.), *Proceedings of the Globalex Workshop on Linked Lexicography. Language Resources and Evaluation Conference (LREC 2020)* (pp. 62–68). Marsella: European Language Resources Association.

Blahuš, M., Cukr, M., Herman, O., Jakubíček, M., Kovář, V. y Medved, M. (2021). Semi-automatic building of large-scale digital dictionaries. En I. Kosem, M. Cukr, M. Jakubíček, J. Kallas, S. Krek y C. Tiberius. (Eds.), *Electronic lexicography in the 21st century. Proceedings of the eLex 2021 conference* (pp. 396–407). Brno: Lexical Computing.

Cruz Rivero, D. (2015). La regulación proyectada (y fracasada) de los contratos de distribución. El proyecto de Ley de contratos de distribución y la propuesta de Código Mercantil. En M. J. Morillas Jarillo, M. P. Perales Viscasillas y L. J. Porfirio Carpio (Dirs.), *Estudios sobre el futuro Código Mercantil: libro homenaje al profesor Rafael Illescas Ortiz* (pp. 1262–1288). Getafe: Universidad Carlos III de Madrid.

Fuertes-Olivera, P. (2012). Lexicography and the Internet as a (Re-)Source. *Lexicographica*, *28*, 49–70.

Gajin, D. (2011). *Antitrust Aspects of Exclusive Distribution Agreements*. Budapest: Central European University. Tesis doctoral.

Hanni, N. (2019). Exclusive Transnational Distribution Agreements and Non-Compete Clauses in Trade Between European Union and United States. *Udayana Journal of Law and Culture, 3*(2), 141–163.

Horák, A y Rambousek, A. (2007). Dictionary Management System for the DEB Development Platform. En L. Ku, J. Y-J., Hsu, y C.T Li (Eds.), *Proceedings of the 4th International Workshop on Natural Language Processing and Cognitive Science (NLPCS, aka NLUCS)* (pp. 129–138). Austin: Association for Computational Linguistics.

Jakubíček, M., Měchura, M., Kovář, V. y Rychlý, P. (2018). Practical Post-Editing Lexicography with Lexonomy and Sketch Engine. En J. Čibej, V. Gorjanc, I. Kosem S. Krek (Eds.), *XVIII EURALEX International Congress: Lexicography in Global Contexts. Book of Abstracts* (pp. 65–67). Liubliana: Liubliana University Press.

Jakubíček, M., Kovář, V. y Rychlý, P. (2021). Million-Click Dictionary: Tools and Methods for Automatic Dictionary Drafting and Post-Editing. En Z. Gavriilidou, L. Mitits, L. y K. Spyros (Eds.), *EURALEX XIX. Congress of the European Association for Lexicography. Lexicography for Inclusion. Book of Abstract* (pp. 65–67). Komotini: SynMorPhoSe Lab, Democritus University of Thrace.

Joffe, D., y De Schryver, G. M. (2004). TshwaneLex: A State-Of-The-Art Dictionary Compilation Program. En G. Williamsy S. Vessier (Eds.), *11th EURALEX International Congress (EURALEX-2004)* (pp. 99–104). Lorient: Université de Bretagne-Sud.

Kilgarriff, A. y Jackson, H. (2013). Using corpora as data sources for dictionaries. En H. Jackson (Ed.), *The Bloomsbury Companion to Lexicography* (pp. 77–96). Londres: Bloomsbury.

Kilgarriff, A., Baisa, V., Bušta, J., Jakubíček, M., Kovář, V., Michelfeit, J., y Suchomel, V. (2014). The Sketch Engine: ten years on. *Lexicography, 1*(1), 7–36.

Krek, S., Kosem, I., McCrae, J.P., Navigli, R., Pedersen, B.S., Tiberius, C. y Wissik, T. (2018). European lexicographic infrastructure (ELEXIS). En J. Čibej, V. Gorjanc, I. Kosem y S. Krek (Eds.), *Proceedings of the XVIII EURALEX International Congress on Lexicography in Global Contexts* (pp. 881–892). Liubliana: Liubliana University Press.

McCrae, J. P., Chiarcos, C., Bond, F., Cimiano, P., Declerck, T., de Melo, G., Gracia, J., Hellmann, S., Klimek, B., Moran, S., Osenova, P., Pareja-Lora, A. y Pool, J. (2016). The Open Linguistics Working Group: Developing the Linguistic Linked Open Data Cloud. En N. Calzolari, K. Choukri, T. Declerck, S. Goggi, M. Grobelnik, B. Maegaard, J. Mariani, H. Mazo, A. Moreno, J. Odijk y S. Piperidis (Eds.), *Proceedings of the Tenth International Conference on Language Resources and Evaluation (LREC 2016)* (pp. 2435–2441). París: European Language Resources Association.

Měchura, M. (2017). Introducing Lexonomy: An Open-Source Dictionary writing and publishing system. En I. Kosem, J. Kallas, C. Tiberius, S. Krek, M. Jakubíček y V. Baisa (Eds.), *Electronic Lexicography in the 21st Century: Lexicography from Scratch. Proceedings of the eLex 2017 Conference* (pp. 19–21). Brno: Lexical Computing.

Ortega Giménez, A. (2013). *Contratación internacional práctica. Cómo evitar los "riesgos contractuales" en el comercio internacional.* Madrid: Publicaciones ICEX.

Ramos Ibos, T. M. (2006). El marco legislativo comunitario de los contratos de colaboración comercial. *Cuadernos de derecho judicial, 21*, 15–52.

Rubio López, R. Y., Bonilla Huérfano, J. E. y Bernal Chávez, J. A. (2021). Dictionary Writing Systems y otras herramientas informáticas para la elaboración, administración y publicación de diccionarios. *Lingüística Y Literatura, 42*(80), 340–360.

Rundell, M. y Kilgariff, A. (2011). Automating the creation of dictionaries: where will it all end? En F. Meunier, S. De Cock, G. Gilquin y M. Paquot (Eds.), *A Taste for Corpora. In honour of Sylviane Granger. Applied Linguistics, 33*(2), 222–225.

Seghiri, M. (2017). Metodología de elaboración de un glosario bilingüe y bidireccional (inglés-español/español-inglés) basado en corpus para la traducción de manuales de instrucciones de televisores. *Babel, 63*(1), 43–64.

Siurantea Pérez, D. (2006). *Contratos mercantiles más frecuentes en la empresa.* Madrid: Grupo Difusión.

Sultan, M. (2020). La competencia instrumental en la traducción médica español-árabe: propuesta de un diccionario médico en línea. *Tonos Digital, 39.*

Tiberius, C., Niestadt, J. y Schoonheim, T. (2014). The INL Dictionary Writing System. *Slovenščina 2.0, 2*(2): 72–93.

Toledo Báez, M. C. y Camero García, Á. (2021). Compilación semiautomática con Sketch Engine de un corpus ad hoc comparable bilingüe (inglés-español) de contratos de distribución exclusiva (DISTRIBUCOR). En E. Sartor (2022/en prensa), *Los corpus especializados en la lingüística aplicada: enseñanza y traducción* (pp. 15–41). Verona: Colección Pliegos Hispánicos.

Vintimilla Saldaña, J. (2016). El contrato de distribución: de la atipicidad a la formalización. *Iuris Dictio, 15*(17), 207–230.

Colocaciones en los contratos de viaje combinado: estudio contrastivo alemán-español

María Rosario Bautista Zambrana
Departamento de Filología Inglesa, Francesa y Alemana; IUITLM
Universidad de Málaga
mrbautista@uma.es

ABSTRACT
This chapter aims to give an account of the most frequent collocations found in package travel texts in German and Spanish, as well as to describe the contrastive relationship between the phraseological systems of both languages, both from a quantitative and a qualitative point of view, with a double purpose: on the one hand, to better understand the terminological and phraseological characteristics of this discourse; and, on the other, to represent the extracted collocations in the onto-terminological dictionary *OntoDiccionario 2.0*. For this purpose, a comparable Spanish-German corpus of package travel texts has been compiled, from which both verbal and adjectival collocations of ten terms have been obtained using the online corpus analysis tool *Sketch Engine*. Our results point to both quantitative and qualitative differences and similarities in the extracted collocations, and to certain errors in the tool's extraction.

Keywords: corpus, collocations, package travel, Spanish, German.

RESUMEN
El presente capítulo pretende dar cuenta de las colocaciones más frecuentes de los textos de condiciones generales de viaje combinado en alemán y español, así como de la relación contrastiva que se establece entre los sistemas fraseológicos de ambas lenguas, tanto a nivel cuantitativo como cualitativo, con un doble fin: por un lado, ahondar en nuestra comprensión de las características terminológicas y fraseológicas de este discurso; y, por otro, representar las colocaciones extraídas en el diccionario ontoterminológico *OntoDiccionario 2.0*. Para esto, se ha compilado un corpus comparable español-alemán de textos sobre el viaje combinado, a partir del cual se han obtenido colocaciones tanto verbales como adjetivales de diez términos mediante el programa *online* de análisis de corpus *Sketch Engine*. Nuestros resultados apuntan a diferencias y similitudes tanto cuantitativas como cualitativas en las colocaciones extraídas, y a ciertos errores en la extracción realizada por el programa.

Palabras clave: corpus, colocaciones, viaje combinado, español, alemán.

1. Introducción

El presente capítulo pretende ahondar en el estudio de la terminología del viaje combinado, tarea que ya iniciamos en Bautista Zambrana (2013, 2019); en concreto, nuestro objetivo es dar cuenta de las colocaciones más frecuentes de los textos de viaje combinado (condiciones generales y legislación aplicable), en alemán y español, así como de la relación contrastiva que se establece entre los sistemas fraseológicos de ambas lenguas, tanto a nivel cuantitativo como cualitativo, con un doble fin: por un lado, ahondar en nuestra comprensión de las características terminológicas y fraseológicas de este discurso; y, por otro, representar las colocaciones extraídas en el diccionario ontoterminológico *OntoDiccionario 2.0*[1].

El ámbito del viaje combinado se encuentra regulado en la Unión Europea por la Directiva (UE) 2015/2302 del Parlamento Europeo y del Consejo, de 25 de noviembre de 2015, relativa a los viajes combinados y a los servicios de viaje vinculados. Esta regulación ha sido transpuesta a las legislaciones de numerosos países de la Unión, entre ellos España y Alemania. Un viaje combinado, según la Directiva, es «aquel que combina, al menos, dos servicios para un mismo viaje o vacación (por ejemplo, transporte + alojamiento), a un precio global y cuya duración sobrepase las 24 horas o incluya una noche de estancia» (CEC, 2022). Como todo ámbito relacionado con la gestión del turismo —regulado además por medio de legislación europea y nacional—, su discurso presenta numerosos términos propios (cf. Calvi, 2010; 2011)[2], así como términos procedentes de los campos de la economía y del derecho (cf. Borrueco Rosa, 2005). A esto se añade la presencia de numerosas colocaciones especializadas: por un lado, encontramos colocaciones formadas por un término base y un colocativo (cf. Aguado de Cea, 2007); y, por otro, hallamos

1 Se trata de un diccionario terminológico basado en una ontología subyacente, en el que se representan formalmente los términos y relaciones conceptuales presentes en el dominio del viaje combinado. Una ontología es una base de datos que describe los conceptos del mundo o de algún dominio, algunas de sus propiedades y cómo los conceptos se relacionan unos con otros (Weigand, 1997); desde hace años, numerosos investigadores han estudiado sus posibles enlaces con la terminología y la terminografía, sobre la premisa de que el trabajo terminológico está ligado por naturaleza al estudio del sistema conceptual de un dominio concreto: de esta forma, autores como Vargas Sierra (2007, pág. 42) defienden que una ontología puede ser una representación formal y explícita de la estructura conceptual del ámbito académico o profesional sobre el que se trabaja, constituyendo la base conceptual sobre la que se construye el recurso terminológico.

2 De hecho, como defiende Calvi (2010, pág. 26; 2011, pág. 22), es en los géneros de gestión del turismo donde se define la terminología especializada del turismo.

colocaciones solo presentes en los textos especializados en cuestión, formadas por bases procedentes de la lengua general, o ampliamente usadas en el registro general (por ejemplo, *precio*, *contrato*), y por colocativos en su mayor parte especializados (por ejemplo, véanse las colocaciones *abonar un precio* o *perfeccionar un contrato*) (cf. Corpas Pastor, 2015, pág. 144).

En este trabajo partiremos de una concepción ancha de la fraseología y consideraremos *colocación* cualquier combinación de palabras, relacionadas sintácticamente, que presenten una alta frecuencia de aparición conjunta (Firth, 1968; Sinclair, 1987; cf. Corpas Pastor, 2003a; cf. Buendía Castro, 2020). Así, nuestros criterios para extraer colocaciones serán de tipo estadístico, basados en la frecuencia de coocurrencia y, más concretamente, en la medida de asociación *logDice*, como explicaremos en el apartado de Metodología[3]. De esta forma, la extracción de combinaciones nos permitirá obtener tanto colocaciones de tipo semántico, según la definición de Corpas Pastor (1996)[4], como coocurrencias (es decir, combinaciones frecuentes de dos palabras relacionadas sintácticamente). Nos centraremos, desde el punto de vista sintáctico, en los patrones verbo + sustantivo (sujeto), verbo + sustantivo (objeto) y sustantivo + adjetivo (cf. Corpas Pastor, 2003b).[5]

El capítulo se estructura como sigue: en el apartado 2 presentamos la metodología seguida para llevar a cabo nuestro estudio; en el apartado 3 presentamos los resultados obtenidos, así como la interpretación y discusión de los mismos; finalmente, en las Conclusiones aportamos los principales conocimientos adquiridos, relativos a la descripción fraseológica del discurso en cuestión y a su representación ontoterminológica, y esbozamos algunas

---

3 Se debe tener en cuenta, a este respecto, que hay especialistas en fraseología, como Granger y Paquot (2008, pág. 12), que abogan por no llamar *colocaciones* a las coocurrencias o combinaciones de dos palabras identificadas con métodos estadísticos, y por mantener la denominación *coocurrencia*.

4 Se trata de colocaciones que presentan una restricción semántica en el colocativo. Corpas Pastor (1996, pág. 66) define *colocación* como sigue: «denominaremos colocación (…) a las unidades fraseológicas formadas por dos unidades léxicas en relación sintáctica, que no constituyen, por sí mismas, actos de habla ni enunciados; y que, debido a su fijación en la norma, presentan restricciones de combinación establecidas por el uso, generalmente de base semántica: el colocado autónomo semánticamente (la base) no sólo determina la elección del colocativo, sino que, además, selecciona en este una acepción especial, frecuentemente de carácter abstracto o figurativo.»

5 De aquí en adelante usaremos las abreviaturas S + V (sujeto), V + S (objeto) y S + A.

futuras líneas de investigación. Cierra el capítulo un Anexo con una selección de las colocaciones extraídas.

2. Metodología

Hemos seguido una metodología cuantitativa y cualitativa, basada en corpus. De este modo, se ha compilado un corpus comparable alemán-español de textos relacionados con el viaje combinado, compuesto principalmente por condiciones generales de viajes combinados y por una selección de la legislación europea y nacional (alemana y española, respectivamente) aplicable al ámbito del viaje combinado. Se trata, por sus características y los criterios seguidos para su diseño, de un corpus textual comparable, escrito, especializado y anotado, con textos factuales, de registro formal, escritos por especialistas y dirigidos a especialistas (en el caso de la legislación) y a semiespecialistas y legos (en el caso de las condiciones generales)[6]. Los textos, escritos en las lenguas alemana y española, son originales (no traducciones) y proceden de páginas web de Alemania y España, respectivamente; se comprobó, adicionalmente, que las legislaciones aplicadas fueran las de estos dos países. Los textos fueron compilados entre 2018 y 2021 y se rigen en su mayoría por la Directiva (UE) 2015/2302 relativa a los viajes combinados y a los servicios de viaje vinculados. Reflejamos, a modo de resumen, los principales rasgos del corpus en la siguiente tabla, indicando, además, el número de documentos, *types* y *tokens* que conforman cada componente:

Tabla 1. Datos del corpus comparable alemán-español sobre viaje combinado.

Nombre de componente	Tipo de componente	Tipo de documentos	Lengua	N.º de documentos	N.º de *types*/ *tokens*
Componente alemán	Comparable	Condiciones generales de viaje combinado y leyes europeas y nacionales al respecto	alemán	208	508 720 *types* / 605 307 *tokens* (*type-token ratio* 0,84)

6 Véase Bautista Zambrana (2019) para obtener más información sobre los criterios de diseño del corpus y las obras y autores consultados para su preparación.

Tabla 1. *(Continued)*

Nombre de componente	Tipo de componente	Tipo de documentos	Lengua	N.º de documentos	N.º de *types/ tokens*
Componente español	Comparable	Condiciones generales de viaje combinado y leyes europeas y nacionales al respecto	español	142	617 119 *types* / 703 616 *tokens* (*type-token ratio* 0,88)

Los textos se localizaron manualmente a través de *Google* y sitios web de legislación especializada, se guardaron en formato de texto plano (.txt) y se registraron en una tabla de *Microsoft Excel* (indicando código, título y URL de origen). Una vez compilado y revisado el corpus, se procedió a subir los textos al programa *online* de gestión de corpus *Sketch Engine*[7], mediante el cual se realizó su procesado y etiquetado morfosintáctico de forma automática. Este programa nos permitió, así mismo, extraer las colocaciones objeto de estudio y cuantificar su uso. Para ello, y a fin de delimitar el estudio, se seleccionaron diez conceptos presentes en el diccionario *OntoDiccionario 2.0*. Se trata de conceptos que se corresponden en ambas lenguas con términos de amplia frecuencia; esto nos permitiría detectar, a su vez, numerosas colocaciones. Enumeramos a continuación los conceptos seleccionados, indicando sus términos correspondientes en español y alemán: *excursión/Ausflug*, *contrato/Vertrag*, *organizador/Veranstalter*, *servicio/Leistung*, *precio/Preis*, *condición/Bedingung*, *información/Information*, *transporte/Beförderung*, *tasa/Gebühr* y *coste/Kosten*.

A partir de estos sustantivos, se realizaron búsquedas de colocativos de tipo verbal y adjetival, a saber: S + V (sujeto), V + S (objeto) y S + A. Para esto hicimos uso en *Sketch Engine* de la herramienta *Word Sketch*, que permite extraer un alto número de combinaciones de palabras y colocaciones tomando como base una palabra dada. Así, nos centramos, al realizar búsquedas en cada lengua, en los resultados de las categorías «modifiers of X» (para encontrar colocaciones adjetivales), «verbs with X as subject» (para encontrar colocaciones verbales donde el nombre actúe como sujeto) y «verbs with X as accusative

[7] Disponible en <https://www.sketchengine.eu/>.

object» (para localizar colocaciones verbales en las que el sustantivo actúe como complemento directo)[8].

En las tareas de extracción de colocaciones, se hizo especial hincapié en extraer colocativos representativos del ámbito que nos concierne. Para ello, se fijaron restricciones sobre los resultados que arroja *Word Sketch*, que están basados en la medida estadística de asociación *logDice* (cf. Gablasova, Brezina y McEnery, 2017). Así, basándonos en las recomendaciones de Frankenberg-Garcia (2018), quien propone tener en cuenta las colocaciones que aparecen al menos 5 veces en un corpus —lo cual equivale en su estudio a una frecuencia de 0,14 por millón de palabras— y en 5 textos diferentes, decidimos extraer todas las colocaciones, en ambas lenguas, que apareciesen al menos 4 veces en cada uno de los corpus —con una frecuencia normalizada de 5,68 por millón de palabras— y en al menos 4 textos diferentes. Como restricción adicional, se estableció mediante las opciones avanzadas de *Word Sketch* que la puntuación mínima de *logDice* fuera de 3 puntos (sobre un máximo de 14).

Los resultados de la extracción efectuada por *Word Sketch* fueron luego revisados manualmente, a fin de conservar solo aquellas combinaciones de palabras que constituyesen realmente colocaciones o coocurrencias —bien delimitadas sintácticamente y con sentido— y que resultaran de interés para alimentar nuestro diccionario ontoterminológico. Se pueden consultar las colocaciones extraídas para cada uno de los términos seleccionados (tanto en alemán como en español) en el Anexo del presente capítulo[9].

3. Resultados y discusión

El análisis cuantitativo y cualitativo de los resultados de la extracción de colocaciones nos permite hacer algunas apreciaciones interesantes, que dividiremos en tres grandes bloques: por un lado, comentaremos los resultados cuantitativos; por otro, ya desde un punto de vista cualitativo, abordaremos la precisión de la extracción realizada por *Word Sketch*; en tercer lugar, analizaremos los grandes grupos semánticos en los que se pueden agrupar las colocaciones encontradas.

8 En el caso del español, esta última categoría se expresa como «verbs with X as object».

9 Por motivos de espacio se han omitido en el Anexo las tablas de resultados correspondientes a los términos *excursión/Ausflug* y *tasa/Gebühr*.

En primer lugar, el análisis cuantitativo de los términos objeto de estudio arroja una frecuencia mucho mayor para aquellos en español. Aunque esto era esperable, dado el mayor tamaño del componente español frente al alemán (703 616 *tokens* frente a 605 307 *tokens*, un 16 % mayor), llama la atención que la frecuencia de los términos en español sea ostensiblemente superior a la de sus equivalentes alemanes, en casi todos los casos, como se observa en el siguiente recuento (Tabla 2):

Tabla 2. Términos en español y alemán, con sus respectivas frecuencias absolutas.

Término ES	**Frecuencia (N.° de *tokens*)**	**Término DE**	**Frecuencia (N.° de *tokens*)**
excursión	307	Ausflug	83
contrato	4500	Vertrag	1423
organizador	2041	Veranstalter	1604
servicio	4316	Leistung	1660
precio	3187	Preis	431
condición	1752	Bedingung	387
información	1167	Information	313
transporte	1321	Beförderung	346
tasa	521	Gebühr	233
coste	397	Kosten	579

Como vemos, en muchos casos los términos españoles poseen una frecuencia que triplica o cuatriplica aquella de sus equivalentes en alemán (por ejemplo, el término *condición* es cuatro veces más frecuente que *Bedingung*). La explicación a esta diferencia tan acusada puede estar en la naturaleza del léxico alemán, en el que abundan los sustantivos compuestos (*Zusammensetzungen*). Frente al español, en el que los términos multipalabra se forman usualmente mediante el patrón sustantivo + preposición + sustantivo, donde la base es un componente independiente, en alemán los términos compuestos forman una única unidad gráfica. Esto ha supuesto la no localización de variantes terminológicas y, por tanto, la detección de un número menor de colocaciones. Por contra, una búsqueda simple de variantes nos muestra que el número de términos multipalabra del componente alemán podría ser elevado: por ejemplo, encontramos, además del término *Vertrag* (1423x), *Pauschalreisevertrag* ('contrato de viaje combinado') (261x); además de *Preis* (431x), localizamos *Reisepreis* ('precio del viaje') (3094x); aparte de *Gebühr* (233x), detectamos un número no desdeñable de variantes como *Stornogebühren* ('tasas de cancelación'), *Flughafengebühren* ('tasas aeroportuarias') o *Bearbeitungsgebühren* ('gastos de tramitación'). Podríamos haber tenido en cuenta los nombres compuestos a la hora de extraer colocaciones, pero optamos por mantener la búsqueda de colocaciones solo a partir del término genérico, no compuesto, a fin de poder establecer comparaciones más estables y válidas con el español. Por ejemplo, podríamos haber buscado colocaciones a partir de *Reisepreis* ('precio del viaje'), mucho más frecuente que *Preis*, pero esto hubiera alterado nuestros resultados, ya que en el componente español el término *precio* se refiere y se aplica a una cantidad amplia de conceptos, no solo al viaje.

El menor número de términos encontrados en alemán acarreó, como hemos indicado, la localización de un número inferior de colocaciones. Así, por ejemplo, la búsqueda del término *contrato* nos permitió encontrar 20 colocaciones verbales con objeto directo, mientras que el término equivalente *Vertrag* solo se detectó como objeto en 5 colocaciones verbales. La revisión posterior redujo el número definitivo de colocaciones de este tipo a 12 y 3, respectivamente. Obtuvimos resultados cuantitativos parecidos con los demás términos.

Ya en el plano cualitativo, nos centraremos en la precisión de la extracción efectuada por la herramienta *Word Sketch*. Entre los resultados preliminares arrojados por *Word Sketch* cabe destacar un número importante de errores e inexactitudes, que requirieron una revisión exhaustiva, sobre todo en el caso del componente alemán. Así, la revisión manual de la extracción de colocaciones en alemán presentó algunas dificultades, no solo por el menor número de términos y colocativos encontrados, sino por la presencia de los siguientes errores e inexactitudes:

- Verbos separables: En muchos casos la herramienta *Word Sketch* no fue capaz de identificar correctamente verbos separables. Por ejemplo, para *Veranstalter* (sujeto) encontramos la colocación verbal *behalten* ('mantener'), cuando en realidad se trata del verbo separable reflexivo *sich vorbehalten* ('reservarse').
- Identificación de sujetos u objetos: En numerosas ocasiones no se etiquetaron correctamente las bases de las colocaciones como sujeto u objeto,

respectivamente. Por ejemplo, en la lista de verbos que se combinan con el objeto directo *Veranstalter* encontramos el verbo *zurückleiten* ('retornar, devolver'), pero una revisión más concienzuda de las colocaciones verbales ofrecidas revela que no se trata en ningún caso de un objeto directo, sino de un complemento preposicional con preposición seguida de un nombre en caso acusativo: *an den Veranstalter zurückleiten* ('devolver al organizador'). Otro caso es el de *Leistung* (sujeto): encontramos en la lista de colocaciones verbales el verbo *erbringen* ('aportar, rendir'), pero un análisis de los contextos confirma que *Leistung* siempre actúa como objeto de este verbo.

Por su parte, en español hemos detectado también algunos errores e inexactitudes en relación con la identificación de perífrasis verbales y participios:

- Perífrasis verbales: El análisis de las colocaciones propuestas por *Word Sketch* revela que el programa no es capaz de identificar correctamente las perífrasis verbales del español. Por ejemplo, en las combinaciones verbales del término *servicio* como objeto encontramos el verbo *incluir*. Sin embargo, al examinar los contextos en los que aparece el verbo, observamos que *servicio* no es objeto, sino sujeto de la perífrasis verbal «estar + participio», *estar incluido*.
- Participios: *Word Sketch* identifica como verbos muchos participios que solo actúan como tales, acompañando a un sustantivo[10]. Por ejemplo, en el listado de colocaciones verbales del término *servicio* (como objeto), encontramos el verbo *prever*; sin embargo, el análisis de las concordancias revela que en todos los casos se trata del participio *previsto*. Hemos detectado numerosos casos de participios identificados como verbos y no como modificadores del nombre: por ejemplo, para *servicio*, *comprendido* y *ofertado*; para *precio*, *publicado* y *estimado*; para *condición*, *requerida* y *reseñada*. El criterio que hemos seguido, pues, ha sido el de clasificar como adjetivos todos aquellos participios que funcionen como tales en todas o en la gran mayoría de sus apariciones en el corpus.

---

10 Se trataría de *participios adjetivales*, que, según Demonte (1999, pág. 189), son «formas morfológicamente participiales, susceptibles de recibir modificadores verbales, que se encuentran en la posición de modificadores del nombre.»

En el plano semántico, observamos que los resultados, quizás a consecuencia de las diferencias cuantitativas, presentan notables similitudes y diferencias. Abundan los adjetivos relacionales en español, mientras que son escasos en alemán, y observamos similitudes en los campos semánticos de adjetivos y verbos; sin embargo, sus significados no coinciden en muchos de los casos, por lo que no podemos hablar de equivalentes de traducción. Solo en el caso de *servicio*, *precio*, *condición*, *información* y *coste* encontramos algunos equivalentes o cuasiequivalentes, como los siguientes:

(servicio) suelto, turístico / einzelne, touristische (Leistung)

(condición) particular, especial, general, señalada / besondere, allgemeine, vorstehende, vorgenannte (Bedingung)

(información) precontractual, complementaria, general, mayor / vorvertragliche, ergänzende, allgemeine, nähere (Information)

Estas coincidencias totales o parciales pueden ayudarnos posteriormente a establecer equivalentes de traducción entre las colocaciones extraídas.

Los adjetivos relacionales son aquellos que «se refieren a un conjunto de propiedades (a una entidad externa) con las cuales el nombre modificado establece una relación semántica determinada», por ejemplo: *policial*, *submarino*, *laboral* o *médico* (Demonte, 1999, pág. 150). En este sentido, coinciden con lo que Helbig y Buscha (2017, pág. 281) denominan *relative Adjektive*, esto es, adjetivos que expresan una propiedad de un objeto de la realidad por medio de su relación con otro objeto o elemento de la realidad como espacio, tiempo, etc.; ejemplos de adjetivos relacionales en alemán son *väterlich* ('paterno'), *bulgarisch* ('búlgaro'), *orthographisch* ('ortográfico') o *gestrig* ('de ayer'). Las propiedades sintácticas de los adjetivos relacionales son similares en español y en alemán, si tenemos en cuenta las descritas por Demonte (*ibid.*): a) numerosos adjetivos relacionales no pueden encontrarse en posiciones predicativas; b) no aceptan adverbios de grado ni pueden formar parte de construcciones comparativas; y c) no tienen antónimos ni entran en correlaciones de polaridad.

Los adjetivos relacionales son fácilmente reconocibles si atendemos a sus características morfológicas. Como apunta Demonte (*ibid.*, pág. 154), son sufijales y derivan de nombres, con sufijos entre los que destacan *-al/-ar*, *-ario*, *-ano*, *-ico*, *-ivo*, *-ista*, *esco*, o *-il*. Igualmente, en alemán encontramos típicamente adjetivos relacionales entre aquellos que derivan de nombres y terminan en *-isch*, *-ich* o *-lich*.

Así pues, basándonos en estas premisas, hemos podido encontrar numerosos adjetivos relacionales entre las colocaciones adjetivales de nuestro corpus, especialmente en español: por ejemplo, hemos detectado (*excursión*) *opcional*, *facultativa*; (*contrato*) *definitivo*, *inicial*; o (*servicio*) *suplementario*, *turístico*, *terrestre*, *aéreo*, *accesorio*, *complementario*, *sanitario*, *hotelero*, *alimenticio*, *telefónico*. En alemán, por su parte, a pesar del menor número de modificadores encontrados, hemos localizado adjetivos relacionales como *zusätzliche*, *behördliche* (*Gebühr*); *zusätzliche* (*Kosten*); *vorvertragliche* (*Information*); o *vertragliche*, *touristische* (*Leistung*).

La razón del menor número de adjetivos relacionales en alemán puede residir en dos factores: por un lado, como explicamos anteriormente, el inferior número de colocaciones encontradas se debe a que *Word Sketch* no ha tenido en cuenta (como es natural) el gran número de nombres compuestos derivados de aquellos más simples que hemos usado en nuestras búsquedas; por otro lado —y esto resulta determinante a nuestro parecer—, la propia naturaleza de los nombres compuestos hace innecesario en muchos casos el uso de un adjetivo relacional junto al nombre; podemos ejemplificarlo con el caso del sustantivo *Leistung*: para él solo hemos encontrado los adjetivos relacionales *vertraglich* y *touristisch*, pero un análisis de las variantes de este término realizada por medio de la herramienta *Concordance* de *Sketch Engine* revela que existen numerosas ocurrencias de sustantivos compuestos, derivados del primero, que se traducirían en español mediante un nombre y un adjetivo relacional, como mostramos en los siguientes ejemplos:

Flugbeförderungsleistung, Flugleistung: servicio aéreo

Nebenleistung: servicio accesorio, servicio suplementario

Zusatzleistung: servicio adicional

Einzelleistung: servicio individual

Sonderleistung: servicio especial

Verpflegungsleistung: servicio alimenticio[11]

---

[11] También se conoce como *servicio de manutención*.

De estos ejemplos (y de otros nombres compuestos consultados en el corpus) podemos deducir, por tanto, que el menor número de adjetivos relacionales en alemán está probablemente relacionado con la importante presencia en esta lengua de nombres compuestos, dado que el significado de la propiedad en cuestión se adjunta en el nombre compuesto, no en adjetivos acompañantes.

En el plano morfológico, debemos destacar, como ya hicimos más arriba al comentar los errores producidos por *Sketch Engine*, que abundan los participios entre las colocaciones adjetivales, tanto en español como en alemán; por ejemplo, para *precio* encontramos *comprendido*, *previsto*, *ofertado*; para *Preis* localizamos *vermittelt*, *gebucht*, *geschuldet*.

En el caso de los verbos, observamos también algunos paralelismos semánticos en las colocaciones identificadas, sin llegar a poder establecer un número elevado de equivalentes de traducción. De este modo, constatamos que se repiten en el conjunto de colocaciones verbales extraídas los verbos que denotan [DAR], [INCLUIR] y [CALCULAR], mientras que encontramos otros campos semánticos coincidentes en algunos pares de colocaciones, como [INICIAR], [TERMINAR], [DECIR], [RESPONDER], [ABONAR], [RECIBIR] y [ASUMIR]. Veamos, por ejemplo, las colocaciones verbales de los términos *organizador/Veranstalter* y *coste/Kosten*:

organizador/Veranstalter
  [DECIR] ES: manifestar, informar; DE: informieren, (darauf) hinweisen, unterrichten
  [DAR] ES: facilitar; DE: vermitteln
  [RESPONDER] ES: responder; DE: haften
coste/Kosten
  [CALCULAR] ES: calcular; DE: berechnen
  [INCLUIR] ES: incluir; DE: einbehalten
  [ASUMIR] ES: asumir; DE: tragen, übernehmen

Los paralelismos encontrados apuntarían a que los rangos colocacionales del español y del alemán en este discurso son parcialmente similares.

3.1. Representación de las colocaciones extraídas en *OntoDiccionario 2.0*

Una vez extraídas y analizadas las colocaciones de nuestro corpus comparable, resulta interesante plantearse cómo puede procederse a su representación en un diccionario ontoterminológico como es *OntoDiccionario 2.0*. El diccionario está escrito en OWL, un lenguaje ontológico basado en XML que permite representar mediante etiquetas la estructura conceptual de un dominio[12]. OWL cuenta con dos grandes grupos de etiquetas: etiquetas conceptuales, que permiten representar de forma lógica y procesable por ordenador conceptos o clases, las relaciones que se establecen entre ellos y propiedades; y etiquetas de anotación, que permiten añadir información lingüística a cada concepto, propiedad y relación conceptual. Existen fundamentalmente dos tipos de etiquetas de anotación: rdfs:label, usada para introducir la lexicalización de cada componente de la ontología, y rdfs:comment, empleada para añadir cualquier comentario o anotación textual (por ejemplo, definiciones). Dada la flexibilidad de rdfs:comment, hemos optado por emplear esta etiqueta para introducir las colocaciones en español y alemán. Es posible, además, indicar la lengua en la que se escribe la etiqueta y añadir cuantas colocaciones sean necesarias.

Para añadir esta información, así pues, nos hemos valido del programa *TopBraid Composer Free Edition*[13], que ofrece una interfaz de usuario sencilla mediante la cual se puede crear —sin necesidad de teclear el código de OWL u otro lenguaje ontológico— una ontología completa, compuesta por clases, relaciones y propiedades, así como por los datos lingüísticos o designaciones de cada uno de estos componentes. Este mismo programa ya se usó para crear la ontología sobre viaje combinado que subyace al programa *OntoDiccionario 2.0*, por lo que hemos aprovechado la información ya introducida y hemos añadido solo la información colocacional obtenida en el presente estudio. De esta forma, en la ficha de cada concepto («Class Form»), hemos insertado sendas etiquetas de tipo rdfs:comment para agregar las colocaciones del término correspondiente, tanto en español como en alemán. A modo de ejemplo, mostramos la ficha del concepto *contract*, donde podemos ver, bajo el epígrafe rdfs:comment, las etiquetas de definición y de colocaciones; por su parte, bajo rdfs:label, podemos consultar las distintas lexicalizaciones del concepto en cuestión.

Como vemos, se han situado en primer lugar las colocaciones de tipo S + A, luego las V + S (objeto) y finalmente las S + V (sujeto), separadas por punto y coma.

---

12 Para más información sobre OWL, véase <https://www.w3.org/OWL/>.

13 Disponible en <https://archive.topquadrant.com/topbraid-composer-install/>.

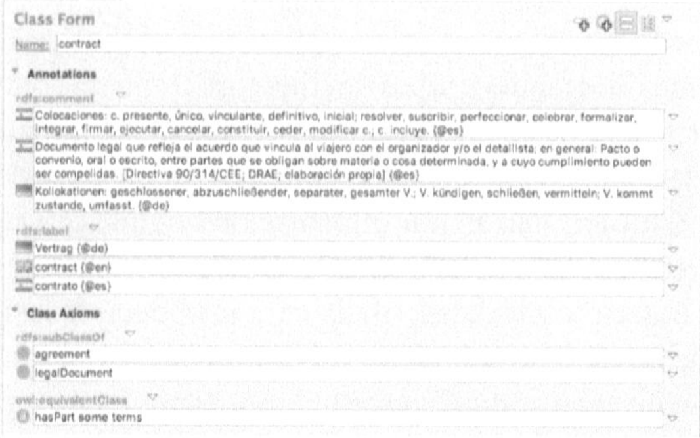

Figura 1. Ficha del concepto contract.

4. Conclusiones

El estudio realizado nos ha permitido llegar a algunas conclusiones significativas que contribuyen a la descripción del campo discursivo del viaje combinado en español y alemán. Por un lado, el análisis cuantitativo nos ha permitido constatar amplias diferencias en el número de términos y colocaciones detectados en las dos lenguas, debido en gran parte a la presencia generalizada de nombres compuestos en alemán. Por otro lado, desde el punto de vista cualitativo, nos hemos centrado en analizar la precisión de la extracción efectuada por *Sketch Engine* y en estudiar las similitudes y diferencias semánticas que presentan los colocativos identificados. En alemán hemos encontrado algunos problemas con la detección de verbos separables y con la correcta identificación de sujetos y objetos, mientras que en español el programa presenta más dificultades con la identificación de perífrasis verbales y participios. Por otro lado, desde el punto de vista semántico, destaca la mayor presencia de adjetivos relacionales en español frente a la lengua alemana (debido en parte también a los rasgos morfológicos de los sustantivos de esta última); así mismo, hemos resaltado las similitudes encontradas en los campos semánticos de los colocativos verbales, donde predominan las acepciones relacionadas con [DAR], [INCLUIR] y [CALCULAR].

En cuanto a la representación de las colocaciones seleccionadas en el diccionario ontoterminológico *OntoDiccionario 2.0*, abogamos por el uso de etiquetas de anotación, sin necesidad que crear nuevas clases en la ontología; de esta forma, las colocaciones de ambas lenguas se pueden acomodar en la ficha de cada concepto mediante la etiqueta rdfs:comment.

A la vista de los resultados obtenidos, vemos conveniente proponer algunas mejoras y ampliaciones que pueden refinar y perfeccionar lo mostrado en el presente trabajo: en primer lugar, resultaría útil ampliar el corpus de lengua alemana para que alcance un número de *tokens* acorde con el corpus en español; en segundo lugar, nos proponemos probar otras herramientas para la extracción de colocaciones, de forma que podamos comparar sus resultados con aquellos arrojados por *Sketch Engine* y, de esta forma, quizás salvar los inconvenientes que hemos encontrado con este último. En tercer lugar, resultaría de gran interés tener en cuenta en un próximo estudio los nombres compuestos de la lengua alemana a la hora de extraer colocaciones, pues esto nos permitiría aumentar el rango de posibles colocativos y, además, estudiar si se produce un cambio de colocativos entre el nombre genérico y el compuesto (véase el caso de *Preis* y *Reisepreis* expuesto más arriba). Si el cambio no es significativo, podríamos tener en cuenta los nombres compuestos a la hora de extraer colocaciones.

En el marco de las futuras líneas de investigación no queremos olvidar tampoco el aspecto traductológico. En línea con las propuestas presentadas en Bautista Zambrana (2019) y Cabezas-García y León-Araúz (2021), propondremos un protocolo adaptado para la traducción de las colocaciones del par de lenguas español-alemán. Esto a su vez nos permitirá enriquecer la información lingüística y fraseológica contenida en *OntoDiccionario 2.0*.

5. Agradecimientos

El presente trabajo ha sido realizado en el seno de los proyectos de investigación «Adaptación multilingüe y multi-dominio para la optimización del sistema VIP» (VIP II; ref. PID2020-112818GB-I00), «Sistemas de diálogo multilingües de base neuronal para el desarrollo de apps en el ámbito sanitario: el triaje (español-inglés/árabe)» (ref. UMA18-FEDERJA-067), «NEUROTRAD: Traducción automática neuronal y paridad humano-máquina: aspectos de evaluación y posedición» (ref. B1-2020_07), «App para entrenar en posedición de traducción automática neuronal mediante la gamificación en entornos profesionales» (GAMETRAPP; ref. TED2021-129789B-I00) «RECOVER:

InterpREtación automática multilingüe para casos COVID-19 en los sERvicios de urgencias» (ref. ProyExcel_00540) y «PROMOTUR: Desarrollo de un sistema IA audiovisual y multilingüe para la PROMOción TURística» (ref. PID2024-160929OB-I00); el proyecto de transferencia «Sistema integrado Voz-texto para intérpretes: Prueba de concepto» (ref. PDC2021-121220-I00), y la red temática «INTEC: Interpretación y Nuevas Tecnologías» (ref. no. D5-2021_03).

Referencias bibliográficas

Aguado de Cea, G. (2007). La fraseología en las lenguas de especialidad. En E. Alcaraz Varó, J. Mateo Fernández, y F. Yus Ramos (Eds.), *Las lenguas profesionales y académicas* (pp. 53–65). Barcelona: Editorial Ariel.

Bautista Zambrana, M. R. (2013). *Diseño y elaboración de un glosario ontoterminológico multilingüe para el viaje combinado (español-inglés-alemán)* (Tesis doctoral). Universidad de Málaga, Málaga.

Bautista Zambrana, M. R. (2019). *Terminología y ontologías: Un estudio alemán-inglés-español basado en corpus*. Granada: Comares.

Borrueco Rosa, M. Á. (2005). El discurso turístico: estudio lingüístico aplicado a la enseñanza de la traducción. *Hieronymus complutensis: el mundo de la traducción*, *12*, 69–78.

Buendía Castro, M. (2020). Un estudio de caso basado en corpus sobre el uso de las colocaciones verbales en estudiantes de inglés de nivel avanzado. En M. Seghiri (Ed.), *La lingüística de corpus aplicada el desarrollo de la competencia tecnológica en los estudios de traducción e interpretación y la enseñanza de segundas lenguas* (pp. 207–228). Berlín: Peter Lang.

Cabezas-García, M., y León-Araúz, P. (2021). Procedimiento para la traducción de términos poliléxicos con la ayuda de corpus. En G. Corpas Pastor, M. R. Bautista Zambrana, y C. M. Hidalgo Ternero (Eds.), *Sistemas fraseológicos en contraste: aspectos computacionales y de corpus*. Granada: Comares.

Calvi, M. V. (2010). Los géneros discursivos en la lengua del turismo: una propuesta de clasificación. *Ibérica*, *19*, 9–32.

Calvi, M. V. (2011). Pautas de análisis para los géneros del turismo. En M. V. Calvi, y G. Mapelli (Eds.), *La lengua del turismo. Géneros discursivos y terminología* (pp. 19–46). Berna: Peter Lang.

Corpas Pastor, G. (1996). *Manual de fraseología española*. Madrid: Gredos.

Corpas Pastor, G. (2003a). Apuntes para el estudio de la colocación. En G. Corpas Pastor, *Diez años de investigación en fraseología: análisis sintáctico-semánticos, contrastivos y traductológicos* (pp. 67–81). Madrid: Editorial Iberoamericana/Vervuert.

Corpas Pastor, G. (2003b). Criterios generales de clasificación del universo fraseológico de las lenguas, con ejemplos tomados del español y del inglés. En G. Corpas Pastor, *Diez años de investigación en fraseología: análisis sintáctico-semánticos, contrastivos y traductológicos* (pp. 125–154). Madrid: Editorial Iberoamericana/Vervuert.

Corpas Pastor, G. (2015). Register-Specific Collocational Constructions in English and Spanish: A Usage-Based Approach. *Journal of Social Sciences*, *11*(3), 139–151.

CEC (Centro Europeo del Consumidor) (2022). *Viajes combinados*. Madrid: Centro Europeo del Consumidor en España. Recuperado de https://cec.consumo.gob.es/CEC/infoGeneral/viajes/viajesCombinados.htm

Demonte, V. (1999). El adjetivo: Clases y usos. La posición del adjetivo en el sintagma nominal. En I. Bosque, y V. Demonte (Eds.), *Gramática descriptiva de la lengua española* (pp. 129–212). Madrid: Real Academia Española/Espasa Calpe.

Firth, J. R. (1968). Linguistic Analysis as a Study of Meaning. En F. R. Palmer (Ed.), *Selected Papers of J. R. Firth 1952–59* (pp. 12–26). Harlow, Londres: Longman.

Frankenberg-Garcia, A. (2018). Investigating the collocations available to EAP writers. *Journal of English for Academic Purposes*, *35*, 93–104.

Gablasova, D., Brezina, V., y McEnery, T. (2017). Collocations in Corpus-Based Language Learning Research: Identifying, Comparing, and Interpreting the Evidence: Collocations in Corpus-Based Language Learning Research. *Language Learning*, *67*(S1), 155–179.

Helbig, G., y Buscha, J. (2017). *Deutsche Grammatik: Ein Handbuch für den Ausländerunterricht*. Stuttgart: Ernst Klett Sprachen.

Granger, S., y Paquot, M. (2008). Disentangling the phraseological web. En S. Granger, y F. Meunier (Eds.), *Phraseology: An Interdisciplinary Perspective* (pp. 27–50). Ámsterdam: John Benjamins.

Sinclair, J. (Ed.) (1987). *Looking Up. An Account of the COBUILD Project in Lexical Computing*. Londres y Glasgow: Collins Cobuild.

Vargas Sierra, C. (2007). El léxico especializado y las ontologías. En E. Alcaraz Varó, J. Mateo Martínez, y F. Yus Ramos (Eds.), *Las lenguas profesionales y académicas* (pp. 41–52). Barcelona: Editorial Ariel.

Weigand, H. (1997). Multilingual Ontology-Based Lexicon for News Filtering - The TREVI Project. En K. Mahesh (Ed.), *Ontologies and Multilingual NLP. Proceedings from the 15th International Joint Conference on Artificial Intelligence (IJCAI), August 23–29, 1997* (pp. 138–159). Nagoya, Japón.

Anexo

a. contrato (4500x) - Vertrag (1423x)

Tipo de colocación	Colocativo (ES)	Frec.	Punt.	Colocativo (DE)	Frec.	Punt.
S + A	presente	131	12,4	geschlossen	14	11,7
	único	13	10,2	abzuschließend	11	11,6
	vinculante	10	10,2	separat	8	11
	definitivo	9	9,69	gesamt	16	10,7
	inicial	4	9,09			
V + S (objeto)	resolver	246	13,2	kündigen	84	12,6
	suscribir	66	11,5	schließen	8	10,6
	perfeccionar	54	11,4	vermitteln	6	10,1
	celebrar	53	11,4			
	formalizar	34	10,7			
	integrar	12	9,3			
	firmar	10	9,01			
	ejecutar	7	8,55			
	cancelar	8	8,43			
	constituir	7	8,3			
	ceder	6	8,06			
	modificar	4	7,56			
V + S (objeto)	incluir	19	11,7	zustande kommen	148	13,1
				umfassen	32	12,1

b. organizador (2041x) - Veranstalter (1604x)

Tipo de colocación	Colocativo (ES)	Frec.	Punt.	Colocativo (DE)	Frec.	Punt.
S + A				ortsansässig	9	10,8
S + V (sujeto)	suministrar	61	12	haften	74	11,4

(Continued)

Tipo de colocación	Colocativo (ES)	Frec.	Punt.	Colocativo (DE)	Frec.	Punt.
	asumir	59	11,8	sich vorbehalten	26	10,8
	condicionar	43	11,5	empfehlen	11	10,2
	incurrir en	4	10,9	informieren	10	10,1
	disponer de	26	10,8	(darauf) hinweisen	10	10
	manifestar	22	10,6	helfen	5	9,35
	informar	10	9,45	vermitteln	5	9,23
	responder	10	9,28	unterrichten	4	9,05
	facilitar	8	9,1			
	estar obligado	4	9			
	declarar	5	8,49			
	cancelar	4	8,14			
S + V (sujeto)				verklagen	5	9,95

c. servicio (4316x) - Leistung (1660x)

Tipo de colocación	Colocativo (ES)	Frec.	Punt.	Colocativo (DE)	Frec.	Punt.
S + A	suplementario	244	12,7	vertraglich	187	11,4
	suelto	134	12	unerheblich	70	10,8
	turístico	77	11,1	vermittelt	62	10,5
	comprendido	83	10,5	zu erbringend	63	10,4
	independiente	47	10,5	gebucht	31	9,26
	previsto	89	9,97	touristisch	22	9,16
	terrestre	28	9,78	geschuldet	17	8,76
	aéreo	29	8,96	erbracht	14	8,48
	accesorio	12	8,71	einzeln	12	7,74
	extra	10	8,41			
	ofertado	14	8			
	complementario	9	7,99			
	opcional	8	7,94			

Tipo de colocación	Colocativo (ES)	Frec.	Punt.	Colocativo (DE)	Frec.	Punt.
	sanitario	7	7,83			
	hotelero	7	7,75			
	alimenticio	7	7,66			
	telefónico	4	7,1			
V + S (objeto)	contratar	372	12	anwenden	57	12,4
	solicitar	278	11,9	erbringen	10	9,37
	prestar	122	11			
	utilizar	86	10,4			
	facilitar	41	9,3			
	reservar	27	8,79			
	ofrecer	21	8,38			
	denegar	18	8,32			
	confirmar	16	8,1			
	abonar	10	7,23			
S + V (sujeto)	estar incluido	270	11,5	sich richten (nach)	34	12
				treten (an die Stelle von)	15	10,1

d. precio (3187x) - Preis (431x)

Tipo de colocación	Colocativo (ES)	Frec.	Punt.	Colocativo (DE)	Frec.	Punt.
S + A	total	286	12,8	bestätigt	53	12,7
	final	124	12	voll	10	10,1
	publicado	81	11,6	geschuldet	5	9,58
	definitivo	63	11,4	vereinbart	13	8,94
	estimado	61	11,4	neu	5	8,53
	distinto	59	11			
	indicado	50	10,4			
	global	21	10			
	completo	13	8,95			
	medio	11	8,79			

(Continued)

Tipo de colocación	Colocativo (ES)	Frec.	Punt.	Colocativo (DE)	Frec.	Punt.
	mínimo	9	8,49			
	especial	9	7,57			
V + S (objeto)	alterar	57	11,2	bestätigen	21	12,4
	calcular	23	10	einziehen	5	11,1
	reembolsar	22	9,8	berechnen	8	10,9
	revisar	19	9,78			
	aumentar	12	9,13			
	abonar	10	8,19			
S + V (sujeto)	incluir	55	13	sich berechnen	6	10,9
				gelten	14	9,44

e. condición (1752x) - Bedingung (387x)

Tipo de colocación	Colocativo (ES)	Frec.	Punt.	Colocativo (DE)	Frec.	Punt.
S + A	especial	306	12,2	vorstehend	19	11,1
	general	312	11,9	nachfolgend	15	10,7
	señalada	61	11,9	vorgenannt	9	10,6
	económica	148	11,8	besonder	12	9,22
	particular	124	11,5	allgemein	11	9,08
	específica	94	11			
	prevista	79	10,7			
	requerida	28	10,5			
	reseñada	15	10			
	fijada	11	9,35			
	aplicable	24	8,91			
	física	11	8,14			
	climática	9	7,94			
	adversa	8	7,76			
	atmosférica	6	7,36			
	climatológica	5	7,09			
	meteorológica	5	7,07			

Tipo de colocación	Colocativo (ES)	Frec.	Punt.	Colocativo (DE)	Frec.	Punt.
V + S (objeto)	acordar	59	11,6			
	establecer	26	9,88			
	aplicar	15	9,61			
	consultar	9	9,01			
	acreditar	7	8,93			
	aceptar	11	8,82			
S + V (sujeto)	obligar	6	12,2	gelten	20	10
				regeln	4	9,38

f. información (1167x) - Information (313x)

Tipo de colocación	Colocativo (ES)	Frec.	Punt.	Colocativo (DE)	Frec.	Punt.
S + A	pertinente	68	12	vorvertraglich	27	11,6
	concreta	59	11,9	ergänzend	13	10,6
	precontractual	26	10,9	falsch	12	10,6
	complemen-taria	36	10,8	allgemein	25	10,1
	general	66	10,2	näher(e)	8	9,97
	siguiente	26	9,67			
	mayor	27	9,65			
	adicional	14	9,37			
V + S (objeto)	facilitar	70	11,5	beachten	18	11,7
	contener	35	10,9	entnehmen	7	11
	normalizar	24	10,9	erhalten	23	10,9
	recibir	22	10,5	geben	14	10,05
	proporcionar	18	10,2			
	obtener	18	10,2			
	ofrecer	21	9,89			
	omitir	8	9,17			
S + V (sujeto)				gelten	13	9,41

(Continued)

g. transporte (1321x) - Beförderung (346x)

Tipo de colocación	Colocativo (ES)	Frec.	Punt.	Colocativo (DE)	Frec.	Punt.
S + A	terrestre	77	12,2			
	utilizado	61	12,2			
	alternativo	57	11,7			
	aéreo	140	11,7			
	comprendido	11	10,4			
	internacional	14	9,54			
	ferroviario	8	9,3			
V + S (objeto)	incluir	30	9,36	umfassen	34	12,4
	contratar	9	7,81	erbringen	44	12
				durchführen	10	10,7
				beeinträchtigen	18	10,5
				einschließen	4	9,61
S + V (sujeto)				erfolgen	15	10,7

h. coste (397x) - Kosten (579x)

Tipo de colocación	Colocativo (ES)	Frec.	Punt.	Colocativo (DE)	Frec.	Punt.
S + A	adicional	37	11,8	entstehend	86	11,8
	desproporcio-nado	6	10,47	gering	52	11,6
	soportado	5	10,4	geringfügig	39	11,4
	inferior	6	10,2	ausgewiesen	20	10,4
	derivado	6	8,92	niedrig	21	10,4
	real	6	8,68	zusätzlich	27	10,3
				entstanden	17	10,1
				hoch	14	9,3
				angefallen	8	9,22
				anfallend	8	9,17
				weiter(e)	7	8,46

Tipo de colocación	Colocativo (ES)	Frec.	Punt.	Colocativo (DE)	Frec.	Punt.
V + S (objeto)	calcular	11	11,1	verursachen	41	12,4
	superar	5	10,4	einbehalten		10,7
	entrañar	4	10,1	tragen		10,1
	incluir	36	9,64	erstatten		10,1
	asumir	7	9,59	übernehmen		9,98
	suponer	4	9,14	berechnen		9,91
S + V (sujeto)				entstehen	7	12,2
				zu Lasten gehen	7	11,7
				anfallen	7	10,1

BLOQUE 2

Interpretación

Protocolo de compilación de un corpus médico en árabe mediante reconocimiento de voz

Mahmoud Gaber
Universidad de Málaga
IUITLM
mahmoudgaber@uma.es

Gloria Corpas Pastor
Universidad de Málaga
IUITLM
gcorpas@uma.es

Ali Hatami
University of Galway
Data Science Institute
ali.hatami@insight-centre.org

ABSTRACT
This study is part of a series of experiments we are carrying out to evaluate Automatic Speech Recognition (ASR) systems in different languages and fields. The aim of these analyses is to provide technological solutions that meet interpreters' needs by automating the documentation phase and terminology extraction process. This paper presents ASR as a tool for the compilation of an ad hoc corpus in Arabic based on the transcriptions of spoken speeches in a specialised field (in this case, ophthalmology). To achieve our goal, a methodology based on four steps has been designed: 1. Selection of the material. 2. Selection of the automatic transcription systems. 3. Evaluation of the performance of these systems. 4. Compilation of the ad hoc corpus. The study concludes that the ASR systems analysed provide better results for Standard Arabic than for dialectal Arabic. Although ASR technology has advanced to the point where it is present in countless everyday applications, the word error rate (WER) is still significant in the case of dialectal Arabic when it comes to a specialised domain and Large Vocabulary Speech Recognition. However, the use of ASR in interpreting can be highly beneficial for both practitioners and trainees; at the same time, it can also open up new research venues.

Keywords: *Ad hoc corpus, automatic speech recognition, interpreting technologies, specialised terminology, spoken corpora.*

RESUMEN
El presente trabajo se enmarca en un conjunto de estudios que estamos realizando para la evaluación de sistemas de Reconocimiento Automático del Habla (RAH) en diferentes idiomas y ámbitos. El objetivo de tales análisis es dar respuesta a

las necesidades de los intérpretes, automatizando la fase de documentación y la extracción terminológica. En este capítulo presentamos el RAH como herramienta para la compilación de un corpus *ad hoc* en árabe basado en transcripciones de discursos orales en un ámbito especializado, en este caso, la oftalmología. Para lograr nuestro objetivo, hemos diseñado una metodología basada en cuatro pasos, a saber: 1. Selección del material objeto de estudio. 2. Selección de los sistemas de transcripción automática. 3. Evaluación del rendimiento de dichos sistemas. 4. Compilación del corpus *ad hoc*. El estudio concluye que los sistemas de RAH proporcionan mejor resultado en el caso del árabe estándar que en el dialectal. A pesar de que el RAH ha avanzado hasta el punto de tenerlo presente en infinitas aplicaciones del día a día, la tasa de error de palabra o WER (*word error rate*, en inglés) es todavía considerable en el caso del árabe dialectal cuando se trata de un ámbito especializado y de reconocimiento del habla continua de vocabulario extenso. Sin embargo, el uso del reconocimiento de voz para la interpretación puede ser muy beneficioso tanto para interpretes profesionales como en formación, al tiempo que abre nuevas vías de investigación.

Palabras clave: Corpus *ad hoc*, corpus oral, reconocimiento automático del habla, tecnologías de la interpretación, terminología especializada

1. Introducción

Una interpretación de calidad no solo facilita la comunicación entre los pacientes y el personal sanitario, sino que es en sí misma un aspecto de vital importancia en el contexto sanitario, donde entran en juego la salud y la vida de las personas. Esta circunstancia aumenta la presión que siente el intérprete en este ámbito, lo cual se traduce en un estrés añadido a la carga cognitiva y el esfuerzo que supone esta modalidad de mediación interlingüística y cultural. A diferencia del traductor médico, para el cual existen infinidad de recursos y herramientas de traducción asistida, el intérprete sanitario aún no dispone de sistemas de interpretación asistida. De hecho, el impacto de las Tecnologías de la Información y la Comunicación (TIC) en la interpretación ha sido, hasta ahora, moderado (Fantinuoli, 2017b, 2019). Además, la escasez de recursos tecnológicos es aún más acuciante en el caso de la interpretación desde/hacia lenguas menos comunes, como, por ejemplo, el árabe. En estos casos, el poder contar con herramientas tecnológicas diseñadas para facilitar el trabajo de los intérpretes no se trata solo de una necesidad, sino casi de un derecho laboral para, por un lado, aliviar la carga cognitiva, evitando así el desgaste mental de los profesionales y, por otro lado, garantizar una interpretación de calidad.

Por lo general, los intérpretes suelen acudir a recursos audiovisuales, sobre todo a la hora de preparar una interpretación. Es bien sabido que los intérpretes utilizan este material durante la fase de documentación, especialmente para familiarizarse con el acento o la voz del orador que habrán de interpretar, así como con la fraseología y la terminología especializada. No obstante, resulta bastante difícil gestionar la información (para, por ejemplo, extraer la terminología, consultar concordancias, crear glosarios, etc.) directamente desde el material audiovisual. Así pues, las transcripciones que se pueden obtener mediante el reconocimiento de voz abren un camino muy interesante para explotar el material audiovisual a través de la compilación de corpus *ad hoc* que, a su vez, nos permite extraer la terminología especializada, palabras clave, consultar concordancias o crear glosarios, entre otras tareas. Por ello, este trabajo pretende aportar una solución tecnológica a los intérpretes, sobre todo a los que tienen el árabe entre sus lenguas de trabajo, con el fin de facilitar la compilación de un corpus *ad hoc* monolingüe basado en transcripciones de discursos orales.

En un estudio previo (Gaber, Corpas Pastor y Omer, 2020), se realizó una evaluación del rendimiento de varios sistemas de Reconocimiento Automático del Habla (en adelante, RAH) en inglés con la finalidad de compilar un corpus *ad hoc* oral (transcripciones) sobre el cambio climático, para posteriormente compararlo con un corpus escrito sobre el mismo tema. Los resultados obtenidos pusieron de manifiesto la importancia de contar con corpus orales, habida cuenta de las diferencias detectadas en cuanto a la terminología y la fraseología en ambos corpus (Gaber y Corpas Pastor, 2021). En el presente trabajo, se realiza una comparación de sistemas de RAH para el árabe, a fin de poder determinar cuál sería el más adecuado para compilar un corpus *ad hoc* especializado (en este caso, de oftalmología).

Para alcanzar el objetivo del presente estudio, el capítulo se estructura de la siguiente manera. La Sección 2 ofrece un breve resumen del estado de la cuestión sobre el RAH, con especial referencia a las dificultades que presenta la compilación de corpus orales. Las cuatro secciones siguientes describen la metodología protocolizada seguida en este estudio, la cual se basa en cuatro fases: i) selección del material objeto de estudio (Sección 3); ii) selección de los sistemas de RAH (Sección 4); iii) evaluación del rendimiento de tales sistemas y selección del sistema RAH más adecuado (Sección 5); y iv) gestión y explotación del corpus especializado de oftalmología en árabe, compuesto por transcripciones automáticas de material audiovisual (Sección 6). Cierra el trabajo un corolario (Sección 7) a modo de conclusiones generales y reflexiones sobre las principales aportaciones de este estudio.

2. Breve estado de la cuestión

Diversos estudios han puesto de relieve la importancia de contar con corpus orales para la interpretación, ya sea desde la vertiente didáctica como desde una vertiente profesional. Por ejemplo, Crezee y Grant (2013) estudian cómo lidian los intérpretes en formación con las expresiones idiomáticas durante la interpretación, y establecen que los resultados son mucho mejores cuando estos han contado con un corpus compuesto por material audiovisual sobre el tema. Por su parte, Bale (2013) presenta el corpus oral como recurso para la enseñanza-aprendizaje de la interpretación y el desarrollo de la competencia lingüística de los estudiantes, sobre todo el conocimiento léxico. El estudio de Bale concluye que aquellos estudiantes que se han involucrado más en el proceso educativo mediante el uso de corpus orales terminan alcanzando mejores resultados de aprendizaje respecto a la adquisición del conocimiento terminológico, aspecto que ha sido reflejado en una mayor precisión y mejor rendimiento en sus interpretaciones. Asimismo, Aston (2015) propone el uso de TED Talks como recurso de utilidad para aprender y expandir el repertorio fraseológico de los intérpretes en formación sobre un tema específico. Los sujetos del estudio de Aston consideraron que el recurso presentado fue útil para consolidar y expandir su repertorio fraseológico.

A pesar del innegable interés del uso de corpus orales en interpretación, este ámbito de estudio no ha alcanzado aún el nivel de desarrollo de los estudios de traducción basados en corpus (Shlesinger, 1998; Bendazzoli y Sandrelli, 2009; Bale, 2013; Sánchez Ramos, 2017). En este sentido, Bendazzoli y Sandrelli (2009) atribuyen el avance moderado en los estudios de interpretación basados en corpus a varios factores, a saber: el reto que supone la compilación de los corpus orales; la configuración que implica la integración del discurso original y su interpretación hacia una o varias lenguas; la transcripción de los discursos, con el tiempo que esto requiere; la selección del contenido que se va a transcribir y de la forma en la que se realizará; la dificultad de acceso a las grabaciones sin los permisos necesarios; la confidencialidad de los datos; etc. Por otro lado, los estudios de interpretación basados en corpus han sido canalizados, por lo general, en dos líneas: a) el análisis del proceso de interpretación (estrategias, técnicas, carga cognitiva, comportamiento e interacción del intérprete, etc.) y la evaluación del producto final, comparando el discurso original con el discurso interpretado; y b) el uso del corpus como recurso de documentación para los intérpretes, sobre la base de documentos escritos (no orales).

Esta última línea es la que más nos interesa en el presente estudio. De hecho, consideramos de suma importancia contar con estudios que incidan en el uso no solo del corpus escrito, sino también del oral. Parece que los corpus orales que integran el lenguaje hablado no gozan, todavía, de la importancia merecida como recurso de documentación para los intérpretes, a pesar del interés que estos profesionales muestran por el material audiovisual dadas las diferencias entre el lenguaje hablado y el escrito (Corpas Pastor, 2018, p. 149). Otro de los factores que hacen que el discurso oral sea de gran importancia para la documentación y la adquisición del conocimiento tanto lingüístico como extralingüístico para el intérprete es la posible escasez de textos escritos que tratan ciertas situaciones comunicativas, a saber: consultas médicas, entrevistas con refugiados y solicitantes de asilo, reuniones de negocio, sesiones de formación educativa y profesional, etc. Huelga hablar de los idiomas, ámbitos de conocimientos y nuevos descubrimientos cuyos recursos documentales en formato escrito son *per se* insuficientes.

En este contexto, el RAH se presenta como una solución viable frente a la escasez de corpus de material audiovisual, tan demandados y necesarios para los intérpretes en general. A pesar de la escasez de estudios empíricos sobre este tema, se cuenta con algunos trabajos que abordan específicamente la tecnología del RAH y su integración en las herramientas de interpretación asistida por ordenador (IAO). Entre ellos, mencionaremos los más relevantes.

Comenzaremos por el trabajo de Fantinuoli (2017a), que ofrece la tecnología del RAH como herramienta de extracción automática de información (reconocimiento de entidades nombradas, cifras, terminología especializada, etc.) y, al mismo tiempo, establece criterios para su integración en las herramientas de IAO. Para corroborar la utilidad de la propuesta de Fantinuoli (2017a), Desmet, Vandierendonck y Defrancq (2018) examinan la viabilidad del uso del RAH para la extracción automática de información en el entorno de interpretación simultánea y revelan los beneficios del apoyo tecnológico tanto para reducir la carga cognitiva en los intérpretes, como para mejorar la calidad de la interpretación. En esta misma línea, Cheung y Tianyum (2018) parten de la hipótesis de que el RAH puede mejorar el rendimiento de los intérpretes cuando se enfrentan con una interpretación simultánea de un hablante con un acento no estándar. Su estudio confirma dicha hipótesis, pues se constata que el uso de las transcripciones generadas por el sistema de reconocimiento de voz aumenta el nivel de fluidez de los intérpretes. En otra modalidad, en este caso la interpretación consecutiva, Wang y Wang (2019) optan por experimentar sobre la viabilidad del uso del RAH combinado con la traducción automática y contando con el texto íntegro de la transcripción generada automáticamente, en lugar de limitarse a la información clave como en el caso del estudio de Desmet et al. (2018) anteriormente citado. Los resultados del experimento de Wang y Wang (2019) concluyen que el uso del RAH, combinado con la traducción automática, ayudaría a mejorar la calidad de la interpretación. Defranqc y Fantinuoli (2021) examinan la utilidad del uso del RAH, resaltando las cifras en el discurso original, y apuntan una mejora en el rendimiento de los intérpretes en la recuperación de todo tipo de cifras, así como beneficios psicológicos gracias a tener como apoyo la transcripción automática. Gaber et al. (2020) realizan un estudio comparativo para evaluar el rendimiento de diferentes herramientas de RAH con la finalidad de idear un método para la explotación de dicha tecnología como herramienta de documentación y extracción terminológica. Por su parte, Corpas Pastor y Gaber (2021) muestran cómo se puede utilizar el reconocimiento automático de voz para la compilación de corpus orales, y cómo estos, a su vez, permiten extraer información muy valiosa sobre los rasgos diferenciales de la lengua hablada, lo cual es especialmente relevante para un intérprete.

El panorama que se dibuja en este breve excurso revela que apenas existen estudios enfocados a la evaluación de las herramientas de RAH en ámbitos de especialización y, mucho menos aún, que estén orientados a dar respuesta a las necesidades de los intérpretes en lenguas no comunes como el árabe. Precisamente de ello nos vamos a ocupar en las páginas que siguen a continuación. Conforme a las propuestas de Gaber et al. (2020), nuestra metodología protocolizada comprende varias fases. En primer lugar, se establecerán los criterios de selección del material audiovisual que se desea transcribir. Seguidamente, se seleccionarán los sistemas de RAH que se van a comparar, a fin de poder determinar el más adecuado para la transcripción de textos en árabe. Finalmente, se procederá a compilar el corpus *ad hoc* de transcripciones procedentes del material audiovisual seleccionado.

3. Fase I: Selección del material audiovisual

El conocimiento lingüístico que todo intérprete debe adquirir abarca, principalmente, la terminología y la fraseología específicas del dominio, es decir, las que suelen emplear los expertos para intercambiar información (Fantinuoli, 2017a). No obstante, siendo los intérpretes, en algunas ocasiones, legos en la materia a interpretar, consideramos que, para llegar al grado de dominio de la terminología especializada, sobre todo en ámbitos de alto nivel de especialización, es imprescindible empezar por adquirir el conocimiento general y básico que nos permita entender el contexto y la terminología especializada. Con este principio en mente, el material seleccionado para el presente trabajo habrá de abarcar el conocimiento tanto general como especializado del tema objeto de estudio. Además, habrá de cumplir con otros criterios que nos permiten poner a prueba el rendimiento y la precisión de los sistemas que hemos seleccionado para transcribir el material audiovisual. Para ello, hemos adoptado el protocolo propuesto en el estudio de Gaber et *al.* (2020) que toma en consideración los aspectos mencionados. Por consiguiente, el material audiovisual ha sido seleccionado de acuerdo con los siguientes criterios:

- *Temática*: Oftalmología. Según la Federación Nacional de Clínicas Privadas, la oftalmología figura entre las especialidades más demandas en España por el paciente internacional (Auren y EOI, 2013, p. 102). Los datos del informe de Auren y EOI revelan que el 15 % de las cirugías anuales de algunas clínicas se realizan, en gran medida, a pacientes procedentes de países árabes (2013, p. 104). Durante la búsqueda del material, nos hemos centrado en las enfermedades oculares y trastornos de visión que, según Bertrán Prieto (2021), son más comunes: discromatopsia, miopía, hipermetropía, presbicia, astigmatismo, glaucoma y catarata.
- *Duración de los videos*: El material contiene videos con una duración mínima de 01:19 y máxima de 26:44 minutos. Se ha procurado elegir algunos videos de larga duración para examinar la consistencia de los sistemas de RAH seleccionados. La duración total del material audiovisual seleccionado es de 136 minutos y 51 segundos.
- *Contexto*: Se han incluido entrevistas, informes de prensa, sesiones en cursos de formación, tutoriales, presentaciones académicas, etc. Asimismo, el material abarca situaciones comunicativas unidireccionales y bidireccionales.
- *Especialización*: El material contiene vídeos de bajo, medio y alto grado de especialización en el tema en cuestión. Teniendo en cuenta un contexto como la consulta médica, el intérprete debe estar preparado para hacer frente a terminología técnica pronunciada por el médico o el experto en la

materia, así como expresiones generales y comunes usadas por el paciente o las personas legas en la materia. Este criterio nos permite también medir el grado de precisión de los sistemas de transcripción en la recuperación de la terminología especializada.

- *Lengua y variantes*: Se han tenido en cuenta tres variantes del árabe. Aparte de ser una de las seis lenguas oficiales de la ONU, el árabe es la lengua oficial de 23 países; además, es uno de los idiomas más demandados en los servicios públicos. Para las variantes, se ha optado por tres: a) el árabe estándar, siendo la variante más usada en los informes de prensa, discursos de congresos científicos, etc.; b) la variante del árabe de los países del Consejo de Cooperación del Golfo, a saber, Arabia Saudita, Baréin, Emiratos Árabes Unidos, Omán, Kuwait y Catar (en adelante, CCG); y c) la variante de los países del Levante, que serían Palestina, Siria, Jordania y Líbano (en adelante, levantino).
- *Sonido de fondo*: Algunos de los videos tienen música de fondo. Esto nos permite evaluar el grado de precisión y eficiencia de cada sistema cuando se utiliza en circunstancias similares.

Cabe destacar que todo el material ha sido recopilado a través de canales públicos (hospitales, clínicas, canales de televisión, etc.) y privados (individuos expertos en la materia). Al final, se han identificado 21 vídeos que en su totalidad cumplen con los criterios establecidos. La Tabla 1 describe las características de cada vídeo.

Tabla 1. Características del material audiovisual

Código	Duración (mm:ss)	Grado de especialización	Variante
01VIDES	02:33	Medio	Estándar
02VIDES	01:49	Medio	Estándar
03VIDES	03:59	Medio	Estándar
04VIDES	08:47	Bajo-Medio	Estándar/CCG
05VIDES	11:25	Alto	Estándar
06VIDES	26:44	Medio-Alto	Estándar/Levantino
07VIDES	12:07	Bajo	Estándar/Levantino

Tabla 1. *(Continued)*

Código	Duración (mm:ss)	Grado de especialización	Variante
08VIDES	05:50	Medio	Estándar
09VIDES	10:46	Bajo-Medio	Levantino
10VIDES	03:48	Medio	Estándar/CCG
11VIDES	11:24	Bajo-Medio	Estándar/Levantino
12VIDES	01:33	Medio	CCG
13VIDES	05:32	Medio-Alto	Estándar
14VIDES	05:14	Alto	CCG
15VIDES	10:45	Medio	Levantino
16VIDES	02:27	Medio	Levantino
17VIDES	03:10	Alto	Estándar
18VIDES	02:32	Medio	Estándar
19VIDES	02:36	Alto	Estándar
20VIDES	02:11	Alto	Levantino
21VIDES	01:19	Medio	CCG

4. Fase II: Selección de los sistemas de RAH

En cuanto a la selección de las herramientas de RAH, hemos optado por aplicaciones de acceso libre. Siendo el inglés la lengua franca de la producción científica hoy en día, el número de los sistemas de transcripción automática para dicho idioma supera considerablemente al de los sistemas disponibles para el árabe. No obstante, hemos podido contar con seis sistemas que nos han permitido la transcripción automática del material seleccionado, a saber: IBM's Watson^{Beta}, Google Docs, SpeechTexter, Speechnotes, TextFromToSpeech y Dictation. La Tabla 2 proporciona una comparativa entre los sistemas seleccionados.

Los sistemas de RAH incluidos en la Tabla 2 permiten la transcripción de dos maneras: reproduciendo el archivo (reconocimiento de voz/dictado) o bien subiendo el archivo (importar vídeo/audio). En el primer caso, da igual el formato del archivo (MP3, MP4, etc.), el tipo (vídeo o audio) o la plataforma que lo esté reproduciendo (página web, Media player, etc.). El sistema simplemente reconoce el texto hablado y lo convierte en escrito. Todos los

Tabla 2. Comparativa de los sistemas de RAH

Sistema	Importar archivo	Dictado	Idiomas
IBM's Watson[Beta]	√ (solo audio)	√	AR, EN, ES, FR, PT, PT_Brazil, JA, KO, DE, ZH
Google Docs	x	√	AR, DE, EN, ES, FR, IT, PT, RO, RU, ZH, etc.
SpeechTexter	x	√	DE, ES, FA, GR, HE, HI, HU, IT, JA, PO, PT, RO, RU, SU, TK, UK, UR, etc.
Speechnotes	x	√	AR, BU, DE, EN, ES, FR, IT, NL, PT, RO, TK, etc.
TextFromToSpeech	√	√	AR, EN, ES FR, IT, JA, NL, RU, UK
Dictation	x	√	AR, EN, ES, FR, IT, NL, TK, etc.

Fuente: Adaptada de Gaber *et al.* 2020

sistemas de la lista permiten esta opción. En el segundo caso, el archivo se importa al sistema. Por lo general, los sistemas que permiten subir el archivo dan mejores resultados, ya que disponen de más contexto y son más precisos que cuando se dicta en tiempo real. IBM's Watson[Beta] y TextFromToSpeech permiten tanto la primera como la segunda opción.

En este estudio, hemos optado por transcribir el material a través de la primera opción (es decir, dictado en tiempo real), para así mantener las mismas condiciones con todos los sistemas. Conviene señalar que, con la primera opción, la calidad de la transcripción podría verse afectada por cualquier ruido de fondo. Para evitar las interferencias y el ruido de fondo del entorno de trabajo, se ha instalado un *software* de cable virtual[1].

Al final del proceso de transcripción, hemos podido obtener 21 transcripciones realizadas mediante cada uno de los sistemas. El resultado obtenido se someterá a un proceso de evaluación que se detallará en la siguiente sección.

---

1 Disponible en la siguiente página web: <https://www.vb-audio.com/Cable/>.

5. Fase III: Evaluación de los sistemas de RAH

La mayoría de los sistemas de RAH no proporcionan automáticamente los signos de puntuación (Peitz et al., 2011). De hecho, observamos que las transcripciones obtenidas por los sistemas seleccionados carecen de signos de puntuación, a excepción de las obtenidas por IBM's Watson[Beta] y Dictation que, en ocasiones, facilitan el punto final en algunas frases. Aparte de los signos de puntuación, la falta del grafema auxiliar *hamza* (ء) y del *maddah* en el *álif maddah* (آ) es otro aspecto a tener en cuenta en todos los sistemas que hemos utilizado en el presente estudio.

El proceso de evaluación trataba de comparar la transcripción obtenida por cada sistema (texto generado) con una transcripción hecha manualmente (texto de referencia) (González et al., 2011). Por ello, hemos sometido cada texto generado por los seis sistemas a un proceso de evaluación para medir la precisión de cada uno de ellos.

En general, el WER (del inglés *Word Error Rate*) es una de las medidas comúnmente utilizadas en la evaluación de sistemas de RAH (*ibid.*). En esta tarea, se calcula el WER entre el texto generado por el sistema y el texto de referencia:

$$\mathrm{WER} = \frac{\mathrm{S}+\mathrm{B}+\mathrm{I}}{\mathrm{N}}$$

(donde S es el número de sustituciones, B es el número de borrados, I es el número de inserciones, N es el número de palabras de las que consta la frase de referencia).

Para realizar este proceso satisfactoriamente, hemos tenido que transcribir manualmente los 21 vídeos que hemos seleccionado para disponer de los textos de referencia que determinarán el grado de precisión de cada sistema. Con este fin se ha utilizado el repositorio de JiWER[2], que contiene un paquete Python sencillo para calcular el WER, comparando los textos obtenidos por los sistemas de RAH con los textos de referencia. Antes de calcular el WER, se han normalizado tanto los textos resultantes de la transcripción automática como los de referencia, ya que los sistemas de RAH generan la transcripción

2 Disponible en la siguiente página web: <https://pypi.org/project/jiwer>.

en diferentes formatos. En las Tablas 3 y 4, se ilustra el WER de 0 a 01 de cada sistema con los vídeos transcritos.

Tabla 3. Resultados WER para los sistemas de RAH (Desde 01VIDES hasta 10VIDES)

#VIDES	01	02	03	04	05	06	07	08	09	10
Dictation	0,33	0,27	0,23	0,45	0,23	0,42	0,50	0,40	0,74	0,21
Google	0,48	0,71	0,75	0,64	0,72	0,72	0,85	0,65	0,89	0,43
Speechnotes	0,37	0,71	0,54	0,64	0,72	0,61	0,76	0,41	0,78	0,44
SpeechTexter	0,53	0,76	0,54	0,64	0,77	0,61	0,77	0,42	0,76	0,44
TextFromToSpeech	0,37	0,32	0,40	0,56	0,41	0,44	0,42	0,66	0,65	0,33
Watson	0,06	0,05	0,23	0,45	0,23	0,39	0,33	0,18	0,74	0,21

Tabla 4. Resultados WER para los sistemas de RAH (Desde 11VIDES hasta 21VIDES)

#VIDES	11	12	13	14	15	16	17	18	19	20	21
Dictation	0,38	0,29	0,14	0,40	0,45	0,59	0,10	0,07	0,07	0,40	0,34
Google	0,55	0,44	0,56	0,83	0,59	0,62	0,59	0,69	0,22	0,64	0,42
Speechnotes	0,54	0,66	0,39	0,69	0,59	0,62	0,56	0,69	0,22	0,60	0,36
SpeechTexter	0,56	0,32	0,53	0,81	0,59	0,63	0,54	0,68	0,23	0,65	0,36
TextFromToSpeech	0,55	0,32	0,37	0,47	0,54	0,70	0,44	0,40	0,24	0,59	0,36
Watson	0,38	0,40	0,14	0,40	0,45	0,59	0,10	0,07	0,07	0,40	0,34

Asimismo, se ha elaborado un resumen gráfico (ver Figura 1) que muestra la fluctuación de cada sistema a lo largo de los 21 videos.

Los resultados obtenidos indican que IBM's Watson^{Beta} es el sistema que mejor funciona para el árabe, seguido de Dictation. Asimismo, la evaluación muestra que los vídeos pronunciados en árabe estándar (01~, 02~, 03~, 05~, 08, 13~, 17~, 18~, y 19VIDES) tienen el menor porcentaje de WER en todos los sistemas utilizados en el presente estudio. Si tomamos el IBM's Watson^{Beta} como ejemplo, el promedio del WER de la transcripción automática de dichos vídeos es de 12,74 %. En cuanto al resto de los vídeos, donde tenemos el árabe dialectal (o el estándar mezclado con árabe dialectal), el promedio es alto (42,29 %). Así pues, basándonos en los resultados del WER, se aprovecharán las transcripciones del material audiovisual seleccionado mediante el sistema IBM's Watson[Beta], ya que es el que menor porcentaje de error presenta.

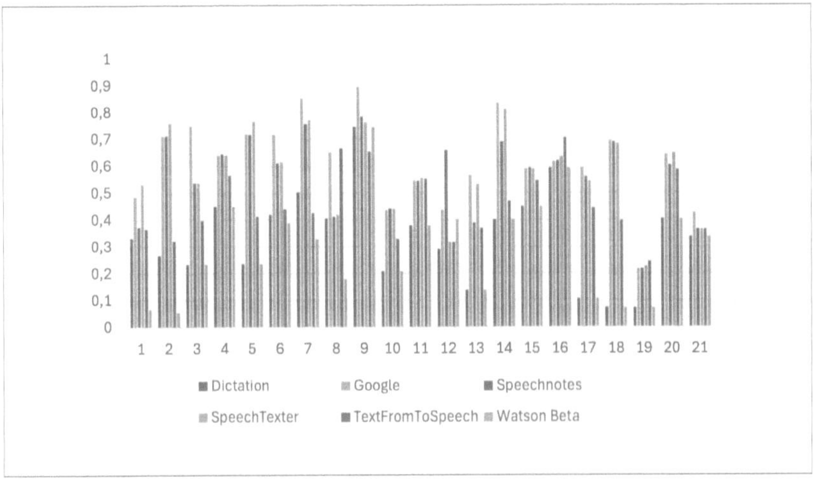

Figura 1. Resumen del rendimiento de los sistemas de RAH

A rasgos generales, existen variables que afectan a los resultados WER obtenidos para los sistemas de RAH, como, por ejemplo, el ruido de fondo, incluida la música; la calidad del sonido; las variantes dialectales; la vocalización y el ritmo del orador; el cambio de turnos y solapamiento de oradores en las entrevistas; el titubeo, etc. Además, en el caso del árabe, se suman otros aspectos que hemos detectado en el proceso de la transcripción y que constituyen otras de las aportaciones del presente estudio.

En primer lugar, se destaca el uso frecuente de términos extranjeros (incluso frases enteras) en el ámbito de la medicina en general, especialmente anglicismos. En segundo lugar, se detecta la falta de uniformidad en la ortotipografía del árabe médico. Muchos términos, como, por ejemplo, “الاستيجماتيزم/الاستيغماتيزم، جلوكوما/غلوكوما” (en español, *astigmatismo* y *glaucoma*, respectivamente) se escriben de forma diferente dependiendo del país (o, incluso, la región dentro de un mismo país). Como es preciso adoptar una única forma de ortografía a la hora de elaborar la transcripción de referencia, esto hace que dicha transcripción favorezca una de las variedades diatópicas (que utiliza la ortografía similar a la de referencia) frente a otras, como se observa al compararla con la transcripción generada automáticamente. En tercer lugar, la mezcla de variedades diatópicas (e, incluso, variantes dialectales) es un aspecto que se repite en la mayoría de los vídeos en formato de entrevista. En este caso, al tener que seleccionar una variante específica antes de iniciar la transcripción automática esto afecta, de alguna manera, el rendimiento del sistema al reconocer las otras variantes que podrían aparecer.

Según Elfeky, Moreno y Soto (2018, p. 1), «multi-dialectical languages, e.g., Arabic, Spanish and certainly English, pose a challenging question to speech recognition systems». De hecho, algunos sistemas de RAH disponen de diversas variantes dialectales y, supuestamente, están entrenados para solventar las diferencias que surgen con las lenguas multidialectales. Por ejemplo, los sistemas de RAH de Google y Dictation ofrecen 14 variantes para el árabe, además del árabe estándar; SpeechTexter dispone de 16 variantes; SpeechNotes, de 10 variantes; mientras que IBM's Watson^{Beta} y TextFromToSpeech ofrecen una sola variante. No obstante, por mucho que el sistema tenga distintos modelos para cada variante, al final habrá que asignar un solo modelo antes de iniciar la transcripción, con lo cual el problema persiste en las entrevistas donde aparecen oradores que hablan diferentes variantes dialectales. Así, una de las posibles soluciones podría ser la creación de un sistema que admita la asignación de más de una variante y sea capaz de detectar automáticamente los diversos dialectos mientras se está realizando la transcripción. Por ejemplo, en el vídeo 9 (código 09VIDES) concurre la mayoría de los aspectos que afectan el rendimiento de los sistemas de RAH, razón por la cual ha tenido el mayor porcentaje de errores (WER), según la evaluación (ver Tabla 4).

6. Fase IV: Compilación y explotación del corpus

Una vez seleccionado el sistema de RAH (IBM's Watson^{Beta}), el siguiente paso consiste en subir los 21 documentos resultantes (transcripciones de los audios) a un sistema de gestión de corpus. Este será nuestro corpus *ad hoc* especializado de oftalmología en árabe.

Este corpus, que hemos denominado OFTALMOAR, supone una solución a las dificultades que conlleva la compilación de un corpus oral, evitando los problemas técnicos que implica la incorporación de material audiovisual en una aplicación de gestión de corpus y aprovechando la tecnología de RAH.

Por tanto, se trata de un corpus *ad hoc* basado en transcripciones —obtenidas mediante un sistema de transcripción automática— de discursos orales que sirve de referencia para la preparación del encargo de interpretación, la extracción terminológica y fraseológica y la adquisición del conocimiento temático de forma semiautomática.

Para la gestión del corpus hemos empleado Sketch Engine[3], por la versatilidad y el número de lenguas (entre las que se incluye el árabe) que soporta este *software*. El corpus resultante comprende 16 495 palabras (*types*) y 17 083 *tokens*. Sketch Engine nos permite gestionar el corpus a través de diversas funcionalidades, como, por ejemplo, concordancias, palabras clave, lista de palabras, extracción de *n*-gramas, etc. La Figura 2 muestra la funcionalidad de concordancias.

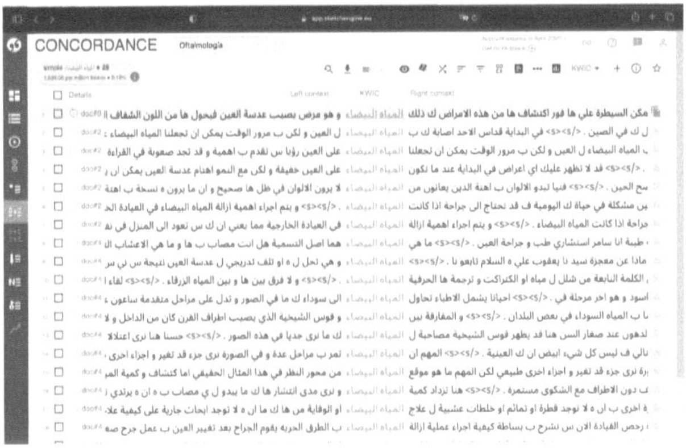

Figura 2. Concordancias para el término المياه البيضاء ('catarata')

El *software* de gestión de corpus nos permite interrogar el material transcrito y explotarlo de una forma más práctica y ágil. De esta manera, el corpus compilado puede dar respuesta a, por ejemplo, las necesidades de búsqueda y consulta de terminología, reduciendo así el tiempo de documentación previo al encargo de interpretación. Asimismo, se puede integrar dicho corpus en otro escrito, compilado a través de la web y/o a partir del material facilitado

3 Disponible en la siguiente página web: <https://www.sketchengine.eu/>.

por el cliente, así el intérprete tendrá la seguridad de hacerse con el lenguaje de especialidad del tema en cuestión, tanto escrito como hablado.

La confección de glosarios a través de los textos que integran el corpus es una de las grandes ventajas que nos puede ofrecer casi la mayoría de los gestores de corpus. De hecho, los glosarios, según Corpas Pastor y Fern (2016), se consideran uno de los recursos preferidos por los intérpretes tanto para la documentación como durante la interpretación. En la Figura 3, se ilustra el apartado de extracción de terminología de Sketch Engine donde podemos extraer términos individuales.

Figura 3. Términos individuales y la función de buscar concordancias (OFTALMOAR y arTenTen12)

En la Figura 4, se observa la funcionalidad de n-gramas que ofrece el Sketch Engine. En este caso, la herramienta compara nuestro corpus con otro de referencia, el Arabic Web 2012 (arTenTen12) para extraer los términos y n-gramas (bigramas, trigramas, etc.).

Puesto que el *software* compara el corpus compilado con otro de referencia para la extracción terminológica clave, se puede aprovechar esta función para realizar comparativa entre las concordancias que aparecen en nuestro corpus (OFTALMOAR) y en el de referencia (*arTenTen12*). Simplemente, pulsando en los tres puntos que aparecen a lado de cada término (ver Figura 3), se puede seleccionar el corpus que se pretende interrogar. Las Figuras 5 y 6 muestran una comparativa a la hora de consultar las concordancias del término *الجلوكوما* ('glaucoma').

Figura 4. Lista de trigramas

Figura 5. Comparativa de concordancias (OFTALMOAR)

En este caso concreto, se observa que se trata de un término banalizado, pues se emplea con el mismo significado y la misma función en ambos corpus, lo cual refuerza su centralidad en el entramado terminológico de este dominio.

Figura 6. Comparativa de concordancias (arTenTen12)

Por otra parte, la lista de los cinco primeros candidatos a términos simples que arroja el corpus Oftalmoar contienen, en realidad, solo dos términos especializados: القرنية y الجلوكوما ('córnea' y 'glucoma', en español). El resto no son términos (بس y لم; 'solo' y 'no/nunca') o no son relevantes (الضوء, 'luz'). La comparativa con el corpus de referencia (*arTenTen12*) nos permite establecer los cuatro términos especializados más frecuentes en nuestro corpus oral de oftalmología: الشبكية، الاستكماتيزم، الحدقة، العدسة ('retina', 'astigmatismo', 'pupila' y 'cristalino' o 'lente'). Entre los trigramas que arroja nuestro corpus figuran también términos multipalabra especializados, del tipo ارتفاع ضغط العين، تصحيح البصر بالليزر، عملية زراعة القرنية ('hipertensión ocular', 'cirugía LASIK', 'trasplante de córnea' o 'queratoplastia'), entre otros. Por último, se pueden extraer otras secuencias repetitivas (o *lexical bundles*, en inglés) propias de este tipo de discurso oral, como es el caso de los trigramas في المائة من، من عمى الألوان، ب الليزر و، وجراحة العيون ('por ciento de', 'con la discromatopsia', 'con láser y', 'y la cirugía ocular').

7. Conclusión

En este trabajo hemos presentado las posibilidades del RAH para la compilación de un corpus *ad hoc* en árabe basado en transcripciones de discursos orales en un ámbito especializado. Para ello, hemos seguido una metodología protocolizada consistente en cuatro fases que nos ha permitido evaluar el rendimiento de los sistemas del RAH en árabe estándar y dialectal, gestionar y explotar el corpus compilado, entre otras tareas. A la luz de los resultados WER obtenidos, hemos podido establecer cuál es el sistema de RAH más preciso para la compilación del corpus *ad hoc* en árabe: IBM's Watson^{Beta}. En todos los casos se observa un mejor rendimiento de los sistemas de RAH para el árabe estándar que para el árabe dialectal.

A pesar de que el RAH ha avanzado hasta el punto de tenerlo presente en infinitas aplicaciones del día a día, el porcentaje de error (WER) es todavía considerable en el caso del árabe dialectal cuando se trata de un ámbito especializado y de reconocimiento del habla continua de vocabulario extenso (en inglés: LVCSR, *Large Vocabulary Speech Recognition*). Según Menacer et *al.* (2017, p. 157), el árabe es uno de los idiomas morfológicamente más complejos y, por ello, desarrollar un sistema de RAH para dicho idioma constituye un auténtico desafío. No obstante, y dejando a un lado las evidentes dificultades técnicas del reconocimiento del árabe oral, consideramos que tanto el protocolo presentado en este trabajo como la idea de explotar el RAH como herramienta de documentación puede ser de gran utilidad para el intérprete, especialmente para lenguas con menos recursos, como es el caso del árabe. De hecho, estudios previos, como los de Fantinuoli (2006) o Xu y Sharoff (2014), sostienen que el uso de corpus especializado de pequeño tamaño y la extracción automática de terminología pueden ayudar a los intérpretes en la fase de preparación incluso si la precisión de los métodos de extracción no es perfecta (cfr. Fantinuoli, 2018, p. 161). Además, se podría aumentar la calidad del corpus obtenido, ya que existen métodos para mejorar el resultado de la transcripción generada en árabe a través de técnicas de autocorrección (cfr. Menacer et al., 2017, p. 163).

El camino que abre el uso del reconocimiento de voz para la compilación de corpus orales (e, incluso, multimodales) es, sin duda, una de las principales aplicaciones de las tecnologías por voz a la interpretación asistida y automática. Es un ámbito en el que aún queda mucho por hacer. Esperamos que nuestro estudio sirva de germen a partir del cual se desarrollen futuras investigaciones en torno al uso y explotación del RAH para intérpretes.

8. Agradecimientos

Este trabajo se ha realizado en el marco de varias ayudas y proyectos de investigación: BES-2017-082791-2018, Contrato Posdoctoral (PPIT-UMA), PID2024-160929OB-I00, PID2020-112818GB-I00/AEI/10.13039/501100011033, PDC2021-121220-I00, UMA18-FEDERJA-067, D5-2021_03, E3/2021, PIE22-135 (2022/23-2023/24), ProyExcel_00540, HUM106-G-FEDER y JA.A1.3-06.

Referencias bibliográficas

Aston, G. (2015). Learning phraseology from speech corpora. En A. Leńko-Szymańska y A. Boulton (Eds.), *Multiple affordances of language corpora for data-driven learning*, 65–84). Ámsterdam: John Benjamins.

Auren y EOI (2013). *Turismo de Salud en España* (informe 2013). Recuperado de https://turismo.gob.es/es-ES/Servicios/Documents/turismo_salud_espana.pdf

Bale, R. (2013). Undergraduate Consecutive Interpreting and Lexical Knowledge. *The Interpreter and Translator Trainer*, 7(1), 27–50.

Bendazzoli, C. y Sandrelli, A. (2009). Corpus-based Interpreting Studies: Early work and future prospects. *Tradumàtica*, 7, 1–9.

Bertrán Prieto, P. (2021). *Las 10 enfermedades oculares más comunes: causas, síntomas y tratamiento*. Recuperado de https://medicoplus.com/oftalmologia/enfermedades-oculares-mas-comunes.

Cheung, A. y Tianyun, L. (2018). Automatic speech recognition in simultaneous interpreting: A new approach to computer-aided interpreting. *Proceedings of Ewha Research Institute for Translation Studies International Conference*, Ewha Womans University.

Corpas Pastor, G. (2018). Tools for Interpreters: The Challenges that Lie Ahead. *Current Trends in Translation Teaching and Learning E 5*, 157–182.

Corpas Pastor, G. y Fern, L. (2016). *A survey of interpreters' needs and practices related to language technology*. Documento técnico [FFI2012-38881-MINECO/TI-DT-2016-1]. Málaga: Universidad de Málaga.

Corpas Pastor, G. y Gaber, M. (2021). Extracción de fraseología para intérpretes a partir de corpus comparables compilados mediante reconocimiento automático del habla. En G. Corpas Pastor, M. R. Bautista Zambrana y C. M. Hidalgo Ternero (Eds.) *Sistemas fraseológicos en contraste: enfoques computacionales y de corpus* (271–291). Granada: Comares.

Crezee, I. y Grant, L. (2013). Missing the plot? Idiomatic language in interpreter education. *International Journal of Interpreter Education*, 5(1), 17–33.

Defrancq, B., y Fantinuoli, C. (2021). Automatic speech recognition in the booth : assessment of system performance, interpreters' performances and interactions in the context of numbers. *Target-International Journal of Translation Studies*, *33*(1), 73–102.

Desmet, B., Vandierendonck, M. y Defrancq, B. (2018). Simultaneous interpretation of numbers and the impact of technological support. En C. Fantinuoli (Ed.), *Interpreting and technology*, 13–27. Berlín: Language Science Press.

Elfeky, M. G. Moreno, P. y Soto, V. (2018). Multi-dialectical languages effect on speech recognition: Too much choice can hurt. *Procedia Computer Science*, *128*, 1–8.

Fantinuoli, C. (2006). Specialized Corpora from the Web for Simultaneous Interpreters. En M. Baroni y S. Bernardini (Eds.), *Wacky! Working papers on the Web as Corpus*, (173–190). Bolonia: GEDIT.

Fantinuoli C. (2017a). Speech Recognition in the Interpreter Workstation. *Proceedings of the Translating and the Computer*, *39*, 25–34. Londres: AsLing

Fantinuoli, C. (2017b). Computer-assisted preparation in conference interpreting. *Translation & Interpreting*, *9*(2), 24–37.

Fantinuoli C. (2018). Computer-assisted interpreting: challenges and future perspectives. En I. Durán y G. Corpas Pastor (Eds.), *Trends in e-tools and resources for translators and interpreters*(153–174). Leiden: Brill.

Fantinuoli C. (2019). The technological turn in interpreting: the challenges that lie ahead. *Proceedings of the BDÜ Conference Translating and Interpreting 4.0*, 334–335. Bonn

Gaber, M., Corpas Pastor, G. y Omer, A. (2020). Speech-to-Text Technology as a Documentation Tool for Interpreters: a new approach to compiling an ad hoc corpus and extracting terminology from video-recorded speeches. *TRANS: Revista de Traductología*, *24*, 263–281.

Gaber, M. y Corpas Pastor, G. (2021). Extracción de fraseología para intérpretes a partir de corpus comparables compilados mediante reconocimiento automático del habla. En G. Corpas Pastor, M. R. Bautista Zambrana y C. M. Hidalgo Ternero (Eds.) *Sistemas fraseológicos en contraste: enfoques computacionales y de corpus* (271–291). Granada: Comares.

González, M., Moreno, J., Martínez, J. L. y Martínez, P. (2011). An illustrated methodology for evaluating ASR systems. En M. Detyniecki, A. García-Serrano, A. Nürnberger y S. Stober (Eds.), *International Workshop on Adaptive Multimedia Retrieval* (33–42). Berlín, Heidelberg: Springer.

Menacer, M., Mella, O., Fohr, D., Jouvet, D., Langlois, D. y Smaili, K. (2017). An enhanced automatic speech recognition system for Arabic. *Proceedings*

of The Third Arabic Natural Language Processing Workshop-EACL 2017, 157–165. Valencia: Association for Computational Linguistics
Peitz, S., Freitag, M., Mauser, A. y Ney, H. (2011). Modeling Punctuation Prediction as Machine Translation. En *International Workshop on Spoken Language Translation (IWSLT)*, 238–245. San Francisco.
Sánchez Ramos, M. M. (2017). Interpretación sanitaria y herramientas informáticas de traducción: los sistemas de gestión de corpus. *Panace@, 18*(46), 133–141.
Shlesinger, M. (1998). Corpus-based interpreting studies as an Offshoot of Corpus-based Translation Studies. *Meta, 43*(4), 486–493.
Wang, X. y Wang, C. (2019). Can Computer-assisted Interpreting Tools Assist Interpreting?. *Transletters. International Journal of Translation and Interpreting, 2*, 109–139.
Xu, R. y Sharoff, S. (2014). Evaluating Term Extraction Methods for Interpreters. *Proceedings of the 4th International Workshop on Computational Terminology (Computerm)*, 86–93. Dublín.

Pragmática de corpus e interpretación en los servicios públicos: un estudio sobre ataques contra la Figura en interpretación telefónica

Raquel Lázaro Gutiérrez
Departamento de Filología Moderna
Universidad de Alcalá
raquel.lazaro@uah.es

ABSTRACT

The INTTELPRAGMA project is an initiative of the University of Alcala divided into different subprojects that study various aspects of pragmatics in public service interpreting. The subproject "Design, compilation and analysis of a multilingual corpus of mediated interactions on roadside assistance", funded by the University of Alcala (Ref. CCGP2017-HUM002), laid the foundations for the compilation of a multilingual corpus of telephone interactions between public service providers and allophone users mediated by a telephone interpreter. Furthermore, the relevance and necessity of studying face-threatening acts in telephone interpreting was confirmed, as the results of our analysis indicated that they were a concern and a challenge for telephone interpreters.

This contribution presents the methodological approach for the corpus annotation and analysis within the project "Analysis of face-threatening acts in telephone interpreting", funded by the Community of Madrid (Ref. CM/JIN/2019–040). This project continues and substantially extends the line initiated with the previous project in that it broadens its corpus by introducing new languages. While in the first project only the English-Spanish language pair was considered, in this one, conversations in German-Spanish, Chinese-Spanish, French-Spanish and Russian-Spanish are added. On the other hand, its focus is narrowed to delve into a specific aspect of pragmatics: face-threatening acts, the cornerstone of Brown and Levinson's (1987) Theory of Politeness.

Keywords: telephone interpreting, public service interpreting, methodology, corpus pragmatics, face-threatening acts.

RESUMEN

El proyecto INTTELPRAGMA es una iniciativa de la Universidad de Alcalá que se descompone en distintos subproyectos que estudian diversos aspectos de la pragmática en la interpretación en los servicios públicos. Con el subproyecto «Diseño, compilación y análisis de un corpus multilingüe de interacciones mediadas sobre asistencia en carretera», financiado por la Universidad de Alcalá (Ref. CCGP2017-HUM002), se sentaron las bases para la compilación de un corpus multilingüe de interacciones telefónicas entre proveedores de servicios públicos y usuarios alófonos mediadas por un intérprete telefónico. Además, se confirmaron la pertinencia y la necesidad de estudiar los ataques contra la Figura en la interpretación telefónica, ya que los resultados de nuestro análisis indicaron que constituían una preocupación y un reto para los intérpretes telefónicos.

En esta contribución se presenta el planteamiento metodológico para el etiquetado y análisis del proyecto «Análisis de ataques contra la Figura en interpretación telefónica», financiado por la Comunidad de Madrid (Ref. CM/JIN/2019–040). Este proyecto continúa y amplía sustancialmente la línea iniciada con el proyecto anterior, en cuanto que amplía su corpus introduciendo nuevas lenguas. Si en el primero de los proyectos únicamente se consideró el par de lenguas inglés-español, en este se añaden conversaciones en alemán-español, chino-español, francés-español y ruso-español. Por otro lado, el foco de atención se estrecha para profundizar en un aspecto concreto de la pragmática: los ataques contra la Figura, piedra angular de la Teoría de la Cortesía de Brown y Levinson (1987).

Palabras clave: interpretación telefónica, interpretación en los servicios públicos, metodología, pragmática de corpus, ataques contra la Figura.

1. El Proyecto INTTELPRAGMA

El proyecto INTTELPRAGMA se divide en varios subproyectos con un punto en común: el análisis de la pragmática en la interpretación en los servicios públicos. Tras sentar las bases para la compilación de un corpus multilingüe de interacciones telefónicas entre proveedores de servicios públicos y usuarios alófonos mediadas por un intérprete telefónico y confirmar la pertinencia y la necesidad de estudiar los ataques contra la Figura en la interpretación telefónica, se diseña el proyecto «Análisis de ataques contra la Figura en interpretación telefónica», financiado por la Comunidad de Madrid (Ref. CM/JIN/2019–040). En esta contribución se presenta su planteamiento metodológico, centrándonos en el etiquetado y análisis de datos extraídos de conversaciones en alemán-español, chino-español, francés-español, inglés-español y ruso-español. El objeto principal de estudio son los ataques contra la Figura, tal y como se recogen en Teoría de la Cortesía de Brown y Levinson (1987).

Este capítulo se estructura en torno a siete secciones. Siguiendo a la introducción, se presentará una breve sección sobre la interpretación telefónica, seguida de otra sobre la Teoría de la Cortesía y los ataques contra la Figura. En la cuarta sección se explora la literatura sobre la pragmática de corpus, una disciplina emergente que se está desarrollando con gran celeridad. Por último, en la quinta sección abordamos brevemente el proceso de diseño y compilación de nuestro corpus y describimos su preparación para el análisis y las herramientas que se han diseñado para llevarlo a cabo.

2. Interpretación telefónica: auge de la profesión y proliferación de estudios científicos

La interpretación telefónica ha aumentado notablemente en España en los últimos años, llegando a ser una de las modalidades de interpretación más demandadas. Se trata de una tecnología innovadora en la industria de los servicios lingüísticos, que se introdujo para facilitar la comunicación de las comunidades inmigrantes, aunque también está resultando sumamente útil para permitir la comunicación eficaz en la provisión de servicios para turistas y otras poblaciones de habla extranjera. A la vez que aumenta la población inmigrante, el turismo y otros movimientos poblacionales, aumenta la demanda de la interpretación telefónica, intensificándose y generando la necesidad de obtener un servicio más avanzado tecnológicamente. Cada vez se recurre a esta modalidad de interpretación desde sectores más diversos y ya quedó atrás su exclusividad en el ámbito de los servicios públicos, ya que su uso ha crecido entre las empresas privadas proveedoras de servicios como seguros, electricidad, gas, banca, etc., que utilizan el teléfono como principal medio de atención a sus clientes, suprimiendo las oficinas físicas.

La popularidad de la interpretación telefónica se relaciona con sus ventajas, especialmente notables durante la crisis de la COVID-19, al suponer una solución ideal para evitar la presencialidad de los intérpretes y facilitar la comunicación de hablantes que interactúan por teléfono. A ello deben sumarse otros factores importantes: mejoras tecnológicas, disminución de costes, disponibilidad de idiomas e inmediatez en la proporción de intérpretes. La interpretación telefónica se usa por primera vez en Australia en 1973 (Ozolins, 1998), y llega a Europa en los noventa, particularmente al Reino Unido (Phelan, 2001). En España comienza en 2004, cuando Dualia Teletraducciones introdujo este sistema en instituciones públicas. Otras iniciativas y compañías, como Interpret Solutions, se unen algo más tarde, para posteriormente introducirse cambios innovadores gracias a la proliferación de los teléfonos inteligentes, como la aplicación para teléfonos móviles Voze desarrollada por Migralingua.

Esta tendencia, que ya cobraba fuerza antes de que se produjeran situaciones de confinamiento y reducción de presencia física durante la pandemia de COVID-19 (Jiménez Serrano, 2020), ha aumentado enormemente a lo largo de 2020 y 2021, al fomentarse el trabajo a distancia en todos los sectores para prevenir los contagios. Como ejemplo, en España, el 4,8 % de los trabajadores trabajaron a distancia en 2019, en comparación con el 34 % durante los cierres de COVID-19, siguiendo a Peiró y Soler (2020). Estos mismos autores señalan que las posibilidades de trabajo a distancia son mayores en el sector servicios, con un 21,4 % para el servicio privado y un 36 % para la prestación de servicios públicos. Es precisamente en este sector donde se presta la mayor parte de los servicios de interpretación a distancia, incluyendo la interpretación de servicios públicos (en el ámbito sanitario, para la policía, para las escuelas, etc.) y los servicios telefónicos (banca, compañías de seguros, servicios de atención al cliente, etc.).

En el ámbito académico, la interpretación telefónica ha sido objeto de estudio de numerosos autores. En España se encuentran trabajos recientes que tratan sobre las empresas de interpretación telefónica (del Pozo Triviño y Campillo Rey, 2016; Cabrera Méndez, 2018), la calidad de los servicios de interpretación telefónica (Jaime Pérez, 2015; Sanz Moreno, 2018), la formación de intérpretes remotos (Fernández Pérez, 2015; Iglesias Fernández y Ouellet, 2018; Ruiz Mezcua, 2019; Vigier-Moreno y Lázaro Gutiérrez, 2019), o la prestación de la interpretación telefónica en entornos específicos (Fernández Pérez, 2018; Lázaro Gutiérrez, 2018; Cobos López, 2018; Castellano Martínez, 2018).

Fuera de España destacan los estudios de Oviatt y Cohen (1992), Wadensjö (1998), Rosenberg (2002), Kelly (2008), Verrept (2011), Ozolins (2011) o Hlavac (2013), que se centran en comparativas entre conversaciones telefónicas con o sin intérprete, la formación de estos intérpretes, y el impacto de la tecnología. Mención especial merecen los proyectos AVIDICUS (Assessment of Video-Mediated Interpreting in the Criminal Justice System), que se ocupan de la interpretación remota en el ámbito legal, con un énfasis especial en la interpretación por videoconferencia (Braun, 2016), y SHIFT (SHaping the Interpreters of the Future and of Today), que pretendía desarrollar una propuesta formativa integradora para la formación de intérpretes remotos, desde una perspectiva amplia que incluía tanto la interpretación simultánea remota como la interpretación telefónica y por videoconferencia en los servicios públicos (Amato et al., 2018).

3. Cortesía y ataques contra la Figura

En esta investigación se parte de la pragmática de la lengua para analizar la prevalencia y características de los ataques contra la Figura (FTAs), analizando un corpus de conversaciones telefónicas en las que las dos partes principales y el intérprete se encuentran separados, es decir, en las que el usuario final del servicio llama a la compañía o institución que lo ofrece y, tras seleccionar entre una lista de opciones que proporciona un contestador automático, se conecta con un intérprete y, posteriormente, con el proveedor de servicios. Se pretende transferir los resultados a la sociedad para alimentar protocolos de investigación y material formativo, lo que, sin duda, redundará en la calidad tanto de la interpretación como de la provisión de servicios telefónicos en general.

Como se ha mencionado anteriormente, este trabajo se fundamenta en la Teoría de la Cortesía de Brown y Levinson (1987), que, a su vez, se basa en el concepto de trabajo de Figura (*face-work*), desarrollado por Goffman (1967). El trabajo de Figura se define como un conjunto de estrategias que salvaguardan, protegen y reparan la Figura de los hablantes durante la interacción socio-comunicativa. Unos años más tarde, Brown/Levinson (1987) propusieron la Teoría de la Cortesía, según la cual existen dos tipos de cortesía: negativa y positiva. La cortesía positiva se refiere a la autoestima y está vinculada al deseo de relacionarse positivamente con los demás, mostrando reconocimiento, implicación y voluntad de compartir (Merlini, 2017, pág. 19). Por otro lado, la cortesía negativa representa la libertad frente a la imposición, implica el derecho de acción individual y se relaciona con la autonomía. Los aspectos positivos y negativos de la cortesía juegan un papel determinante en la interacción social y es necesaria la cooperación entre todos los participantes para mantener la Figura de todos, ya sea a través de la cortesía positiva o de la cortesía negativa. La cortesía negativa se ve amenazada cuando se cuestiona la libertad de acción del interlocutor o del hablante. Por otro lado, los ataques contra la Figura positiva se producen cuando se desprecia o critica los sentimientos, valores, necesidades, opiniones o cualquier aspecto de la Figura positiva del interlocutor o del hablante. Normalmente, los interlocutores esperan que se respete su Figura. Sin embargo, estas expectativas pueden verse amenazadas por ataques contra la Figura (*fase-threatening acts*) verbales, paraverbales o no verbales.

Brown y Levinson (1987, pág. 65) distinguen entre los actos que atacan a la Figura negativa y los que lo hacen contra la Figura positiva. Los actos que atacan principalmente a la Figura negativa del destinatario incluyen: a) actos de habla que presionan al destinatario para que haga o no haga algo (órdenes, peticiones, sugerencias, consejos, recordatorios, amenazas, advertencias o retos); b) actos que suponen algún acto futuro positivo del hablante hacia el destinatario y, al hacerlo, presionan al destinatario para que los acepte o rechace contrayendo así, posiblemente, una deuda (ofertas, promesas); c) actos que implican algún deseo del hablante hacia el destinatario o sus bienes, dándole motivos para pensar que puede tener que actuar para proteger el objeto del deseo del hablante, o dárselo (cumplidos, expresiones de envidia o admiración, expresiones de emociones fuertes hacia el destinatario).

Los actos que atacan a la Figura positiva incluyen: a) actos que suponen una evaluación negativa de algún aspecto de la Figura positiva del destinatario (expresiones de desaprobación, crítica, ironía, desprecio o ridiculización, quejas y reprimendas, acusaciones, insultos, contradicciones o desacuerdos, desafíos); b) actos que muestran que el hablante es indiferente sobre la Figura positiva del destinatario (expresiones de emociones violentas, irreverencia, mención de temas tabú, comunicar malas noticias sobre el destinatario, jactancia, plantear temas especialmente emocionales o divisivos, una negativa a cooperar, uso inapropiado de apelativos y otras maneras de identificar y dirigirse hacia el interlocutor, que pueden estar marcadas por el estatus).

En segundo lugar, podemos distinguir entre los actos que atacan principalmente a la Figura del destinatario y los que atacan principalmente a la Figura del hablante. Todos los ejemplos que se han ofrecido en los párrafos anteriores atacan a la Figura del destinatario. Entre los actos que atacan a la Figura negativa del hablante se encuentran: las expresiones de agradecimiento, la aceptación de los agradecimientos o las disculpas del destinatario, las excusas, la aceptación de ofertas, las respuestas a los pasos en falso del destinatario o las promesas y ofertas hechas de mala gana. Los actos que atacan directamente a la Figura positiva del hablante son: las disculpas, la aceptación de un cumplido, la falta de control físico, la autohumillación, las confesiones, las admisiones de culpa o responsabilidad o mostrar emociones de manera indeseada. Además de estas dos formas de clasificar los ataques contra la Figura, Brown/Levinson (1987, pág. 68) también describen algunas estrategias para llevarlas a cabo: *on record* (cuando la intención del emisor es clara para todos los participantes) y *off record* (cuando hay algún tipo de ambigüedad). Si se llevan a cabo *on record,* los hablantes pueden realizar los ataques contra la Figura sin más, de forma clara y concisa, o con una acción regresiva, dando al destinatario la oportunidad de contrarrestar el ataque usando una cortesía positiva o negativa.

La mayoría de los estudios de interpretación que han vinculado aspectos de la pragmática y la interpretación se han desarrollado en el ámbito de la interpretación simultánea de conferencias o en entornos de interpretación dialógica presencial como, por ejemplo, la interpretación en tribunales (Berk-Seligson, 1990; Fowler, 1997; Rigney, 1999; Mason y Stewart, 2001; Jacobsen, 2003; Hale, 2004), la interpretación sanitaria (Merlini, 2017; Delizée y Michaux, 2017; Vogeleer y Delizée, 2017) o la interpretación en entornos educativos (Vargas-Urpí, 2019). En particular, los mecanismos de cortesía en el ámbito de la interpretación en los servicios públicos han sido estudiados por Pöllabauer (2004) en el contexto de las entrevistas de asilo y Cambridge (1997), en las consultas médicas. En el ámbito judicial, Gallez (2015) se ocupa de la descortesía y utiliza el modelo teórico de Bousfield (2008) para realizar un análisis de los ataques contra la Figura verbales del acusado hacia el juez, el intérprete y el abogado. También caben mencionar los estudios de Merlini sobre los ataques contra la Figura en interpretación sanitaria (2013, 2017). En su artículo de 2017, dedica un apartado a analizar la cortesía verbal en una interacción interpretada en el ámbito sanitario utilizando el marco teórico de Brown y Levinson (1987) para conocer el uso de los mecanismos para salvaguardar la Figura que utilizaban los intérpretes. En un entorno educativo, Vargas-Urpí (2019) también se basa en la Teoría de la Cortesía de Brown y Levinson (1987) para reflexionar sobre las modificaciones que introducen los intérpretes bilaterales a la hora de reproducir el discurso de los hablantes primarios, y sugiere que las teorías de la (des)cortesía son útiles para comprender estas actuaciones y la contribución de los intérpretes sobre cómo se establecen las relaciones interpersonales en la conversación.

Algunos investigadores que han estudiado la interpretación en los servicios públicos (Merlini, 2013; Vargas-Urpí, 2019) sugieren combinar el marco teórico de Brown y Levinson con otros enfoques, como el de Goffman (1967) o el de Kerbrat-Orecchioni (2005), para comprender mejor la actuación de los intérpretes. Con nuestra investigación, pretendemos ahondar en estas cuestiones partiendo del concepto central de la Teoría de la Cortesía de Brown y Levinson (1987): los ataques contra la Figura, sin menoscabo en cuanto al uso complementario puntual de otras teorías o enfoques.

4. Pragmática de corpus

Las herramientas de corpus se han utilizado en varias disciplinas lingüísticas, como la lexicografía, la gramática, el análisis del discurso, la sociología, la enseñanza de lenguas, los estudios literarios, la traductología, la lingüística forense e, incluso, la pragmática (McCarthy y O'Keeffee, 2011). Tan grande ha sido su éxito que algunos hablan de una «revolución de corpus» (Crystal, 2003, pág. 448; Tognini Bonelli, 2010, pág. 17; Rühlemann y Aijmer, 2015, pág. 5). Por otro lado, unido unida al interés por estudiar el uso natural de las lenguas, surge la necesidad de compilar corpus orales. Esta tarea es laboriosa y compleja, y su transcripción presenta múltiples retos (Lázaro Gutiérrez y Sánchez Ramos, 2015). Uno de los corpus orales más antiguos es el *London-Lund Corpus* of Spoken English (LLC), compilado en las décadas de 1960 y 1970. Este corpus cuenta con medio millón de palabras, número reducido en comparación con los que se compilan hoy en día, como el *British National Corpus* (BNC), de 100 millones, o el *Corpus of Contemporary American English* (COCA), de 450 (Rühlemann y Aijmer, 2015).

En las últimas décadas está cobrando importancia la compilación de corpus multimodales. En estos, los elementos paraverbales y no verbales se integran con los verbales para construir el significado pragmático (Knight y Adolphs, 2008), gracias a que ya se cuenta con *software* que permite la integración de pistas de audio y transcripciones y su anotación. Por otro lado, se han desarrollado corpus sociolingüísticos, lo que ha supuesto también un avance en el estudio de elementos discursivos y pragmáticos (Rühlemann y Aijmer, 2015). Estos corpus están anotados con etiquetas que proporcionan información sobre los hablantes, como su edad, sexo o clase social. Algunos corpus que están anotados con información sobre la pragmática son el *Michigan Corpus of Academic Spoken English* (MICASE), etiquetado para algunos actos de habla, o el *Corpus of Verbal Response Mode* (VRM) *Annotated Utterances*, codificado tanto para significado literal como pragmático (Rühlemann, 2011).

Para llevar a cabo nuestro estudio, utilizamos un enfoque basado en la pragmática de corpus, una metodología muy novedosa en el ámbito de la pragmática y en el ámbito de la lingüística de corpus, tanto así que Romero Trillo (2008, pág. 2) las consideró paralelas, pero, con frecuencia, mutuamente excluyentes. Si los estudios sobre pragmática inicialmente eran cualitativos y centrados en pequeños conjuntos de fragmentos de discurso para los que existía gran información contextual, en el caso de la lingüística de corpus el interés se encontraba en el léxico, la gramática, la morfología y la sintaxis, particularmente en aquellos aspectos que abordaban manifestaciones superficiales del lenguaje y que podían ser recuperados a través de algoritmos de búsqueda (Jucker, 2018).

Los trabajos más antiguos sobre pragmática de corpus aparecieron a finales de los años 80 y principios de los 90 (Aijmer, 1987, 1996; Stenström y Andersen, 1996; Schmied, 1998; Culpeper y Kytö, 1999). En los últimos años, sin embargo, hemos sido testigos de la proliferación de estudios basados en la pragmática de corpus, como el número especial del *Journal of Pragmatics* de 2004, dedicado a la lingüística de corpus; el congreso *IprA* de 2007, que llevó el lema de «Pragmatics, corpora and computational linguistics»; el congreso *ICAME* de 2008, con el lema de «Corpora: Pragmatics and Discourse»; y monografías como las de Aijmer (2002), Deutschmann (2003), Aijmer y Stenström (2004), Baker (2006), Facchinetti y Rissanen (2006), Adolphs (2008), Romero Trillo (2008), Jucker et al. (2009), Felder et al. (2011), Taavitsaninen y Jucker (2014) o Aijmer y Rühlemann (2015).

La pragmática de corpus combina, por lo tanto, metodologías típicas de la pragmática (análisis horizontales cualitativos) y de la lingüística de corpus (análisis verticales cuantitativos). Las herramientas de corpus permiten el análisis de grandes cantidades de datos. Sin embargo, dado que el contexto es algo fundamental en los estudios sobre pragmática, tradicionalmente se han utilizado corpus reducidos, que hicieran posible una lectura horizontal, algo que difiere sustancialmente de los típicos análisis de la lingüística de corpus, que se basan en lecturas verticales. A pesar de que la función de concordancias (KWIC, *Key Word In Context*) es especialmente útil para combinar análisis vertical y horizontal, para el estudio de la pragmática en ocasiones es insuficiente el texto que aparece dentro de la línea de concordancia.

Los análisis más típicos dentro de la pragmática de corpus toman como punto de partida algunas unidades o construcciones léxicas asociadas frecuentemente a funciones pragmáticas y que ya han sido identificadas y aisladas en análisis pragmáticos previos. Gracias a la función KWIC, se obtienen las ocurrencias de estas unidades junto con sus elementos concordantes. A continuación, los investigadores pueden examinar el uso de estas unidades o construcciones teniendo su contexto en consideración para descartar aquellas que no correspondan con los fenómenos que se están buscando. Este tipo de análisis parte de unas formas ya determinadas, por lo que se trata de un análisis forma-función (*form-to-function*). En el ámbito de la cortesía destacan con este enfoque los estudios de Aijmer (2013) y Adolphs et al. (2008), que examinaron la frecuencia, distribución y colocaciones de palabras de actos de habla (*speech act words*) como *sorry* o *thanks*. Desafortunadamente, no suele existir una relación unívoca entre una forma y una función determinadas. Por lo tanto, puede ocurrir que las palabras de actos de habla no se correspondan con el acto de habla en sí o bien que se pasen por alto ejemplos de este acto de habla porque no está representado por su teóricamente correspondiente palabra.

Es posible, sin embargo, estudiar elementos pragmáticos con el enfoque contrario: *function-to-form*. O'Keeffee (2018) reconoce la dificultad de aplicar este tipo de análisis a corpus grandes y ofrece varias soluciones al respecto: el uso de indicadores de fuerza ilocucionaria, el uso de inventarios pertenecientes a un género específico que hayan sido resultantes del análisis manual de corpus pequeños, el uso de características léxicas o gramaticales típicamente asociadas a un acto de habla concreto, y el uso de expresiones metacomunicativas.

Este tipo de análisis es horizontal, y se utiliza como base para posteriores análisis estadísticos. La anotación pragmática ya se ha aplicado a un número reducido de corpus. Por ejemplo, Stiles (1992), García (2007) y Kallen y Kirk (2012) han anotado actos de habla. Estos últimos también han anotado marcadores discursivos y citas (referencias personales), que también han sido objeto de estudio de Rühlemann y O'Donnell (2012). Danescu-Niculescu-Mizil et al. (2013) anotan algunos elementos relacionados con la cortesía positiva (marcadores de gratitud, muestra de sentimientos positivos y optimistas, solidaridad e inclusión) y la negativa (peticiones). Diani (2014), por su parte, realiza un estudio de caso en el que compara mecanismos de mitigación para suavizar críticas en reseñas de libros escritas en italiano y en inglés. Estos mecanismos se identificaron gracias a sus rasgos léxico-semánticos. La anotación de elementos pragmáticos no es frecuente porque, por un lado, la discrepancia entre formas y funciones hace que la automatización no sea precisa y, por otro, la anotación manual conlleva el uso de muchos recursos humanos y tiempo. También resulta complejo delimitar las unidades pragmáticas, que, además, son ambiguas, por lo que un análisis manual es imprescindible, así como una comprobación por pares.

Por su lado, Weisser (2014) logró llevar a cabo una anotación semiautomática de actos de habla. Este autor reconoce que la anotación pragmática es más compleja que otros tipos de anotación puesto que para el análisis pragmático es necesario tener en cuenta niveles por encima de la palabra, así como la información contextual. McAllister (2014) estudió los actos de habla directivos con una metodología que implicaba el trabajo de un anotador que leía transcripciones a la vez que escuchaba grabaciones, ya que los elementos paralingüísticos son, a veces, indispensables para comprender significados pragmáticos.

Más tarde, Jucker (2018) propone un sistema en pirámide que describe la metodología de la pragmática de corpus. Insiste en que las fases que se encuentran en la base de la pirámide tienen que ser muy sólidas para que los resultados que se extraigan en la fase de la cúspide sean válidos.

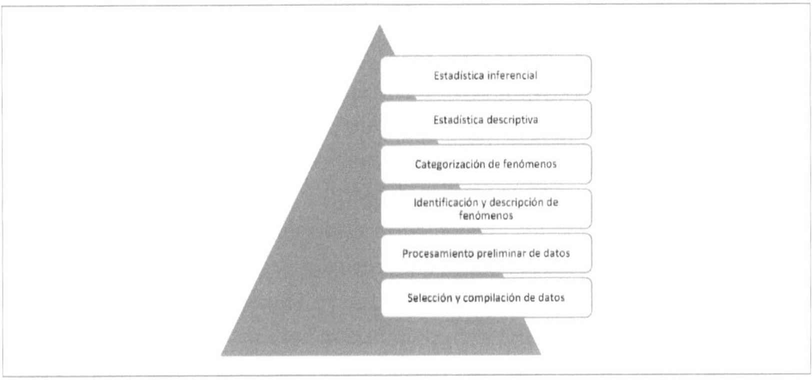

Figura 1. Pirámide de investigación cuantitativa de corpus
Fuente: Adaptada de Jucker (2018, pág. 459)

En la base de esta pirámide se encuentra la selección y compilación de datos. El investigador puede decidir utilizar un corpus ya existente o bien compilar uno. En esta fase se decide sobre las lenguas y variedades que se van a incluir, sobre el carácter escrito u oral de los textos, el nivel de formalidad, etc. En el segundo nivel de la pirámide se encuentra la preparación de los datos. Aquí se anotan los corpus con partes del discurso (*POS tagging*), con información sobre los hablantes, distintos registros o modalidades del lenguaje, etc. Algunos corpus, de hecho, incluyen anotaciones sobre la pragmática. En el tercer nivel se encuentra la fase de identificación y descripción de fenómenos. En el ámbito de la pragmática de corpus pueden ser formas lingüísticas (como un marcador lingüístico) o funciones discursivas (como actos de habla). Estos elementos deben categorizarse en la siguiente fase, de tal modo que las categorías estén bien definidas para permitir que distintos investigadores puedan identificar los mismos elementos como integrantes de una categoría determinada. Aquí es importante tener en cuenta la fiabilidad entre evaluadores (*interrater agreement*). Como mínimo, dos evaluadores deberían procesar los datos de manera independiente para compararlos posteriormente. La categorización solo es válida si existe coincidencia (un 70 % suele considerarse aceptable) entre los códigos que han asignado a los datos. Si no se alcanza un nivel de coincidencia aceptable, se tienen que definir las categorías con mayor precisión y volver a comenzar el procedimiento.

Los dos últimos niveles de la pirámide están dedicados al análisis estadístico. Desde la base, en primer lugar, aparece el de estadística descriptiva. Habitualmente se trabaja con frecuencias normalizadas, y esto se hace tomando números de palabras en consideración. Se toma un valor de referencia, que puede ser de 10 000 palabras o un millón y se cuenta la frecuencia en la que aparecen los elementos analizados. El salto al siguiente y último nivel se produce cuando los investigadores no solo obtienen la frecuencia de un elemento determinado en diferentes contextos, sino que también pueden afirmar que la diferencia entre frecuencias es significativa. Esto se hace a través de la estadística inferencial, para la que contamos con múltiples tests que pueden realizar los ordenadores.

5. Metodología para el análisis del corpus INTTELPRAGMA

A pesar de que la investigación sobre la interpretación telefónica es cada vez más popular y prolífica, todavía son pocos los estudios que abordan la interpretación telefónica de forma sistemática y en profundidad desde el punto de vista lingüístico, especialmente desde el campo de la pragmática. Además, salvo excepciones recientes (véase Meyer, 2019) las interacciones interpretadas no se han analizado combinando una metodología de análisis de corpus y un marco teórico basado en la pragmática. Hasta donde sabemos, no se ha realizado ningún estudio sobre los ataques contra la Figura en la interpretación telefónica.

Las conversaciones telefónicas constituyen un ejemplo de comunicación deslocalizada en oposición a la comunicación cara a cara y, por otro lado, se pueden considerar un tipo de interacciones asíncronas ya que el discurso de un orador es reelaborado antes de llegar al receptor final. Nuestra hipótesis de partida es que, por estas características, se produce en estas conversaciones un elevado número de ataques contra la Figura de distinta índole. Para confirmar o refutar esta hipótesis, nos proponemos 1) detectar las FTAs en nuestro corpus; 2) clasificarlas según su modalidad (contra la Figura positiva y contra la Figura negativa), su direccionalidad (quién las produce y a quién las dirige) y su efecto (positivo, negativo o neutro); 3) analizar su impacto en el discurso y en la actuación de los intérpretes.

El corpus de INTTELPRAGMA ha sido obtenido gracias a la colaboración entre la Universidad de Alcalá y las empresas de interpretación telefónica que operan en España. A petición de la Universidad de Alcalá, una de estas empresas ha cedido 345 grabaciones anonimizadas (4 830 minutos) que incluyen conversaciones telefónicas entre operadores de compañías de seguros para asistencia en carretera y usuarios finales que hablan chino, inglés, francés, alemán y ruso. Para la selección de estas conversaciones, se tuvieron en cuenta los siguientes criterios: 1) las lenguas de trabajo más demandadas según datos proporcionados por la misma empresa, y 2) exclusión de conversaciones que resultan fallidas por su duración (se cortan al inicio) o adecuación (aquellas que son erróneas, como una persona que llama a un número incorrecto o cuando se solicita un intérprete de una lengua que no es la que habla el cliente). Debido al proceso de compilación y anonimización del corpus, ligado a los compromisos de confidencialidad y protección de datos de la empresa hacia sus clientes, se hace imposible contar con información sobre el perfil de los hablantes.

Posteriormente se procedió a la transcripción manual de las conversaciones. Se descartó el uso de *software* de transcripción al presentar problemas de precisión cuando transcribe discurso natural y con cambios de lengua rápidos y frecuentes. Siguiendo los estándares establecidos, se revisaron las transcripciones, contrastándolas una vez más con los audios. Los fragmentos en chino y ruso se tradujeron al castellano para permitir que los investigadores que supervisaban el análisis pudieran comprender su contenido durante la fase de verificación de las anotaciones. En las conversaciones de chino, se tradujeron también los fragmentos en castellano al chino para facilitar el análisis de los investigadores.

El corpus resultante cuenta con un total de 567 111 palabras y, tras la fase de transcripción, se procedió a su ensamblaje en EXMARaLDA, un *software* que permite el análisis multimodal, ya que presenta simultáneamente el audio de las grabaciones y sus transcripciones, y que también ha demostrado su utilidad para el análisis de corpus multilingües (Angermeyer et al., 2012).

Para el análisis de las FTAs, se abordan tres procedimientos distintos. En primer lugar, se realiza un análisis *form-to-function* de aquellos elementos que se pueden relacionar con FTAs. Por ejemplo, se realizan búsquedas de expresiones de disculpa, como «perdón», o expresiones de agradecimiento, como «gracias». Este tipo de análisis no recupera todas las FTAs relacionadas, porque algunas no coinciden con sus formas típicas.

Cuando forma y función no coinciden, no es posible realizar una búsqueda automática, por lo que las búsquedas tienen que centrarse en elementos circundantes como, por ejemplo, expresiones metacomunicativas, que son aquellas que indican que se va a producir o está produciendo un tipo de comunicación concreto (Jucker y Taavitsainen, 2014). En nuestro caso, son útiles las distintas formas de «amenazar», «solicitar», «agradecer», que son verbos que anuncian un ataque contra la Figura. En este caso, el análisis vertical también precede al horizontal.

Un tercer procedimiento consiste en un análisis horizontal minucioso, en el que se identifican los ataques contra la Figura. Posteriormente, se codifican siguiendo, por una parte, la clasificación de Brown y Levinson (1987) y, por otra, su emisor (proveedor, usuario o intérprete), su receptor (proveedor, usuario o intérprete) y el efecto que producen (positivo, negativo o neutro). El etiquetado se lleva a cabo por parejas de anotadores y se sigue un criterio de *interrater agreement* (coincidencias entre anotadores) del 70 %. Esta información se introduce en las etiquetas XML para permitir búsquedas automáticas.

Mediante el empleo de herramientas de corpus, se lleva a cabo un análisis de frecuencias en función de los distintos tipos de ataques (positivos o negativos, siguiendo la clasificación de Brown y Levinson, 1987). Los resultados se describen e interpretan volviendo, en caso de necesidad, a los audios de las grabaciones. Esto permite una mayor concreción de los hallazgos y la inclusión de información contextual que no se hubiera recogido y pudiera resultar relevante. A continuación, se comparan los hallazgos entre conversaciones de lenguas distintas y se realizan tests de correlación de Pearson para establecer relaciones entre la variable de lengua y los distintos hallazgos. Esta comparación contrastiva se basa en que en cada lengua y cultura existen distintas normas de cortesía.

Por último, centramos nuestra atención en las actuaciones de los intérpretes ante los distintos tipos de ataque para describirlas y clasificarlas. Del mismo modo, se evalúan en función del éxito que han tenido a la hora de 1) mantener una conversación fluida, 2) trasladar la información adecuadamente, 3) seguir los principios éticos de la interpretación y 4) obtener aceptación y satisfacción por parte de operadores y usuarios.

6. Agradecimientos

El presente trabajo se enmarca (parcialmente) en el seno del proyecto INMOCOR (Ref. P20_00109), en el proyecto Diseño, compilación y análisis de un corpus multilingüe de interacciones mediadas sobre asistencia en carretera (Ref. CCGP2017-HUM002) y el en el proyecto Pragmática de corpus e interpretación telefónica: Análisis de ataques contra la Figura (PRAGMACOR, Ref. PID2021-127196NA-I00).

Referencias bibliográficas

Adolphs, S. (2008). *Corpus and context. Investigating pragmatic functions in spoken discourse.* Amsterdam/Philadelphia: John Benjamins

Aijmer, K. (1987). *Oh* and *ah* in English conversation. En W. Meijs (Ed.), *Corpus Linguistics and Beyond. Proceedings of the Seventh International Conference on English Language Research on Computerized Corpora* (pp. 61–86). Amsterdam: Rodopi.

Aijmer, K. (1996). *Conversational Routines in English. Convention and Creativity.* London: Longman.

Aijmer, K. (2002). *English Discourse Particles. Evidence from a Corpus.* (Studies in Corpus Linguistics10.) Amsterdam: John Benjamins.

Aijmer, K. y Stenström, A. B. (Eds.) (2004). *Discourse Patterns in Spoken and Written Corpora.* (Pragmatics & Beyond New Series 120.) Amsterdam: John Benjamins.

Aijmer, K. y Rühlemann, C. (Eds.) (2015). *Corpus Pragmatics. A Handbook.* Cambridge: Cambridge University Press.

Amato, A., Bertozzi, M., Braun, S., Cabrera Méndez, G., Capiozzo, E., Danese, L., Davitti, E., González Rodríguez, M. J., Iglesias Fernández, E., Muñoz López, J., Russo, M., y Spinolo, N. (2018). *Handbook of Remote Interpreting - SHIFT in Orality.* Bologna: University of Bologna, Department of Interpretation and Translation.

Angermeyer, P., Meyer, B. y Schmidt, T. (2012). Sharing community interpreting corpora. En T. Schmidty K. Wörner (Eds.), *Multilingual Corpora and Multilingual Corpus Analysis* (pp. 275–294). Amsterdam: John Benjamins.

Baker, P. (2006). *Using Corpora in Discourse Analysis*. London: Continuum.

Berk-Seligson, S. (1990). *The Bilingual Courtroom: Court Interpreters in the Judicial Process*. Chicago: University of Chicago Press.

Braun, S. (2016). The European AVIDICUS projects: Collaborating to assess the viability of video-mediated interpreting in legal proceedings. *European Journal of Applied Linguistics*, *4*(1), 173–180.

Bravo, D. y Briz Gómez, A. (Eds.) (2004). *Pragmática sociocultural: estudios sobre el discurso de cortesía en español.* Barcelona: Ariel.

Brown, P. y Levinson, S. (1978/1987). *Politeness. Some universals in language usage*. Cambridge: Cambridge University Press.

Cabrera Méndez, G. (2018). Technological Progress Allowing for Telephone Interpreting. En A. Ruiz Mezcua (Ed.), *Approaches to Telephone Interpretation. Research, Innovation, Teaching and Transference* (pp. 21–32). Bern: Peter Lang.

Cambridge, J. (1997). *Information exchange in bilingual medical interviews.* Manchester: University of Manchester.

Castellano Martínez, J. M. (2018). Telephone Interpreting in a NGO Programme for Refugees (International Asylum) at Local Level: Concepts, Perceptions and Conclusions Aimed at Teaching. En A. Ruiz Mezcua (Ed.), *Approaches to Telephone Interpretation. Research, Innovation, Teaching and Transference* (pp. 227–242). Bern: Peter Lang.

Cobos López, I. (2018). Phone Interpreting in Legal Contexts: A Professional Experience. En A. Ruiz Mezcua (Ed.), *Approaches to Telephone Interpretation. Research, Innovtion, Teaching and Transference* (pp. 211–226). Bern: Peter Lang.

Crystal, D. (1969). *Prosodic systems and intonation in English.* Cambridge: Cambridge University Press.

Culpeper, J., Bousfield, D., Wichmann, A. (2003). Impoliteness revisited: With special reference to dynamic and prosodic aspects. *Journal of Pragmatics*, *35*(1011), 1545–1579.

Culpeper, J. y Kytö, M. (1999) Modifying pragmatic force: Hedges in a corpus of Early Modern English dialogues. En A. H. Jucker, G. Fritz y F. Lebsanft (Eds.), *Historical Dialogue Analysis* (pp. 293–312). Amsterdam: John Benjamins.

Danescu-Niculescu-Mizil, D., Sudhof, M., Jurafsky, D., Leskovec, J. y Potts, C. (2013). A computational approach to politeness with application to social factors. Disponible en http://www.mpi-sws.org/~cristian/Politeness.html

Del Pozo Triviño, M. I. y Campillo Rey, L. (2016). La interpretación telefónica y su práctica profesional. Estudio de caso sobre dos empresas proveedoras del servicio en España. *Sendebar, 27*, 73–95.

Delizée, A. y Michaux, C. (2017). Discussion critique interprétée & stratégies argumentatives et discursives : analyse du positionnement intersubjectif de l'interprète. En E. Gallez y A. Delizée (Eds.), *Public Service Interpreting: The Interpreter's discourse and its influence on the interpersonal relationship. Discursive and argumentative approaches*, Special Issue of *Dragoman 5/7*, 85–110.

Deutschmann, M. (2003). *Apologising in British English.* (Skrifter från moderna språk 10). Umeå: Institutionen för moderna språk, Umeå University.

Diani, G. (2014). Politeness. En K. Aijmer y C. Rühlemann (Eds.), *Corpus Pragmatics: A Handbook* (pp. 169–192). Cambridge: Cambridge University Press.

Facchinetti, R. y Rissanen, M. (Eds.) (2006). *Corpus-based Studies of Diachronic English.* B ern: Peter Lang.

Felder, E., Müller, M. y Vogel, F. (Eds.) (2011). *Korpuspragmatik: Thematische Korpora als Basis diskurslinguistischer Analysen*, Berlin/Boston: Walter de Gruyter

Fernández Pérez, M. M. (2015). Propuestas de ejercicios de simulación para la didáctica de la interpretación telefónica. *MonTI. Monografías de Traducción e Interpretación, Special Issue 2*, 259–279.

Fernández Pérez, M. M. (2018). La interpretación remota en contextos de violencia de género. En C. Toledo Buendía y M. I. del Pozo Triviño (Eds.), *Interpretación en contextos de violencia de género [Interpretation in contexts of gender violence]* (pp. 110–122). Valencia: Tirant Humanidades.

Fowler, Y. (1997). The Courtroom Interpreter: Paragon and Intruder? En S. E. Carr, R. P. Roberts, A. Dufour y D. Steyn (Eds.), *The Critical Link: Interpreters in the Community. Proceedings of a conference held in 1995* (pp. 191–200). Amsterdam: John Benjamins.

Gallez, E. (2015).«Vous voulez m'embrasser?» Impolitesse et «face-work» en interprétation judiciaire. *The Interpreters' Newsletter*, 20, 33–56.
Garcia, P. (2007). Pragmatics in academic contexts: A spoken corpus study. En M. C. Campoy y M. J. Luzón (Eds.), *Spoken corpora in applied linguistics* (pp. 97–128). Bern: Peter Lang.
Goffman, E. (1967). On face-work. *Psychiatry: Journal for the Study of Interpersonal Processes, 18*(3), 213–231.
Hale, S. B. (2004). *The Discourse of Court Interpreting. Discourse Practices of the Law, the Witness and the Interpreter.* Amsterdam: John Benjamins.
Harris, S. (2001). Being politically impolite: Extending politeness theory to adversarial political discourse. *Discourse and Society 12*(4), 451–472.
Hlavac, J. (2013). Should Interpreters Be Trained and Tested in Telephone and Video-Link Interpreting? Responses from Practitioners and Examiners. *International Journal of Interpreter Education (IJIE), 5*(1), 34–50.
Iglesias Fernández, E. y Ouellet, M. (2018). From the phone to the classroom: categories of problems for telephone interpreting training. *The Interpreters' Newsletter* 23, *(19)*44, 19–44.
Jacobsen, B. (2003). Pragmatics in Court Interpreting: Additions. En L. Brunette, G. Bastin, I. Hemlin y H. Clarke (Eds), *The Critical Link 3. Interpreters in the Community. Proceedings of a conference held in 2001* (pp. 223–238). Amsterdam: John Benjamins.
Jaime Pérez, A. (2015). Remote Interpreting in Public Services. Developing a 3g Phone Interpreting Application. En R. Lázaro Gutiérrez, F. J. Vigier Moreno Y M. M. Sánchez Ramos (Eds.), *Investigación Emergente en Traducción e Interpretación* (pp. 73–82). Granada: Comares.
Jiménez Serrano, Ó. (2020). Foto fija de la interpretación simultánea remota al inicio del 2020. *Revista Tradumàtica. Tecnologies de la Traducció, 17*, 59–80.
Jucker, A. H., Schreier, D. y Hundt, M. (2009). Corpus linguistics, pragmatics and discourse. En A. H. Jucker, D. Schreier y M. Hundt (Eds.), *Corpora: Pragmatics and Discourse. Papers from the 29th International Conference on English Language Research on Computerized Corpora (ICAME 29). Ascona, Switzerland, 14–18 May 2008* (pp. 3–8). Amsterdam: Rodopi.
Kelly, N. (2008). *A Medical Interpreter's Guide to Telephone Interpreting.* Recuperado de: http://www.imiaweb.org/uploads/pages/380.pdf.
Kienpointner, M. (1997). Varieties of rudeness. Types and functions of impolite utterances. *Functions of Language, 4*(2), 251–287.
Knight, D. y Adolphs, S. (2008). Multi-modal corpus pragmatics: the case of active listenership. En J. Romero-Trillo (Ed.), *Pragmatics and corpus*

linguistics. A mutualistic entente (pp. 175–190). Berlin, New York: Mouton de Gruyter.

Lachenicht, L. (1980). Aggravating language: A study of abusive and insulting language. *International Journal of Human Communication 13*,4, 607–688.

Lázaro Gutiérrez, R. (2018). Design and Compilation of a Multilingual Corpus of Mediated Interactions About Roadside Assistance. A. Ruiz Mezcua (Ed.), *Approaches to Telephone Interpretation: Research, Innovation, Teaching and Transference* (pp. 87–106). Berlin, Bern: Peter Lang.

Lázaro Gutiérrez, R. y Sánchez Ramos, M. M. (2015). Corpus-based interpreting studies and public service interpreting and translation training programs: the case of interpreters working in gender violence contexts. En J. Romero Trillo, *The Yearbook of Corpus Linguistics and Pragmatics* (pp. 275–292). Singapur: Springer.

Mason, I. y Stewart, M. (2001). Interactional Pragmatics, Face and the Dialogue Interpreter.En I. Mason (Ed.), *Triadic Exchanges. Studies in Dialogue Interpreting* (pp. 51–70). Manchester: St. Jerome Publishing.

McAllister, P. (2014). Speech acts: A synchronic perspective. En K. Aijmer y C. Rühlemann (Eds.), *Corpus Pragmatics: A Handbook* (pp. 29–51). Cambridge: Cambridge University Press.

Merlini, R. (2017). Interactional data through the kaleidoscope of analytical perspectives: Reassembling the picture. En E. Gallez y A. Delizée (Eds.), *Public Service Interpreting: The Interpreter's discourse and its influence on the interpersonal relationship. Discursive and argumentative approaches*, Special Issue of *Dragoman* 5/7, 10–18.

Meyer, B. (2019). Corpus-based studies on interpreting and pragmatics. En R. Tipton y L. Desilla (Eds.), *The Routledge Handbook of Translation and Pragmatics* (pp. 75–92). New York: Routledge.

O'Driscroll (2007). What's in an FTA? Reflections on a chance meeting with Claudine.*Journal of Politeness Research, 3*, 237–262.

O'Keeffee, A. (2018). Corpus-based function-to-form approaches. En A. H. Jucker, K. P. Schneider y W. Bublitz, (Eds.), *Methods in Pragmatics* (pp. 587–618). Berlin: De Gruyter.

Oviatt, L. y Cohen, P. R. (1992). Spoken language in interpreted telephone dialogues. *Computer Speech and Language, 6*, 277–302.

Ozolins, U. (1998). *Interpreting & Translating in Australia: Current Issues and International Comparisons*. Melbourne: The National Language and Literacy Institute of Australia.

Ozolins, U. (2011). Telephone interpreting: understanding practice and identifying research needs. *Translation & Interpreting, 3*(1), 33–47.
Peiró, J. M. y Soler, Á. (2020). *El impulso al teletrabajo durante el COVID-19 y los retos que plantea*. Generalitat Valenciana: IVIE. Recuperado de https://www.ivie.es/wp-content/uploads/2020/05/11.Covid19IvieExpress.El-impulso-al-teletrabajo-durante-el-COVID-19-y-los-retos-que-plantea.pdf.
Pérez de Ayala, S. (2001). FTAs and Erskine May: Conflicting needs? Politeness in Question Time. *Journal of Pragmatics, 33*, 143–169.
Phelan, M. (2001). *The Interpreter's Resource*. Clevedon: Multilingual Matters.
Pöllabauer, S. (2004). Interpreting in asylum hearings. Issues of role, responsibility and power. *Interpreting (International Journal of Research and Practice in Interpreting), 6*(2), 143–180.
Romero-Trillo, J. (Ed.) (2008). *Pragmatics and corpus linguistics. A mutualistic entente.* Berlin, New York: Mouton de Gruyter.
Rosenberg, B. A. (2002). Un análisis de la interpretación telefónica. En C. Valero Garcés (Ed.), *Traducción como mediación entre lenguas y culturas* (pp. 243–249). Alcalá de Henares: Universidad de Alcalá, Servicio de Publicaciones.
Rigney, A. C. (1999). Questioning in interpreted testimony. Forensic Linguistics 6(1), 13501771.
Rühlemann, C. (2011). Corpus-based pragmatics II: Quantitative studies. En W. Bublitz y N. R. Norrick (Eds.), *Foundations of Pragmatics* (pp. 629–656). Berlin: de Gruyter Mouton.
Rühlemann, C. y Aijmer, K. (2015). Corpus pragmatics: Laying the foundations. En K. Aijmer y C. Rühlemann (Eds.), *Corpus Pragmatics: A Handbook* (1–26). Cambridge: Cambridge University Press.
Ruiz Mezcua, A. (2019). El triple reto de la interpretación a distancia: Tecnológico, profesional y didáctico. En M. Tolosa Igualada y Á. Echeverri (Eds.), *Porque algo tiene que cambiar. La formación de traductores e intérpretes: Presente and futuro, MonTI. Monografías de Traducción e Interpretación, 11*, 243–262.
Sanz Moreno, R. (2018). La percepción del personal sanitario sobre la interpretación en hospitales. Estudio de caso. *Panace@ 19*(47), 67–75.
Schmied, J. (1998). Discourse markers in the Lampeter Corpus of Early Modern English Tracts. En R. Borgmeier, H. Grabes y A. H. Jucker (Eds.), *Anglistentag 1997 Giessen. Proceedings* (pp. 57–65). Trier: Wissenschaftlicher Verlag.
Stenström, A. B. y Andersen, G. (1996). More trends in teenage talk: A corpus-based investigation of the discourse items *cos* and *innit*. En C. E. Percy, C.

F. Meyer y I. Lancashire (Eds.), *Synchronic Corpus Linguistics: Papers from the Sixteenth International Conference on English Language Research on Computerized Corpora (ICAME 16)* (pp. 189–203). Amsterdam: Rodopi.
Stiles, W. B. (1992). *Describing talk: a taxonomy of verbal response modes*. Beverly Hills: Sage.
Taavitsainen, I. y Jucker, A. H. (Eds). (2014). *Diachronic Corpus Pragmatics*. Amsterdam: John Benjamins.
Tognini Bonelli, E. (2010). The evolution of corpus linguistics. En A. O'Keeffe y M. McCarthy (Eds.), *The Routledge handbook of corpus linguistics* (pp. 14–27). London, New York: Routledge.
Vargas-Urpí, M. (2019). Public Service Interpreting in Educational Settings: Issues of Politeness and Interpersonal Relationships. En R. Tipton y L. Desilla (Eds.), *The Routledge Handbook of Translation and Pragmatics* (pp. 366–354). New York: Routledge.
Verrept, H. (2011). Intercultural mediation through the Internet in Belgian hospitals. *4th International Conference on Public Service Interpreting and Translation*, Alcalá de Henares, 13–15 de abril de 2011. Recuperado de http://tisp2011.tucongreso.es/ti2011/files/book-abstracts.pdf
Vigier-Moreno, F. J. y Lázaro Gutiérrez, R. (2019). La formación en interpretación remota: una experiencia docente interuniversitaria. *Innovación educativa, 29*, 141–156.
Vogeleer, S. y Delizée, A. (2017). Le discours de l'interprète de dialogue : les énoncés à la troisième personne dans une interaction argumentative. Une étude de cas. En E. Gallez y A. Delizée (Eds.), *Public Service Interpreting: The Interpreter's discourse and its influence on the interpersonal relationship. Discursive and argumentative approaches*, Special Issue of *Dragoman 5/7*, 111–143.
Wadensjö, C. (1998). *Interpreting as Interaction*. London: Longman.
Weisser, M. (2014). Speech act annotation. En K. Aijmer y C. Rühlemann (Eds.), *Corpus Pragmatics: A Handbook* (pp. 84–114). Cambridge: Cambridge University Press.

El sector de la automoción como referencia para preparación de actividades especializadas en el aula de interpretación de conferencias

Aurora Ruiz Mezcua
Dpto. Ciencias Sociales, Fil. Geo. Trad. e Int.
Universidad de Córdoba
aurora.ruiz@uco.es

ABSTRACT
In this work we propose the creation of a teaching unit for post-graduated or master studies in specialized conference interpretation. We focus on a context that has not being deeply researched in interpreting teaching: the automotive sector.

In general, there are not many free available resources for self-practicing the interpretation techniques, but especially in this context. In this paper, we analyze an exercise for consecutive (with note-taking) or simultaneous interpretation and its self-assessment. The activity, named "Cars BWM", belongs to the webpage *Breaking the ICE in Interpretation* (UCO, 2014) and is designed for the combination English into Spanish. The proposed teaching unit is divided into: 1) Objectives, contents and methodology: selecting the corpus, students and performance; 2) Searching updated resources and materials, applying new technologies; 3) Preparing glossaries and symbols making; and, last but not least, 4) The interpretation exercise and its self-assessment. This methodology can be applied to other specialized contexts' activities.

Keywords: interpretation, conferences, automotive industry, motor, vehicles, translation.

RESUMEN
En este trabajo proponemos la creación de una unidad didáctica para preparar al alumnado de interpretación de nivel máster o posgrado en el ámbito de conferencias de carácter especializado. Nos centramos en uno de los contextos menos estudiados dentro de la enseñanza en el campo de la interpretación: el sector de la automoción. Son muy pocos los recursos disponibles en línea de manera gratuita y orientados para que el alumnado pueda practicar las técnicas de interpretación dentro de este contexto de forma autónoma.

Para ello, analizamos un ejercicio para la interpretación consecutiva (con toma de notas) o simultánea y su autoevaluación en la combinación español-inglés, extraído de la plataforma de la página *Breaking the ICE in Interpretation* (UCO, 2014), titulado "Cars BWM". La unidad cuenta con los siguientes apartados: 1) Objetivos, contenidos y metodología: selección del corpus, descripción de los destinatarios y modo de ejecución; 2) Documentación: búsqueda de materiales y recursos actualizados, empleo de nuevas tecnologías; 3) Elaboración de glosarios y símbolos, que se basarán en los resultados obtenidos en el apartado anterior; y, por último, 4) Ejecución del ejercicio y autoevaluación. Esta metodología puede ser aplicable a otros contextos especializados.

Palabras clave: interpretación, conferencias, automoción, motor, vehículos, traducción.

1. Introducción: justificación del estudio y breve estado de la cuestión

El caso del sector automovilístico como objeto de estudio está motivado, por una parte, por su importancia en el ámbito tecnológico, del que se nutre constantemente, y, por otra, por su relevancia en el ámbito comercial. De igual forma, el sector automovilístico es uno de los más productivos a nivel mundial en Estados Unidos y a nivel europeo en Reino Unido, lo que repercute directamente en la producción lingüística en la combinación inglés-español[1].

No es frecuente encontrar trabajos dedicados a la interpretación en el ámbito de la automoción. Sin embargo, los sectores de la traducción y del automóvil aparecen de la mano desde que las empresas fabricantes emprendieron la tarea de exportar sus productos e internacionalizarse y, por tanto, se vieron obligadas a adaptarse al idioma y cultura de sus nuevos compradores (InterTradoc, 2016, pág. 1).

La investigación dedicada a la automoción en los estudios de traducción ha sido relativamente escasa en comparación con las contribuciones científicas en las que confluye con otras disciplinas, como la adaptación de obras literarias, la traducción de contratos en el ámbito de la traducción jurídico-económica o los ensayos clínicos en el ámbito de la traducción biosanitaria, por nombrar algunos casos. Así lo reflejan Jiménez y Astorga cuando señalan que la importancia del campo automovilístico en

1 Según el informe de la OICA (2021), a la cabeza de la producción global de vehículos (y de generación de información y textos) se encuentra China, con un total de 26 082 220 vehículos fabricados, seguida de Estados Unidos, con 9 167 214. En el mercado europeo, podemos servirnos de las palabras de Gamero, que afirma que: "La traducción técnica desde el inglés, el alemán y el francés hacia otras lenguas es la que da lugar a un mayor volumen de actividad en Europa, debido a la situación hegemónica como potencias industriales de los países en los que se habla estos dos [sic] idiomas" (2001: 28–29). Esta cita coincide con los primeros puestos europeos de la OICA: Alemania es el 1.er productor europeo y el 4.º mundial; Francia, el 3.º europeo y el 13.º mundial y Reino Unido, el 4.º europeo y el 14.º mundial. Justo por delante de Francia se encuentra España (en segunda posición en Europa), con una producción de 2 2 098 133 vehículos en 2021, aunque, por lo que defienden algunos autores, no se trata de una lengua destacable en cuanto a producción automovilística: "Es importante hacer notar que en el sector de la automoción tienen mayor peso específico las empresas estadounidenses, británicas y alemanas, seguidas por las francesas, por lo que gran parte de la documentación disponible está redactada en lengua inglesa" (Jiménez y Astorga, 2010: 214).

el mercado, «así como el ingente volumen de páginas traducidas no van en consonancia con el aporte bibliográfico existente al respecto» (2010, pág. 208) y que «la relevancia de este tipo de textos contrasta con la falta de documentación didáctica específica» (2010, pág. 210). En otras palabras, la investigación y orientación didáctica sobre traducción-interpretación en el sector de la automoción no es solo escasa en la actualidad, sino necesaria, más aún cuando contemplamos la diversidad de documentos que pueden relacionarse con la industria del automóvil.

1.1. El sector de la automoción

El mercado de la automoción es uno de los más significativos del mundo en lo que a ingresos se refiere, ya que se calcula que hay aproximadamente unos 800 millones de vehículos circulando por nuestro planeta (Online Traductores, 2018, pág. 1).

Por otro lado, la evolución tecnológica de este medio ha sido continua desde su creación. La industria automovilística no ha dejado de prosperar desde que Henry Ford comenzó a fabricar automóviles en una cadena de montaje (Alphatrad, 2014, pág. 1). En este contexto, podemos imaginar la ingente generación de textos, páginas web, reuniones y presentaciones, por ejemplo, a escala mundial, lo cual supone el uso de servicios de traducción e interpretación en múltiples lenguas, a cargo de múltiples marcas. A esto se suma que en el ámbito nacional hay pocas marcas propias, lo cual supone la contratación de servicios de traducción/interpretación en distintas combinaciones lingüísticas que tiene el español como lengua meta:

> España carece de marcas propias y por tanto todo lo que se importa o se monta en nuestro territorio tiene que pasar por una adaptación a nuestra cultura. Esta situación en la industria automovilística genera un espacio de trabajo para el traductor desde que se empieza a diseñar un vehículo, probar el funcionamiento del diseño, lanzarlo al mercado y llegar al consumidor final (Jiménez Gutiérrez y Astorga Zambrana, 2010, pág. 208).

Al mismo tiempo, en España, la industria del motor es un sector importante para la economía, pues existen múltiples concesionarios, fábricas y cadenas de montaje (Martínez García, 2003, pág. 181). Por ejemplo, en el año 2017 se fabricaron en España casi tres millones de automóviles y de media se invierten 1700 millones de euros al año en ampliación y modernización de plantas (ANFAC, 2017, pág. 20). Es un sector que genera casi un 9 % del PIB, dando empleo al 9 % de la población activa del país.

Otro terreno que está recibiendo un gran protagonismo es el de los combustibles y los sistemas de propulsión; sin ir más lejos, los vehículos híbridos y eléctricos se desarrollan a gran velocidad dentro del mundo del motor (Alphatrad, 2014, pág. 1). Las empresas de automoción siguen adaptándose a unos mercados desiguales y a un futuro incierto para así poder asimilar las transformaciones que se están produciendo; reaccionar estratégica y rápidamente a los cambios de la demanda será una prioridad para las empresas líderes del sector en los próximos años (InterTradoc, 2016, pág. 1).

Entendemos, por tanto, que el discurso automovilístico se puede considerar discurso técnico. Tal y como apunta Gamero (2001, pág. 38),

> [...] proponemos definir el texto técnico como un acto concreto de comunicación en el que los emisores son ingenieros, técnicos o profesionales; los receptores son otros ingenieros, técnicos, especialistas en formación o público general; la situación comunicativa está relacionada con la industria, la explotación agrícola, la fabricación de productos o la oferta de servicios; el foco predominante es la exposición o la exhortación; el modo es generalmente escrito; el campo es de carácter exclusivamente técnico, de acuerdo con los epígrafes 31 y 33 de la Nomenclatura Internacional de la UNESCO; presenta escasa variedad en cuanto a dialectos temporales, geográficos e idiolectos; y sus rasgos intratextuales son muy variados y están determinados fundamentalmente por las convenciones del género como categoría semiótica (Gamero, 2001, pág. 38).

1.2. Peculiaridades de la interpretación de lenguas

La interpretación es una disciplina complicada, pues requiere la adquisición de diferentes habilidades, algunas comunes a la traducción, como la comprensión del TO y el correcto uso de la terminología, y otras diferentes, como una adecuada pronunciación del discurso, agilidad mental, oratoria, entre otras. Se podría decir que la inmediatez del discurso oral es la clave, pues en el momento de interpretar no disponemos apenas de tiempo para la reflexión. Esta es la principal diferencia entre la labor de traducción y de interpretación: el traductor desarrolla una competencia para la planificación del tiempo del que dispone anterior a la presentación de su encargo (en la que se incluye la revisión de su trabajo) y el intérprete, que "traduce" de forma oral e *in situ* (incluso cuando lo hace a distancia física es en el mismo momento), tiene que gestionar su preparación antes de recibir el discurso origen y solo puede hacer consultas breves durante el ejercicio.

Por otro lado, hay que tener en cuenta que el cerebro del intérprete lleva a cabo varias tareas simultáneamente: convertir un enunciado de una lengua a otra diferente empleando su gramática, sintaxis y pronunciación, y en ocasiones, tomando notas para memorizar de la forma más fidedigna los enunciados, más aún si contienen elementos especialmente difíciles de recordar (números, nombres propios, topónimos, cifras, etc.) o largos; por lo tanto, buscar la traducción concreta de un vocablo en alguna fuente externa es prácticamente imposible.

Además de esto, el intérprete es lingüista, está al tanto de los idiomas y las culturas de las lenguas que domina, pero no siempre puede conocer en profundidad todas las áreas temáticas en las que va a trabajar, especialmente si lo hace en el mercado libre (en contraposición con los organismos internacionales, por ejemplo):

> El intérprete *freelance* se enfrenta a una inmensa y a veces abrumadora diversidad de especialidades temáticas de todos los campos del saber, que pueden llevar a interpretar un congreso de cirugía en un día y en una reunión de banqueros al día siguiente. Los temas con los que trabaja el intérprete varían según distintos factores entre los cuales se encuentran las lenguas de trabajo. (Abril Martí, Collados Aís y Martin, 2000, pág. 174).

Esto se solventa con una buena documentación previa, que permitirá al intérprete ponerse al día de las cuestiones que se van a tratar en el contexto y área temática en la que trabajará (normalmente rodeado de expertos):

> La profesión de intérprete evidencia como pocas la importancia de una correcta documentación con carácter previo al desempeño de su trabajo. El intérprete debe parecer docto en todas las ramas del conocimiento en las que interviene, sin realmente serlo. En este sentido, la documentación es esencial para asegurar el rigor terminológico y la coherencia de su discurso y, por ende, la sensación de fiabilidad en torno a la figura del intérprete (Santamaría Ciordia y Fernández Muñiz, 2015, pág. 200).

En este trabajo nos limitaremos a la interpretación de conferencias, entendida como aquella que tiene lugar en reuniones multilaterales, talleres, conferencias, seminarios, etc., pero también cenas oficiales, ruedas de prensa, sesiones parlamentarias, presentaciones de libros, entre otros (Diriker, 2015, pág. 171).

2. Unidad didáctica para la práctica de la interpretación de conferencias en el sector de la automoción

2.1. Objetivos

Este trabajo tiene por objetivo plantear un ejercicio para la práctica de la interpretación de conferencias centrado en el campo de la automoción. Primero describimos brevemente qué es la interpretación de conferencias para atender a las diferentes fases del proceso de interpretación según las técnicas empleadas: observamos el tratamiento de la terminología específica de este ámbito; la documentación; la búsqueda de recursos, diccionarios o blogs; y procedemos a la elaboración de glosarios propios y símbolos que ayuden a la posterior toma de notas.

Pretendemos, por tanto, introducir en el aula términos especializados sobre un tema que se conoce en términos generales, puesto que el alumnado no es ajeno al campo semántico del automóvil, pero cuyo tecnolecto puede llegar a ser especialmente complejo. La metodología se basa en otros estudios previos llevados a cabo en el aula de interpretación (Ruiz Mezcua, 2019). Nos centramos en uno de los contextos más demandados dentro de la interpretación profesional en la sociedad actual: la interpretación de conferencias, una profesión para la que se requieren habilidades específicas tales como la comprensión interlingüe, la diplomacia, la oratoria o el conocimiento de la terminología específica, por citar algunas.

De esta manera, el propósito de este trabajo es servir como guía tanto para aquellos alumnos/as o profesores/as que quieran adentrarse en el campo de la automoción en un nivel especializado para interpretar como para los profesionales que quieran practicar sus destrezas e incorporar el uso de las tecnologías. Por tanto, pretendemos crear unas pautas docentes que incorporen la realidad profesional, estructuradas y basadas en el mundo laboral de la interpretación en el sector de la automoción, que pueden replicarse (metodológicamente) en otros ámbitos de especialidad o modos de interpretación.

2.2. Metodología: selección del corpus y descripción de los destinatarios

En esta unidad no nos centraremos en ningún aspecto técnico-metodológico, sino en la preparación de una actividad que se propone dentro del cronograma de un curso de postgrado de interpretación de conferencias. Así pues, el alumnado ya conoce las distintas técnicas de interpretación, las distingue claramente y posee las habilidades previas para interpretar en ellas.

La participación, bien presencial o bien de manera telemática, por parte del estudiantado es básica para que el alumno/a desarrolle las destrezas requeridas y para que el profesor pueda tutelar de forma más adecuada su trabajo. Con este ejercicio se fomenta el trabajo autónomo y también presencial, el uso de herramientas TIC y de la plataforma virtual.

Las clases se organizan de manera que, una vez adquiridos los conocimientos esenciales en el aula, el estudiante profundice en ellos, los ponga en práctica fuera de clase, busque más recursos, elabore sus propios glosarios, etc. La idea está planteada para llevarse a cabo a lo largo de cuatro horas lectivas, que se suelen dividir en tres horas de grupo completo y una de grupo mediano para el uso de herramientas e instalaciones específicas, como el laboratorio de idiomas o las cabinas. Ninguna de ellas se considera de carácter teórico *per se*, pues en todas se realizarán ejercicios prácticos complementarios. Por norma general, las clases magistrales y los debates de grupo tienen mayor presencia en las primeras sesiones de la asignatura. Así, se pretende conferir un carácter eminentemente práctico a la misma y complementarla con conocimientos adicionales que permitan obtener una visión de la interpretación en el entorno profesional.

En cuanto al corpus seleccionado, cabe mencionar que son muy pocos los recursos disponibles en línea de manera gratuita para que el alumnado pueda practicar las técnicas de interpretación especializada dentro de este contexto de forma autónoma. En este trabajo proponemos la realización de un ejercicio para la interpretación consecutiva con toma de notas y su autoevaluación en la combinación español-inglés, extraído de la página web gratuita *Breaking the ICE in Interpretation* (UCO, 2014), fruto de un proyecto de la Universidad de Córdoba (2013–2014) para fomentar el aprendizaje autónomo o tutelado de la Interpretación en Contextos Especializados (de ahí la sigla *ICE*), disponible en inglés, francés, español, italiano y alemán.

Figura 1. Página principal del recurso web *Breaking the ICE in Interpretation*
Fuente: UCO (2014)

Dentro de ella podemos encontrar un recurso sobre la temática requerida. Seleccionamos un vídeo titulado "Cars BMW" (de 4.16 minutos de duración), disponible en línea dicha web.

Figura 2. Captura de pantalla del discurso Cars BMW (*Breaking the ICE*)
Fuente: UCO (2014)

Se trata de un vídeo en el que se muestra a un empleado del concesionario BMW que da una charla introductoria sobre su producto estrella en el *stand* de una feria del automóvil. En el discurso se emplea el lenguaje de la automoción, en un nivel que podríamos definir como especializado, aunque no altamente, pues utiliza un vocabulario propio de este campo, pero desde la perspectiva del *marketing* de la empresa fabricante, que apuesta por los motores híbridos. Se trata de un discurso cuya transcripción consta de 730 palabras (que puede descargarse de manera posterior a la interpretación) y está pensado para realizar una interpretación simultánea, aunque también puede ser consecutiva (por su duración, ya que no supera los 5 minutos).

La actividad también consta de un cuestionario tipo test diseñado para comprobar si el intérprete verdaderamente ha asimilado la información que se expone en el discurso o si por el contrario ha concentrado sus esfuerzos simplemente en transmitir el contenido de forma automática. Antes de realizar la actividad, se ofrecen unas palabras clave que los alumnos deben entender como descriptores del contenido del texto de audio que luego van a escuchar. En este caso: *fuel efficiency, hybrid engine, electric motor, green, petrol* y *diesel.* El discurso está creado específicamente para la enseñanza de la interpretación de conferencias y su autoría pertenece al proyecto *Breaking the ICE* (los datos concretos, autor y revisor, pueden consultarse en la web). En la ficha descriptiva del ejercicio se indica:

> The speech will be delivered by one of BMW's marketing directors as the aim is to "launch" these vehicles as a new product under an existing brand of excellence, therefore the objective of this speech is not just to present the new technology offered in these motor vehicles but to sell the idea to motoring journalists who are forever sceptical about the facts and figures of hybrid technology. The setting would be that of a press conference with an intimate audience of journalists and officials therefore the tone of this speech would be very professional.

De este modo, su transcripción es la siguiente:

> *Thank you all for being here today, and may I extend the warmest of welcomes to every one of you. We all know why we're here today, so I'm going to let the cars do the talking themselves. However, I want to give a brief introduction as to why this new technology offers our range of driving pleasure to the next level, as it combines the latest fuel efficiency technology with now even more precise internal combustion*

engines that we have been striving to achieve excellence with since the very beginning. Without a doubt, I am convinced that everyone in front of me today is up to speed on the technology that is a hybrid engine; the combination of both a petrol or diesel powered internal combustion unit along with the assistance of an electric motor. However, as we have all seen from other manufacturers, the name "hybrid" never ceases to bring certain connotations to mind such as "green" and "slow". This is about to change. Here at BMW we strive for sheer driving experience. Our products are designed for those who take pride in their vehicles, who enjoy the thrill of driving, being at one with the road and, above all, for those who appreciate a quality product. For this reason, we have entered the hybrid market with the aim to create an elite range of hybrid cars that not only offer the upmost in fuel efficiency and low emissions but that are drivers cars that do not compromise performance or comfort. With the BMW active hybrid range, we have combined a three litre, petrol powered unit with an electric motor to produce two hundred and fifty break horse power, propelling the car from 0–100km/h in just 5.3 seconds whilst maintaining the average fuel consumption of up to 50mpg. In comparison to the three litre current petrol engine that we offer, this hybrid offers 25% more fuel efficiency across the board. So you ask, how did we manage it? Simple. We had a goal to achieve a range of luxury hybrids that would give our friends at Lexus a run for their money. And I am proud to say we have achieved it. There is a substantial gap in the market when it comes to fuel efficiency combined with luxury and driving pleasure which we at BMW are eager to close and very rapidly. We are offering this technology in our most popular range of cars which are of course the 3, 5 and 7 series that will all share the same motor, of course with minor changes in order to suit the vehicle and gain the maximum potential possible. Also you may ask yourselves, why not buy a diesel?

Well, once again: very simple. Petrol burns a lot more cleanly and with the electric assist, the car will last longer, and it will save you on fuel bills and more than that, it will be fun on the road. The technology will, of course, be offered with our 8 speed automatic option with the additional tip-tronic switch over, for those who want to get the most out of their driving experience, and a 6 speed manual which will be offered for those who want sheer driving experience combined with an incredible fuel consumption that we have managed to achieve. These vehicles are no different to drive than what you currently have parked on your drive way or at home. We at BMW have ensured that the latest computer software has been installed into every in- car entertainment systems so that everyone can get the most out of their hybrid and adjust their driving styles in accordance with what they are looking to achieve. So please, when you are ready with any questions or doubts you may have, we have brought both 3 and 5 series luxury along with us outside today which are outside on the test track. We are aiming to change your minds to what a hybrid stands for. We want the cars to do the talking for us by taking your breath away on the track. So, once again, thank you all very much for being here today. I hope that after this presentation, you will see clearly the leap forward that has been taken in this sector of the motor industry. Our demonstrators await you on the test track. Enjoy the BMW Active Hybrid.

2.3. Documentación: recursos

Partiendo de las palabras anteriormente mencionadas, el alumnado debe iniciar una búsqueda individual, primeramente, de fuentes documentales para encontrar términos especializados en el ámbito de la automoción. En numerosas ocasiones nos hemos encontrado con que el alumnado piensa que no conoce terminología específica al respecto. Siempre existen excepciones, pero si esto ocurre, en una primera sesión de *briefing*, podemos mostrarles que son capaces de pensar en términos pertenecientes a este campo, especialmente ligados a su propio vehículo, las autoescuelas o los anuncios de televisión.

Se trata de un ejercicio de anticipación, pues conociendo los términos indicados deben presuponer qué terminología puede aparecer en el vídeo y hacer la búsqueda tanto en inglés como en español. Para ello se les proporciona el siguiente enunciado:

> *Imagina que te contratan como intérprete EN-ES para trabajar como intérprete en la presentación de un nuevo vehículo que va a salir al mercado español. Busca glosarios, páginas y recursos en los que puedas documentarte sobre este tema. ¿Existe algún recurso específico? ¿Son generales? ¿Alguno especialmente diseñado para intérpretes?*

Después, se hace una puesta en común de los recursos encontrados, con el propósito de elaborar un glosario básico sobre el tema del que tratará el discurso original. De este modo, el alumnado busca, por ejemplo, corpus paralelos, páginas de concesionarios (en este caso sería apropiado conocer la de BMW[2]), empresas del sector (como General Motors), prensa especializada, revistas o programas sobre automoción, libros o manuales sobre los temas concretos que necesitamos, por ejemplo.

Otras fuentes útiles pueden ser los diccionarios monolingües, bilingües o multilingües que incluyan las lenguas de trabajo (inglés-español), glosarios de instituciones de prestigio, blogs especializados, foros de traducción, talleres, etc.

---

2 Para este caso concreto podemos consultar la información de la empresa BMW en español sobre el coche híbrido enchufable, disponible en: https://www.bmw.es/es/topics/mundo-bmw/bmw-hibridos-y-electricos/plug-in-hybrids-new.html (*BMW España, BMW Híbridos Enchufables: Información actual y visión general*, fecha de consulta: 23 sep. 21).

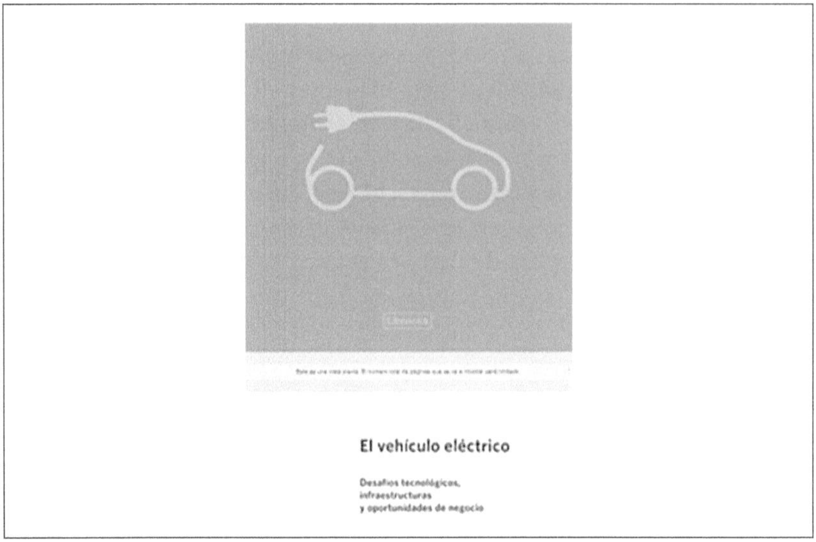

Figura 3. Portada y primera página del libro: el vehículo eléctrico (2011), citado en bibliografía.

Existen múltiples recursos útiles, fiables y de gran calidad, especialmente monolingües y multilingües, que pueden emplearse con este propósito; sin embargo, resulta imprescindible hacer una buena selección a la hora de extraer los términos relevantes que conformarán el corpus que posteriormente servirá para la preparación de la actividad. Los recursos van desde los más tradicionales, como el *Diccionario politécnico de las lenguas española e inglesa* (1997), a los más modernos, como pueden ser las aplicaciones móviles bilingües[3], disponibles *offline* con un solo clic (muy útiles en cabina) o las carpetas compartidas (para compartir información en tiempo real entre compañeros/as).

3 Una de las primeras compañías en desarrollar aplicaciones móvil para vehículos fue *Tesla*, su nombre actualmente es *Tesla Automation:* "El caso más llamativo y que primero usaron APPS en sus coches fue Tesla, el cual desarrolló una APP para poder comunicar el vehículo con el móvil y poder realizar funciones de lo más variadas…" (Foro Someléctricos, 2020: en línea, disponible en: https://somoselectricos.com/las-apps-cada-vez-mas-importantes-en-el-sector-de-la-automocion/ (23 sep. 21).

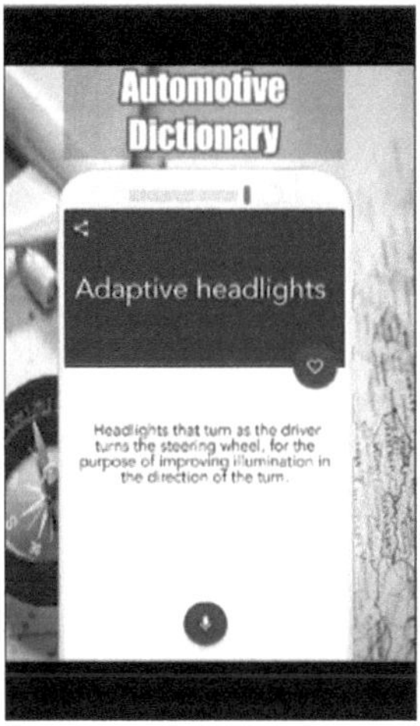

Figura 4. Pantalla de la aplicación móvil *Automotive Dictionary.*

La lingüística de corpus ya se ha aplicado a la formación de intérpretes (Corpas Pastor, 2008) e incluso al análisis de los procesos cognitivos de los intérpretes profesionales. No obstante, Gallego y Tolosa (2012, pág. 36) indican que:

> (…) no parecen existir tantos trabajos que incidan en el uso de los corpus como recursos documentales para extraer terminología con el objeto de anticiparse a posibles problemas y dificultades durante la interpretación de la conferencia en sí o que expliquen las ventajas e inconvenientes que plantea la utilización de corpus para la confección de glosarios desde una perspectiva profesional y/o docente, si exceptuamos algunas contribuciones como la de Szabó (2003).

En este trabajo los autores proponen la compilación de un corpus de textos paralelos específico para un encargo de interpretación en varias fases: 1) Identificación de sitios web multilingües, 2) Selección de un sistema de recuperación de información, 3) Generación de listados, 4) Eliminación de duplicados y ordenación, 5) Utilización del gestor de descargas WinHTtrack, 6) Identificación numérica, 7) Alineación para la obtención de terminología bilingüe (empleando *YouAlign*). Posteriormente, analizan las ventajas e inconvenientes de llevar a cabo esta labor para la interpretación profesional.

Un recurso que tradicionalmente se ha empleado con menos frecuencia en interpretación es el que nos brinda la traducción automática (en algunas ocasiones, combinado con el reconocimiento de voz, puede resultar útil para resolver dudas concretas), así como las herramientas de gestión de contenidos especialmente diseñadas para la interpretación, como *Interplex*:

> Interplex (<http://www.fourwillows.com/interplex.html>), por ejemplo, permite gestionar, alimentar y explotar diversos glosarios multilingües en un mismo entorno. Puede resultar particularmente interesante su función de consulta de términos, que permite identificar al instante cualquier entrada, sin necesidad de introducir acentos o palabras completas (Gallego-Hernández y Tolosa-Igualada, 2012, pág. 36).

En esta misma línea, son reseñables los programas *Glossary Assistant, InterpretBank, Intragloss, Interpreters' Help, Lookup o Termius*, gestores terminológicos para el intérprete con distintas funcionalidades, como son la extracción terminológica, la consulta de diccionarios, la posibilidad de compartir glosarios, la gestión de trabajos y encargos, etc.

Figura 5. Captura de pantalla de la web *Interpreters' Help*[4]

[4] Disponible en línea en: https://www.interpretershelp.com/

Por otro lado, son pioneros los trabajos de Pérez Carrasco y Seghiri Domínguez (2021), con un proyecto llamado *InterpreTech*, aún en desarrollo, pero específico para la interpretación en este sector[5], donde se recogen más de cien recursos de distintas tipologías disponibles para el intérprete que trabaja en automoción.

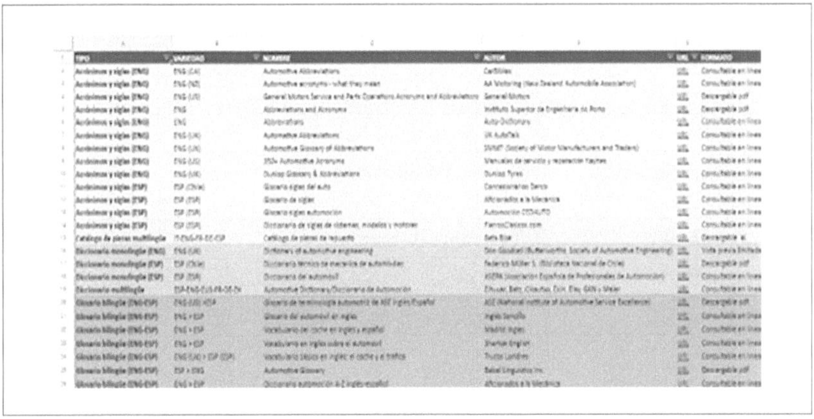

Figura 6. Listado de recursos sobre automoción disponibles en la web *InterpreTECH*.

2.4. Elaboración de glosarios y símbolos

Empezamos a elaborar nuestro glosario partiendo de las palabras clave del discurso, a las que añadiremos otros conceptos que intuimos que podrán ser de utilidad. Seleccionamos la terminología específica y la completamos con la que hemos extraído de los recursos encontrados tras la puesta en común. Durante todo el proceso, el profesor sirve de guía para aumentar o disminuir la cantidad de fuentes empleadas, para cribar los recursos encontrados y para cronometrar la fase de documentación previa a la interpretación.

Una vez extraídos los términos, se propone realizar una serie de símbolos sobre el campo de la automoción para facilitar la toma de notas (si trabajamos la adquisición de técnicas para la interpretación consecutiva). Dichos símbolos serán creados *ad hoc*, como si de un encargo de interpretación se

5 Disponible en: https://interpretech1.wordpress.com/recursos-terminologicos-para-automocion/ (23 sep. 21)

Figura 7. Glosario de palabras clave

Inglés	Español
Hybrid engine	Motor híbrido
Fuel efficiency	Eficacia del combustible
Internal combustion engine	Motor de combustión interna
Petrol powered unit	Motor de gasolina moderno
Range	Gama
Electic assist	Asistencia eléctrica
Tip-Tronic*	Opción manual / cambio de marcha al volante
In-car entertainment system	Sistema multimedia
Fuel consumption	Consumo de combustible
8 speed automatic	Caja de cambios automática de 8 marchas
6 speed manual	Caja de cambios manual de 6 marchas

tratase. En el caso de realizar más actividades con la misma temática, la lista de símbolos puede ampliarse o reutilizarse.

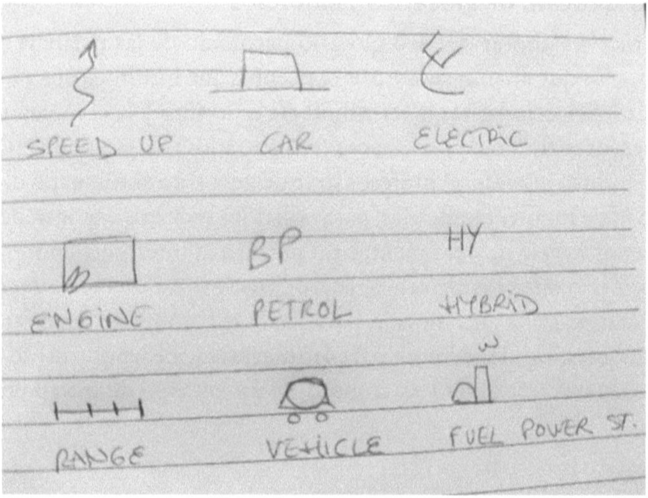

Figura 8. Símbolos sobre el ejercicio de automoción

2.5. Ejecución del ejercicio y autoevaluación

La última fase de la actividad es la reproducción del vídeo. Los alumnos toman notas mientras escuchan el ejercicio en inglés y luego lo reproducen en español mientras se graban utilizando un programa a tal efecto. La evaluación puede realizarse: por parejas, mediante autorrevisión o en grupo. Valoramos la intervención según la aparición o no de los siguientes elementos:

1. Las ideas principales (comprensión).
2. El vocabulario especializado adquirido (precisión).
3. Errores graves: las adiciones, los falsos sentidos, las omisiones, etc.
4. Producción oral: entonación, vocalización, tono, dicción, uso del idioma (gramática, sintaxis, coherencia discursiva, temporalidad, etc.).

Los alumnos/as suben sus tareas al espacio virtual de la asignatura para poder realizar la evaluación por parte del profesor. Las actividades también se corrigen de forma colectiva en clase, poniendo de manifiesto las principales dificultades, resolviendo dudas de tipo terminológico, cultural, traductológico y ético. La evaluación de las tareas no presenciales y autónomas, es decir, la elaboración de glosarios y la fase previa de documentación, se efectúa mediante la participación en el foro virtual de la asignatura. También se comentará en clase. Por último, se tendrá en cuenta la entrega de las actividades opcionales y la participación activa en clase.

3. Consideraciones finales

La interpretación es una disciplina compleja que requiere un arduo aprendizaje. Muchos intérpretes trabajan en contextos altamente especializados, bien en plantilla, en cuyo caso han de formarse en ese campo antes de comenzar su carrera profesional y durante la misma, o de forma autónoma. Los intérpretes *freelance* trabajan en multitud de contextos especializados diferentes, cuyas temáticas varían según los encargos que acepten. Por eso, en cualquier caso, es especialmente importante enseñar al alumnado a realizar una buena tarea de documentación previa, una adquisición de la terminología específica y, por supuesto, un gran manejo de habilidades discursivas, conocimiento cultural y gestión del estrés.

Como ejemplo para la elaboración de una unidad didáctica diseñada para enseñar la interpretación de conferencias en un nivel especializado hemos seleccionado el campo de la automoción, muy poco estudiado a nivel académico de la mano de la interpretación. Por una parte, el sector automovilístico, como hemos podido comprobar, goza de un gran prestigio en el ámbito tecnológico, del que se nutre constantemente, y, por otra parte, supone una fuente importante de ingresos mundiales en el ámbito comercial. De igual forma, el sector automovilístico es uno de los más productivos globalmente (especialmente en China y EE. UU.), pero en especial a nivel europeo, pues Alemania, Francia y Reino Unido, encabezan la lista de grandes países productores. Al mismo tiempo, España es un país receptor de este producto, lo que repercute directamente en la producción lingüística en la combinación inglés como lengua origen y español España como lengua meta, motivo por el cual hemos seleccionado estos idiomas para la realización de un ejercicio de interpretación especializada híbrida entre la automoción y el *marketing*, cuyo objetivo es desarrollar las técnicas de búsqueda, documentación, creación de glosarios, aprendizaje de terminología e improvisación del alumnado.

4. Agradecimientos

El presente trabajo se enmarca (parcialmente) en el seno de los proyectos INMOCOR (Ref. P20_00109) y BIJOULEX: Creación de Una Herramienta Terminológica multilingüe y multimodal (Ref. UCO-1381382).

Referencias bibliográficas

Abril Martí, M.ª I., Collados Aís, A. y Martin, A. (2000). La interpretación de conferencias en el mercado libre en Kelly, D. A. *La traducción y la interpretación en España hoy: perspectivas profesionales* (pp. 171–188). Granada: Comares.

Ágora (2018). La traducción en la industria de la automoción, Blog Ágora. Recuperado de https://www.agorafs.com/blog/

Alphatrad (2014). La importancia de la traducción en el mundo del motor, Blog Alphatrad. Recuperado de http://cort.as/-ITjV

ANFAC (2017). Informe anual 2017 de la Asociación Española de Fabricantes de Automóviles y Camiones. Recuperado de http://cort.as/-ITic

Baigorri Jalón, J. (2015). The history of the interpreting profession. En Jourdenais, R. y Mikkelson, H. (Eds.), *The Routledge Handbook of Interpreting* (pp. XX-YY). Londres/Nueva York: Taylor and Francis.

Boronat, R., y García, M. (2011). Sociedad de Técnicos de Automoción (STA). *El Vehículo Eléctrico. Desafíos tecnológicos, infraestructuras y oportunidades de negocio*. Barcelona: Librooks.

Gallego Hernández, D. (2010). Acquiring instrumental sub-competence by building do-it-yourself corpora for business translation. Lancaster University. Recuperado de https://www.lancaster.ac.uk/fass/projects/corpus/UCCTS2010Proceedings/papers/Hernandez.pdf

Gallego-Hernández, D. y Tolosa-Igualada, M. (2012). Terminología bilingüe y documentación ad hoc para intérpretes de conferencias. Una aproximación metodológica basada en corpus. *Estudios de Traducción, 2*, 33–46.

Diriker, E. (2015). Conference Interpreting. En Jourdenais, R. y Mikkelson, H. (Eds.). *The Routledge Handbook of Interpreting*. Londres/Nueva York: Taylor and Francis.

Intertradoc (2016). Traductores técnicos y científicos, Blog Intertradoc. Recuperado de http://cort.as/-ITk9

Jiménez Gutiérrez, I. y Astorga Zambrana, E. (2010). La Traducción de textos del ámbito de la automoción en el aula de traducción especializada (francés-español). En E. Alarcón, *La traducción en contextos especializados. Propuestas didácticas* (pp. 207–218). Granada: Atrio.

Jiménez Hurtado, C. y Pradas Macías, M. (2006). La formación del redactor técnico en el ámbito de la automoción en español: implicaciones didácticas. En M. T. Fuentes Morán y J. Torres del Rey (Eds.), *Nuestras palabras: entre el léxico y la traducción* (pp. 57–70). Madrid: Iberoamericana; Frankfurt am Main: Vervuert.

Jiménez Serrano, Ó. (2002). *La traducción técnica inglés-español*. Granada: Comares.

Martínez García, A. (2003). Últimas tendencias en la traducción científico-técnica sobre automoción. En García Peinado, M.A. y Ortega Arjonilla, E. *Panorama actual de la investigación en traducción e interpretación* (pp. 181–198). Granada: Atrio.

Moreno Calvo, G. (2020). *Traducción y géneros textuales en el ámbito de la automoción*. TFG. Universidad del País Vasco (EHU).

OICA. International Organization of Motor Vehicle Manufacturers. Recuperado de https://www.oica.net/category/production-statistics/2021-statistics/

Pérez-Carrasco, M. y Seghiri, M. (2021a). *InterpreTECH*. Recuperado de https://interpretech1.wordpress.com/

Renfer, C. (1992). Translator and interpreter training: a case for two-tier system. En C. Dollerup y A. Loddegaard, (Eds.), *Teaching translation and interpreting, talent and experience: papers from the first Language International Conference* (pp. 173–184). Ámsterdam/Filadelfia: John Benjamins Publishing.

Ruiz Rosendo, L. (2004). La interpretación de congresos de medicina y la formación de intérpretes de conferencia. Jornadas sobre la Formación y Profesión del Traductor e Intérprete (04. 2004). *ABACUS. Repositorio de Producción Científica. Universidad Europea*. Recuperado de http://hdl.handle.net/11268/6375

Santamaría Ciordia, L. y Fernández Muñiz, R. (2015). Aplicabilidad del uso de corpus a la docencia en interpretación. La herramienta Universaldoctor Project en la formación del intérprete en el ámbito sanitario. En M. T. Sánchez Nieto, S. Álvarez Álvarez, V. Arnáiz Uzquiza, M. T. Ortego Antón, L. Santamaría Ciordia, R. Fernández Muñiz (Coords.), *Metodologías y aplicaciones en la investigación en traducción e interpretación con corpus* (pp. 197–220). Valladolid: Universidad de Valladolid.

Estudio de caso sobre el uso de la fraseología en la formación de intérpretes

Míriam Buendía-Castro
Departamento de Traducción e Interpretación
Universidad de Granada
mbuendia@ugr.es

ABSTRACT
This article describes a case study carried out with a sample of third-year students of the Degree in Translation and Interpreting at the University of Granada, in their first contact with interpreting (academic year 2020–2021). The case study analyses the phraseological units produced by students of the module of Interpretación I (lengua B inglés) [Interpreting I, from English into Spanish] in a consecutive interpreting assignment from English into Spanish, under examination conditions. The assignment is framed within the technical scientific field (specifically on obesity). The aim of this research is to describe the type of errors that learners tend to make in their mother tongue when having to interpret certain phraseological units, under exam conditions. In the light of the results, this paper proposes some guidelines that could improve the phraseological competence required in introductory interpreting modules.

Keywords: consecutive interpreting, scientific domain, colocation, compound, evaluation

RESUMEN
Este artículo describe un estudio de caso realizado con una muestra de estudiantes de tercer año del Grado en Traducción e Interpretación de la Universidad de Granada, en su primer contacto con la interpretación (curso 2020–2021). El estudio de caso analiza las unidades fraseológicas producidas por los estudiantes de la asignatura de Interpretación I (lengua B inglés) en un encargo de interpretación en modalidad consecutiva del inglés al español, en condiciones de examen. El discurso se enmarca dentro del ámbito científico técnico (concretamente sobre la obesidad). El objetivo de esta investigación es describir el tipo de errores que suelen cometer los estudiantes en su lengua materna cuando se enfrentan a la interpretación de determinadas unidades fraseológicas, en condiciones de examen. A la luz de los resultados, este trabajo propone algunas directrices que podrían mejorar la competencia fraseológica requerida en las asignaturas de iniciación a la interpretación.

Palabras clave: interpretación consecutiva, ámbito científico, colocación, compuesto, evaluación.

1. Introducción

Se estima que en torno al 80 % de las palabras en un discurso se eligen según el principio de coselección y no por razones puramente sintácticas o gramaticales (Sinclair, 2004). Así pues, el análisis de cómo se combinan unas palabras con otras palabras es absolutamente necesario para cualquier intérprete que desee producir un texto lo más natural posible y lingüísticamente correcto.

El interés en la didáctica de la fraseología ha cobrado un especial interés en los últimos años, especialmente en lo que se refiere a la enseñanza de la fraseología de una lengua extranjera (Ruiz-Gurillo, 2002, Higueras García, 2006; Meunier y Granger, 2008; *inter alia*) y en los estudios de traducción (Huertas Barros y Buendía Castro, 2018; Leiva Rojo, 2018). Sin embargo, la investigación sobre la didáctica de la fraseología en la formación de intérpretes sigue siendo escasa. Las especificidades del intérprete como mediador lingüístico y cultural requieren una metodología didáctica específica. En este sentido, es necesario que los intérpretes en formación adquieran lo que se ha denominado *competencia fraseológica* (Howarth, 1998), es decir, una especie de capacidad del estudiante para producir colocaciones convencionales y el resto del lenguaje fraseológico (Turner, 2014, pág. 222).

En este sentido, en este artículo se analizan las unidades fraseológicas producidas por los estudiantes de tercer curso del Grado de Traducción e Interpretación de la Universidad de Granada, en un encargo de interpretación consecutiva (inglés-español), en condiciones de examen.

El capítulo está organizado como se detalla a continuación. La sección 2 ofrece una visión general de nuestro enfoque sobre la fraseología y las unidades fraseológicas. La sección 3 describe la clasificación de errores de interpretación utilizada en nuestro estudio de caso. La sección 4 expone nuestro caso práctico, que incluye una descripción general del estudio, la muestra y contextualización, así como el tipo de discurso y el encargo. En la sección 5, se analizan y describen los errores de interpretación más recurrentes que cometieron los estudiantes al enfrentarse a determinadas unidades fraseológicas de un discurso semiespecializado dentro del dominio científico y, más concretamente, del de la obesidad. Por último, la sección 6 señala las principales conclusiones extraídas de nuestro estudio y algunos enfoques para desarrollar y mejorar la competencia fraseológica requerida en las asignaturas de interpretación.

2. Aproximación al concepto de colocación y compuesto

El análisis de cómo las palabras se combinan con otras palabras es absolutamente necesario para cualquier lingüista y, más concretamente, para cualquier traductor o intérprete. La combinación de palabras es, de hecho, el objeto de estudio de la fraseología. En líneas generales, la fraseología es la disciplina que se encarga del estudio de las frases, entendiendo las *frases* como cualquier expresión multipalabra hasta el nivel de la oración (Pawley, 2001, pág. 122). En inglés son muchas las denominaciones existentes para hacer referencia a estas frases o unidades fraseológicas (p. ej. *ready-made expressions, routine formulae, fixed expressions, multiword units, frozen phrases*, etc.) (Wray, 2000, pág. 465). En lugar de hablar de lenguaje fraseológico, Wray (2000, pág. 465) utiliza el concepto de *formulaic language* y propone el término *formulaic sequence* como término equivalente al de *unidad fraseológica*. En el caso del español, se han propuesto distintas denominaciones como *expresión pluriverbal, expresión fija, fraseologismo, frasema, unidad fraseológica, unidad léxica pluriverbal*, etc. (Corpas Pastor, 1996, pág. 17). El término dominante en el ámbito del Procesamiento del Lenguaje Natural sería *multiword unit* (unidad multipalabra), mientras que la denominación *phraseological unit* (unidad fraseológica) es la denominación que se prefiere en la fraseología (Corpas Pastor, 2003). En este trabajo se utilizará la denominación *unidad fraseológica*, la cual se define como

> [...] una combinación estable de al menos dos palabras, que, en virtud de las distintas corrientes, tendrá como límite superior el sintagma o la oración compuesta y presentará como rasgos inherentes la fijación o la idiomaticidad por si solas, o bien una combinación de ambos criterios. (Corpas Pastor, 2003, pág. 134).

No obstante, los límites de las unidades fraseológicas son extremadamente difusos. Al igual que ocurre con otros muchos fenómenos lingüísticos, no existe consenso en cuanto a la denominación de dichas unidades, sus propiedades o sus límites (Cowie, 2012, pág. 389). En este sentido, hay investigadores que consideran como unidades fraseológicas únicamente a las expresiones fijas, tales como las locuciones idiomáticas (*idioms*) (García Page, 2008; Rossenbeck, 1989; Zuluaga, 1997); mientras que otros defienden una postura más amplia en la que todos los tipos de unidades plurilexemáticas frecuentes en el discurso forman parte de la fraseología (Pawley, 2001, pág. 122). Los autores que defienden una visión más amplia del concepto de fraseología consideran que las unidades fraseológicas son todas las combinaciones de palabras que tienen cierta estabilidad. Esto incluye no solo las frases hechas, sino también las colocaciones y los compuestos. Este enfoque fue adoptado por Corpas Pastor (2003), Gläser (1988) o Hausmann (1989), entre otros muchos autores que creen que las colocaciones son fundamentales para el estudio de la fraseología.

Nosotros seguimos una concepción amplia de la fraseología. Así pues, en nuestra aproximación al concepto de *unidad fraseológica* tienen cabida tanto las *colocaciones* como los *compuestos*. En nuestro enfoque, una *colocación* puede definirse como la combinación de dos o más palabras que aparecen frecuentemente combinadas entre sí y en la que cada unidad léxica conserva su significado. El colocativo (el verbo o el adjetivo) está limitado por el significado de la base (normalmente el nombre), pero al mismo tiempo, el colocativo limita el tipo de nombres que pueden combinarse con él (Buendía, Montero y Faber, 2014; Montero y Buendía, 2017). Así, por ejemplo, en la colocación 'underestimate a figure' –una de las unidades objeto de análisis en esta investigación (véase Anexo 1)– tanto '*underestimate*' como '*figure*' mantienen sus respectivos significados. En este sentido, '*figure*' ['cifra'], puede aparecer con verbos que activan el significado de estimar, representar o situar (por ejemplo, '*underestimate*') y, al mismo tiempo, el predicado '*underestimate*' ['subestimar'] requiere, entre otros, sustantivos o sintagmas nominales que se asocien con una cantidad (por ejemplo, '*figure*'). De acuerdo con los enfoques basados en la semántica, lo que distingue una combinación como '*underestimate a figure*' de '*see a figure*' son las definiciones de ambos elementos. Como se ha visto, la definición de '*figure*' no hace referencia a verbos como '*see*'. Por lo tanto, la combinación '*see a figure*' es una combinación libre, mientras que '*underestimate a figure*' es una colocación.

A diferencia de las colocaciones, los compuestos suelen definirse como una palabra (en el sentido de lexema) que está formada por otras dos palabras (en el sentido de lexema) (Bauer, 1988, pág. 65). Esto significa que designan un único concepto. Como los compuestos nominales en inglés son combinaciones de sustantivo + sustantivo o adjetivo + sustantivo y las colocaciones pueden tener una estructura similar, a menudo es difícil diferenciarlas de los compuestos. A este respecto, Meyer y Mackintosh (1996, pág. 3) acuñaron el término *frasema* para referirse tanto a las colocaciones como a los compuestos. En esta investigación, sí realizamos la distinción entre compuestos, por un lado, y colocaciones, por otro, y nos referiremos a ambas unidades como *unidades fraseológicas*.

Como se muestra en la sección 5, nuestro estudio analiza tanto los compuestos como las colocaciones. Más concretamente, las unidades fraseológicas analizadas fueron las siguientes: '*underestimate a figure*', '*lockdown*', '*panic buying*', '*exercise in public*', '*BMI*', '*have the (full) experience*', '*intensive care*', '*personal trainer*' y '*weight management*'.

3. Errores y evaluación de la interpretación

La evaluación en interpretación, al igual que ocurre con la traducción, se ha basado fundamentalmente en el concepto de error (véase Altman, 1994; Barik, 1994; Schjoldager, 1996, *inter alia*). Definir el concepto de error en interpretación no está exento de dificultad, ya que no se está evaluando una competencia única, sino varias competencias y su interrelación. Tal y como señalan Martin y Abril (2002, pág. 82), un error debería ser aquello que dificulta la comunicación:

> [...] una omisión o adición puede resultar irrelevante para el resultado comunicativo, puede incluso facilitar la comunicación o por el contrario puede constituir un error de distintos grados de gravedad. Parecería lógico postular que la gravedad de un error debe juzgarse en función de la medida en que obstaculiza la comunicación del mensaje del orador a unos destinatarios concretos.

La noción de error en interpretación está estrechamente vinculada con la noción de calidad de la interpretación y con la evaluación de la interpretación. La identificación y clasificación de los errores en nuestro estudio de caso se ha realizado tomando como referencia la plantilla de evaluación que se recoge en Martin y Abril (2002, pág. 85). Esta se basa en tres grandes bloques, a saber, *contenido*, *expresión lingüística* y *presentación*.

En la evaluación del *contenido*, se tiene en cuenta el porcentaje de información transmitida; si las referencias culturales, cifras y la terminología específica se trasladaron de forma adecuada; y las pérdidas de sentido (Martin y Abril, 2002, pág. 85). Cuando se habla de pérdidas de sentido, además de considerar la correcta transferencia de las referencias culturales, la terminología y las cifras, se tienen en cuenta las omisiones, adiciones de información, falsos sentidos/cambios de sentido, contrasentidos, sin-sentidos, precisión o ambigüedad (Martin y Abril, 2002, pág. 85).

En el segundo gran bloque de la plantilla de evaluación, la *expresión lingüística*, se incluyen elementos como la naturalidad y la adecuación de las expresiones lingüísticas utilizadas, la corrección gramatical y el registro.

A priori cabría pensar que los errores fraseológicos se situarían exclusivamente dentro del apartado lingüístico. No obstante, si un error colocacional da lugar a un error de sentido, se situaría, sin lugar a dudas, dentro del apartado de errores de sentido.

Por último, en la *presentación de la información*, se tienen en cuenta parámetros como el ritmo, la fluidez, los falsos comienzos, los elementos expletivos como las muletillas, el alargamiento de sonidos de relleno, la entonación adecuada, el acento, el contacto visual o el lenguaje no verbal[1].

A. **PRIMERA IMPRESIÓN (como cliente potencial)**
B. **SEGUNDA ESCUCHA (corrección detallada)**
I. **COHERENCIA INTERTEXTUAL (60%)**
  1. ***Porcentaje de información transmitida:***
  2. ***Pérdidas de sentido:***
    a) **cambio de sentido/falso sentido:**
    b) **contrasentido:**
    c) **sin-sentido:**
    d) **falta de precisión ling./ambigüedad:**
  3. ***Referencias culturales —Cifras— Term. específica***
II. **EXPRESIÓN LINGÜÍSTICA (20%)**
  1. ***Corrección gramatical:***
  2. ***Registro:***
III. **PRESENTACIÓN (20%)**
  1. ***Agilidad/fluidez:***
  2. ***Vocalización/entonación/tono, etc.:***
IV. **ESTRATEGIAS**
V. **VALORACIÓN GLOBAL**

Figura 1. Plantilla de evaluación para interpretación de la Universidad de Granada
Fuente: Martin y Abril (2002, pág. 85)

Tal y como se puede observar en Figura 1, el contenido representa el 60 % del total de la puntuación de la prestación del estudiante, lo que da idea de

1 Conviene destacar que en nuestro estudio no se ha tenido en cuenta el parámetro de la presentación porque no se ha analizado la prestación completa del estudiante.

su importancia. La expresión lingüística, un 20 % y, la presentación, el 20 % restante. No obstante, es cierto que estos porcentajes son susceptibles de variación y, de hecho, tal y como sugieren las autoras, a medida que se avanza en el dominio de las técnicas de interpretación, van adquiriendo una mayor importancia la expresión lingüística y la presentación.

4. Diseño del estudio

En esta sección se describe el estudio de caso llevado a cabo con estudiantes de tercer año del Grado de Traducción e Interpretación (lengua B inglés) de la Universidad de Granada. El objetivo de la investigación es describir el tipo de errores que suelen cometer los estudiantes en su lengua materna (español) cuando se enfrentan a determinadas unidades fraseológicas, en un encargo de interpretación consecutiva semiespecializado (inglés-español), en condiciones de examen. En primer lugar, se proporcionará una contextualización de la asignatura en cuestión y el perfil de los estudiantes, seguido de una descripción del estudio de caso y del tipo de discurso y el encargo.

4.1. Muestra y contextualización de la asignatura

La muestra está compuesta por 27 estudiantes (todos nativos españoles), de tercer curso del Grado de Traducción e Interpretación (lengua B inglés) de la Universidad de Granada, que cursaban la asignatura Interpretación I inglés (6 créditos) durante el segundo semestre del curso académico 2020–2021. Dos de los principales objetivos de la asignatura son la práctica con eficacia de la técnica de interpretación monológica (consecutiva) y dialógica (bilateral) a un nivel básico. La evaluación está compuesta por tres pruebas: un seminario de interpretación bilateral (30 %), una prueba de interpretación consecutiva (35 %) y otra de bilateral (35 %).

4.2. Descripción del estudio de caso: tipo de discurso y encargo

Este estudio de caso se centra en una de las pruebas de evaluación (la prueba de interpretación consecutiva, inglés-español). Se trataba de un discurso semiespecializado que versaba sobre la obesidad y, más concretamente, sobre la relación entre la obesidad y la pandemia provocada por la Covid-19. En clase ya se había abordado tanto la temática del coronavirus como la de la obesidad, por lo que los estudiantes estaban familiarizados con estos dominios.

El texto contiene 261 palabras (véase Anexo I), extraído y adaptado del sitio web de The Vitality Clinic[2], un centro médico de Surrey. El encargo decía así:

> La Dra. Harrisson, profesora de la Universidad de Oxford y especialista en materia de obesidad y sobrepeso, viene a la Escuela Andaluza de Salud Pública de Granada a impartir una charla titulada «Obesity and the Covid-19 pandemic» dentro del *Seminario de obesidad y sobrepeso* que se organiza cada año.

Pese a las circunstancias extraordinarias provocadas por el coronavirus, la prueba se realizó de forma presencial, en el laboratorio de interpretación de la Facultad de Traducción e Interpretación de la Universidad de Granada, en la fecha oficial que figura en el calendario de exámenes 2020/2021 de dicha facultad. A continuación, se detalla el desarrollo de la prueba. En primer lugar, la docente pronunció el discurso a una velocidad de 125 palabras por minuto, mientras los estudiantes tomaban las notas oportunas; al finalizar el discurso, se dejaron cinco minutos para que pudieran revisar y reorganizar sus notas; por último, los estudiantes hicieron su interpretación consecutiva. Las producciones quedaron grabadas.

5. Análisis y discusión del estudio de caso

A continuación, se analizan las pautas y estrategias de interpretación empleadas por los estudiantes a la hora de enfrentarse a determinadas unidades fraseológicas en un encargo de interpretación consecutiva semiespecializado (véase el discurso en el Anexo 1). Para cada unidad fraseológica, se muestra una tabla con dos columnas. En la columna de la izquierda, se ofrecen los errores o prestaciones menos adecuadas proporcionadas por los estudiantes y, en la columna de la derecha, el número de estudiantes que cometieron dicho error. Asimismo, se incluye la omisión como un tipo de error, cuando se comprueba claramente que la omisión ha llevado a pérdida de información y no se ha utilizado como estrategia.

Como se ha mencionado anteriormente, las unidades fraseológicas que se analizaron fueron las siguientes: *'underestimate a figure'*, *'lockdown'*, *'panic buying'*, *'exercise in public'*, *'BMI'*, *'have the (full) experience'*, *'intensive care'*,

2 https://thevitalityclinic.co.uk/covid-19-and-obesity-the-deadly-combination/

'personal trainer' y *'weight management'*. La razón que nos llevó a elegir estas unidades fue el hecho de que plantearon, en general, bastantes problemas en la reformulación.

Una de las colocaciones que ocasionó más problemas de interpretación fue *'underestimate a figure'*. Algunas opciones de reformulación adecuadas en español serían: 'la cifra está subestimada', 'la cifra es muy inferior a la realidad', 'la cifra está muy por debajo de la realidad', 'la cifra dista mucho de la realidad' o cualquier expresión que exprese el mismo significado. De los 27 estudiantes, 8 (en torno al 30 %) proporcionaron una traducción inadecuada, desde el punto de vista del contenido. Tal y como puede observarse en la Tabla 1, la omisión fue la estrategia predominante (3 estudiantes). Otros errores fueron un contrasentido unido a un calco 'figura sobreestimada'; ycambios de sentido como 'no se ha dado importancia' o 'esto no es real'. Asimismo, encontramos otra instancia de cambio de sentido unido a un error colocacional ('el número de casos ha incrementado'), puesto que no se transmite la idea original y, además, 'incrementar' no suele combinarse con 'el número de casos'.

Tabla 1. Errores de traducción para *'underestimate a figure'*

'underestimate a figure'	Número de estudiantes
'no se ha dado importancia'/ 'problema al que no se le ha dado la importancia que debería'	2
'el número de casos ha incrementado'	1
'figuras sobreestimadas'	1
'esto no es real'	1
OMISIÓN	3

Otro de los compuestos que, contrariamente a lo esperado, planteó bastantes dificultades fue *'lockdown'* ['confinamiento']. Desde el año 2020 con la pandemia provocada por la Covid-19, se ha producido la desterminologización de 'confinamiento', es decir, ha pasado de estar relegado al lenguaje especializado a ser uno de los vocablos más utilizados por todos. De hecho, los principales recursos lexicográficos y terminográficos ya incluyen la entrada de *'lockdown'* ['confinamiento'], dentro del subdominio de salud pública o epidemia, como es el caso de cuatro de los principales recursos multilingües disponibles en línea, a saber, IATE[3], TERMIUM Plus[4], UNTERM[5] y Le Grand Dictionnaire Terminologique[6] (Buendía Castro, 2020, págs. 91–100). No obstante, sigue existiendo gran confusión entre términos como 'confinamiento' o 'cuarentena'. Tal y como recogen Sánchez-Villena y De la Fuente-Figuerola (2020, pág. 74):

> [El] concepto de cuarenta, hace referencia la restricción, voluntaria u obligatoria, del desplazamiento de individuos que han estado expuestos a un potencial contagio y que posiblemente se encuentren infectados. Durante este tiempo, las personas deben permanecer en un lugar determinado hasta que pase el periodo de incubación de la enfermedad. […] Por su parte, el confinamiento es una intervención que se aplica a nivel comunitario cuando las medidas mencionadas anteriormente han sido insuficientes para contener el contagio de la enfermedad.

Prueba de esta confusión terminológica es que 7 estudiantes optaron por 'cuarentena' en lugar de 'confinamiento', confundiendo así ambos términos. Asimismo, hubo un caso aislado que se decantó por 'arresto domiciliario' y dos instancias de omisión (véase Tabla 2). El total de estudiantes que no consiguieron transmitir la idea original fue de 10 (en torno a un 37 %).

Tabla 2. Errores de traducción para ***'lockdown'***

'lockdown'	**Número de estudiantes**
'cuarentena'	7
'arresto domiciliario'	1
OMISIÓN	2

El compuesto *'panic buying'* también causó bastantes problemas. Del total de 27 estudiantes, 22 (más del 80 %) no consiguieron trasladar el compuesto o su significado subyacente de manera adecuada. Se trata de un neologismo bastante reciente, también originado en el marco de la epidemia de la Covid-19, cuando se generó esa angustia por el posible desabastecimiento de, entre

3 https://iate.europa.eu/home
4 https://www.btb.termiumplus.gc.ca/tpv2alpha/alpha-eng.html?lang=eng
5 https://unterm.un.org/unterm/portal/welcome
6 http://gdt.oqlf.gouv.qc.ca

otros, el papel higiénico y otros bienes de primera necesidad y, por ende, se incentivaron esas compras motivadas por el miedo. IATE, ya incluye el compuesto entre sus entradas con la traducción hacia el español como 'compras de pánico' o 'compras motivadas por el miedo'[7]. La mayoría de los estudiantes ante, posiblemente, la inseguridad de no saber cómo abordar la traducción del compuesto, optaron por la omisión (18 estudiantes), mientras que 3 intentaron la equivalencia con sintagmas encabezados con 'pánico', pero que dieron lugar a errores de sentido (por ejemplo, 'pánico a lo desconocido', 'pánico a salir a la calle' o 'pánico con respecto a la comida'). Por último, encontramos una instancia donde se genera un sinsentido ('muchos recursos se han visto afectados').

Tabla 3. Errores de traducción para *'panic buying'*

'panic buying'	Número de estudiantes
'pánico a lo desconocido'	1
'pánico a salir a la calle'	1
'pánico con respecto a la comida'	1
'muchos recursos se han visto afectados'	1
OMISIÓN	18

Pasamos ahora a describir los problemas que ocasionó la traducción de la colocación 'exercise in public' ['hacer ejercicio/deporte en el exterior']. Según los resúmenes colocacionales o *word sketches* generados por el programa de análisis de corpus Sketch Engine[8] (Kilgarriff, Rychly, Smrz y Tugwell, 2004) para el corpus en español Spanish Web 2018, de casi 17 mil millones de palabras, con 'deporte' o 'ejercicio físico' funcionan bien los colocativos generales como 'hacer' (ej. 'hacer deporte', 'hacer ejercicio físico), o 'practicar', muy común en su forma sustantivada (ej. 'la práctica de ejercicio'). No obstante, el colocativo 'ejercitar' no suele combinar con naturalidad con este tipo de sustantivos. En este caso, han sido dos personas las que optaron por 'ejercitar', con el consiguiente calco y falta de naturalidad en español; asimismo, una persona cometió un error de sentido y una adición de información porque lo

---

7 https://iate.europa.eu/search/result/1638947442841/1

8 https://www.sketchengine.eu

entendió como 'hacer menos ejercicio, vida más sedentaria'. Por su parte, 8 estudiantes se decantaron por la omisión. En total 11 estudiantes no lograron trasladar esta colocación de manera adecuada (casi un 41 %).

Tabla 4. Errores de traducción para *'exercise in public'*

'exercise in public'	**Número de estudiantes**
'hacer menos ejercicio, vida más sedentaria'	1
'ejercitar en público'	2
OMISIÓN	8

La sigla BMI *'body mass index'* ['IMC' o 'índice de masa corporal'], a pesar de ser un compuesto especializado, no planteó muchos problemas. Tan solo 3 personas no consiguieron trasladar el significado del compuesto de forma adecuada (2 omisiones y un error de sentido 'personas con alto porcentaje en grasa'). El motivo que, quizás, explique el éxito de esta sigla es que es se abordó en ejercicios de consecutiva en clase puesto que es un término muy común en cualquier encargo sobre sobrepeso u obesidad.

Tabla 5. Errores de traducción para *'BMI'*

'BMI' ('body mass index')	**Número de estudiantes**
'(personas) con alto porcentaje de grasa'	1
OMISIÓN	2

La doble colocación formada por el verbo *'have'* y *'full'* combinados con *'experience'* tampoco estuvo exenta de dificultades. Nuevamente, tras una consulta rápida en el corpus en español Spanish Web 2018 en Skech Engine, para el término 'experiencia' en español, se puede observar que algunos de los verbos con los que combina con más frecuencia son 'vivir' o 'tener', mientras que el adjetivo que quizás se ajuste mejor al expresado por *'full'* en combinación con *'experience'* sea el de 'completa'. Así pues, una posible traducción para esta colocación podría ser la de 'vivir/tener la experiencia completa' o cualquier paráfrasis que active ese significado. Del total de 27 estudiantes, 9 (en torno al 33 %) no consiguieron trasladar el significado de forma adecuada. De ellos, 3 optaron por una omisión completa, 3 por la omisión del adjetivo 'full', 2 proporcionaron instancias poco adecuadas desde el punto de vista fraseológico. En este sentido, encontramos ejemplos como 'ha tenido el pack completo' en los que se acude a un anglicismo innecesario (*'pack'*) o 'ha sufrido la experiencia completa' en el que el problema es la utilización del verbo 'sufrir' que no parece ser el mejor colocativo en este contexto. Finalmente, aparece un sinsentido con la instancia 'tuvo que registrarse', que no tiene nada que ver con el sintagma original.

Tabla 6. Errores de traducción para *'have the full (Covid 19) experience'*

'have the full (Covid 19) experience'	Número de estudiantes
'ha tenido el pack completo'	1
'tuvo que registrarse'	1
'ha sufrido la experiencia completa'	1
OMISIÓN PARCIAL ('full')	3
OMISIÓN COMPLETA	3

El compuesto *'intensive care'* ['cuidados intensivos'] muy utilizado, desafortunadamente, en tiempos de pandemia, planteó problemas casi para la mitad de los estudianes (13 estudiantes). De todos ellos, 11 optaron por la omisión y 2 lo tradujeron por 'urgencias', lo que da lugar a un error de sentido, porque no es lo mismo acudir a urgencias que estar en cuidados intensivos.

Tabla 7. Errores de traducción para *'intensive care'*

'intensive care'	Número de estudiantes
'urgencias'	2
OMISIÓN	11

El compuesto que se describe a continuación, *'personal trainer'* ['entrenador personal'], es también un término muy actual. De los 27 estudiantes, 7 (en torno al 25 %) no optaron por el equivalente adecuado. En primer lugar, 3 de ellos optaron por mantener el anglicismo. Según la clasificación de anglicismos propuesta por Rodríguez Medina (2014), el uso en español de *'personal trainer'* se consideraría un anglicismo puro puesto que se utiliza en su forma original, sin ningún tipo de adaptación. Aunque no se trataría de un error de contenido, que son los más graves, ateniendo a la clasificación de la tipología de errores propuesta por Martin y Abril (2002), supondría un error de lengua. El motivo es que resulta totalmente innecesario acudir a un anglicismo cuando tenemos en lengua española un compuesto para expresar lo mismo (es decir, 'entrenador personal'). Otras 2 personas también cometieron un error que puede categorizarse dentro del bloque lingüístico, pues, aunque nuevamente no supone un error de sentido, resulta poco natural en español decir 'asistente personal' o 'entrenador profesional'. Por otra parte, 1 estudiante cometió un error de sentido al decantarse por 'personal sanitario', quizás al estar en el momento presente tan inmersos en la pandemia, ser el compuesto 'personal sanitario' muy frecuente y por proximidad fonológica. También contabilizamos 1 omisión.

Tabla 8. Errores de traducción para *'personal trainer'*

'personal trainer'	Número de estudiantes
'personal trainer'	3
'asistente personal'	1
'entrenador profesional'	1
'personal sanitario'	1
OMISIÓN	1

El último compuesto objeto de análisis fue *'weight management'*, cuya traducción sería 'gestión/control de(l) peso', según la base de datos terminológica Termium Plus[9]. En este caso, 10 de los 27 estudiantes no consiguieron trasladar de forma adecuada el significado de este compuesto, a pesar de su transparencia y de prácticamente contar con una traducción literal hacia el español. 4 de ellos optaron por omitir el compuesto, mientras que los restantes 6 estudiantes dieron lugar a un cambio de sentido. Encontramos ejemplos como 'controlar su apetito', 'controlar la comida', 'menor control en las comidas', 'comer mucho peor', 'bajar de peso' o 'aumentar de peso'.

9 https://www.btb.termiumplus.gc.ca/tpv2alpha/alpha-eng.html?lang=eng&i=1&srchtxt=WEIGHT+MANAGEMENT&codom2nd_wet=1#resultrecs

Tabla 9. Errores de traducción para *'weight managment'*

'weight management'	**Número de estudiantes**
'controlar su apetito'	1
'controlar la comida'	1
'menor control en las comidas'	1
'comer mucho peor'	1
'bajar de peso'	1
'aumentar de peso'	1
OMISIÓN	4

Tras la descripción detallada de los errores cometidos por los estudiantes a la hora de trasladar cada tipo de unidad fraseológica, se constata que el porcentaje de errores se ha situado entre un 11 % para 'BMI' ['IMC' o 'índice de masa corporal'] y un 81 % para el compuesto *'panic buying'* ['compras motivadas por el miedo']. Otras unidades con altos porcentajes de error han sido *'intensive care'* ['cuidados intensivos'], con un 48 %, y la colocación *'exercise in public'* ['hacer deporte al aire libre'], con un 40 %.

6. Conclusiones

Esta investigación presenta un estudio de caso realizado con estudiantes de tercer año del Grado de Traducción e Interpretación (lengua B inglés) de la Universidad de Granada. El objetivo era el de describir el tipo de errores que suelen cometer los estudiantes al trasladar determinadas unidades fraseológicas del inglés al español, en un encargo de interpretación consecutiva. El análisis ha puesto de manifiesto que tanto las colocaciones como los compuestos plantean muchas dificultades para los estudiantes a la hora de interpretar. Asimismo, se ha comprobado que, con mucha frecuencia, los errores derivados de la traducción de las unidades fraseológicas objeto de análisis son errores de sentido (es decir, contrasentidos, falsos sentidos, sinsentidos, omisiones o adiciones) y, muy pocas veces, errores lingüísticos (tan solo se constató el error colocacional 'ejercitar en público' e 'incrementar la cifra').

A pesar del creciente número de estudios sobre fraseología comparativa en las últimas décadas, nuestro estudio pone de manifiesto la necesidad de seguir investigando sobre la didáctica de la fraseología en la formación de intérpretes, especialmente en su fase inicial. Dado el tamaño relativamente pequeño de nuestra muestra, no podemos generalizar nuestras conclusiones al resto de estudiantes de interpretación. Sin embargo, nuestro estudio de caso comparativo puede servir como un primer paso para identificar las tendencias generales de los errores de interpretación cometidos por muestras similares a la hora de trasladar la fraseología. Para futuras investigaciones, el objetivo es realizar estudios de casos similares que incluyan no solo una muestra más amplia, sino también otros dominios especializados.

7. Anexo 1

Prueba de consecutiva

ENCARGO: La Dra. Harrisson, profesora de la Universidad de Oxford y especialista en materia de obesidad y sobrepeso, viene a la Escuela Andaluza de Salud Pública de Granada a impartir una charla titulada "Obesity and the Covid-19 pandemic" dentro del *Seminario de obesidad y sobrepeso* que se organiza cada año.

Good afternoon ladies and gentlemen,

It is a real pleasure for me to be back in Granada. Thank you for having invited me to talk about the association of obesity and covid-19. As you may know, in the UK, 68% of the population are either overweight or obese, and I personally think the figure is probably underestimated. Studies have confirmed that the Covid-19 pandemic is further increasing the obesity pandemic.

During lockdown, disruption of supplies and panic buying has limited access to fresh real food, encouraging people to rely on unhealthy junk food. In fact, an online survey of over 2,000 participants with a high BMI revealed that 56% reported snacking more frequently and finding it harder to focus on weight management. In addition, restricted and banned access to sports clubs (gyms, swimming pools) has naturally taken its toll on many people's exercise routines. With no gyms, people are reluctant to exercise in public.

Prime Minister Boris Johnson had the full Covid-19 experience in intensive care last April. He acknowledged he was 'too fat,' and since then, he has lost a significant amount of weight with the help of a personal trainer.

Children have also been affected. Compared with the previous year, children were found to have eaten an additional meal per day, slept an extra half hour, spent nearly five hours per day in front of a phone, computer or television, and dramatically increased their consumption of red meat, sugary drinks and junk food.

Thank you

(261 palabras) Adapted from: https://thevitalityclinic.co.uk/covid-19-and-obesity-the-deadly-combination/

Figura 2. Discurso objeto de evaluación para la prueba de interpretación consecutiva (inglés-español)

8. Agradecimientos

El presente trabajo se enmarca (parcialmente) en el seno del proyecto INMOCOR (Ref. P20_00109) y, parcialmente, en el proyecto de I+D+i C-HUM-106-UGR23, *Diseño de un recurso lexicográfico especializado en ciencias (inglés-español) para la educación primaria (DICIENS)*, cofinanciado por la Consejería de Universidad, Investigación e Innovación y por la Unión Europea con cargo al Programa FEDER Andalucía 2021-2027..

Referencias bibliográficas

Altman, J. (1994). Error analysis in the teaching of simultaneous interpretation: A pilot study. En S. Lambert y B. Moser-Mercer (Eds.), *Bridging the Gap. Empirical Research in Simultaneous Interpretation* (pp. 25–38). Amsterdam/Philadelphia: John Benjamins.

Barik, H. (1994). A description of various types of omissions, additions and errors of translation encountered in simultaneous interpretation. En S. Lambert y B. Moser-Mercer (Eds.), *Bridging the Gap. Empirical Research in Simultaneous Interpretation* (pp. 121–138). Amsterdam/Philadelphia: John Benjamins.

Bauer, L. (1988). When is a Sequence of Two Nouns a Compound in English? *English Language and Linguistics*, *2*(1), 65–86.

Buendía Castro, M., Montero Martínez, S. y Faber, P. (2014). Verb collocations and phraseology in EcoLexicon. *Yearbook of Phraseology*, *5*(1), 57–94.

Buendía Castro, M. (2020). *La fraseología en lexicografía y terminografía. Aplicaciones a la traducción*. Granada: Comares.

Corpas Pastor, G. (1996). *Manual de Fraseología Española*. Madrid: Editorial Gredos.

Corpas Pastor, G. (2003). *Diez años de investigación en fraseología: Análisis sintáctico-semánticos, contrastivos y traductológicos*. Frankfurt am Main/Madrid: Vervuert, Ibero-America.

Cowie, A. P. (2012). IJL: Dictionaries, language learning and phraseology. *International Journal of Lexicography*, *25*(4), 386–392.

García Page, M. (2008). *Introducción a la fraseología española*. Barcelona: Anthropos.

Gläser, R. (1988). The Grading of Idiomaticity as a Presupposition for a Taxonomy of Idioms. En W. Hüllen y R. Schulze (Eds.), *Understanding the Lexicon: Meaning, Sense and World Knowledge in Lexical Semantics* (pp. 264–279). Tübingen: Max Niemeyer.

Hausmann, F. J. (1989). Le dictionnaire de collocations. En F. J. Hausmann, O. Reichmann, H. E. Wiegand y L. Zgusta (Eds.), *Wörterbücher / Dictionaries / Dictionnaires — Ein internationals Handbuch zur Lexikographie / An International Enyclopedia of Lexicography / Enyclopédie internationale de lexicographie* (pp. 1010–1019). Berlin/New York: Walter de Gruyter.

Higueras García, M. (2006). *Las colocaciones y su enseñanza en la clase de ELE*. Madrid: Arco Libros.

Howarth, P. (1998). Phraseology and Second Language Proficiency. *Applied Linguistics*, *19*(1), 24–44.

Huertas Barros, E. y Buendía Castro, M. (2018). Analysing Phraseological Units in Legal Translation: Evaluation of Translation Errors for the English-Spanish Language Pair. En S. Gozdz-Roszkowski y G. Pontrandolfo (Eds.), *Phraseology in Legal and Institutional Settings: A Corpus-based Interdisciplinary Perspective* (pp. 41–60). London/New York: Routledge.

Kilgarriff, A., Rychly, P., Smrz, P. y Tugwell, D. (2004). The Sketch Engine. *Proceedings Euralex, Lorient, F*, 105–116.

Leiva Rojo, J. (2018). Phraseology as an indicator for translation quality assessment of museum texts: A corpus-basedd analysis. *Cogent Arts & Humanities*, *5*(1). AÑADIR NÚMERO DE PÁGINAS (SI PROCEDE)

Martin, A. y Abril Martí, M. I. (2002). Didáctica de la interpretación: algunas consideraciones sobre la evaluación. *Puentes: Hacia Nuevas Investigaciones En La Mediación Intercultural*, *1*, 81–94.

Meunier, F. y Grange, S. (2008). *Phraseology in Foreign Language Learning and Teaching*. Amsterdam/Philadelphia: John Benjamins.

Meyer, I.y Mackintosh, K. (1996). Refining the terminographer's concept-analysis methods: How can phraseology help? *Terminology*, *3*(1), 1–26.

Montero Martínez, S. y Buendía Castro, M. (2017). Clasificación semántica de colocaciones verbales para la adquisición de conocimiento experto: el caso de los riesgos naturales. *Revista Española de Lingüística Aplicada*, *30*(1), 240–272.

Pawley, A. (2001). Phraseology. Linguisitcs and the Dictionary. *International Journal of Lexicography*, *14*(2), 122–134.

Rossenbeck, K. (1989). Lexikologische und lexikographische Probleme fachsprachlicher Phraseologie aus kontrastiver Sicht. En M. Snell-Hornby y E. Pölh (Eds.), *Translation and Lexicography. Papers read at the EURALEX Colloquium held at Innsbruck 2–5 July 1987* (pp. 197–210). Innsbruck: John Benjamins.

Ruiz-Gurillo, L. (2002). *Ejercicios de fraseología*. Barcelona: Ariel.

Sánchez-Villena, A. R. y de la Fuente-Figuerola, V. (2020). COVID-19: cuarentena, aislamiento social y confinamiento, ¿son lo mismo? *Anales de Pediatría*, *93*(1), 73–74.

Schjoldager, A. (1996). Assessment of simultaneous interpreting. En AÑADIR EDITORES *Teaching Translation and Interpreting 3. New Horizons* (pp. 187–196). Amsterdam/Philadelphia: John Benjamins.

Sinclair, J. (2004). *Trust the Text: Language, Corpus and Discourse*. London/New York: Routledge.

Turner, S. (2014). *The development of metaphoric competence in French and Japanese Learners of English*. Tesis doctoral. Birmingham, University of Birmingham.

Wray, A. (2000). Formulaic Sequences in Second Language Teaching: Principle and Practice. *Applied Linguistics*, *21*(4), 463–489.

Zuluaga, A. (1997). Sobre las funciones de unidades fraseológicas en textos literarios. *Paremia*, *6*, 631–640.

eRUBICON: Una rúbrica interactiva multilingüe para la evaluación en interpretación consecutiva

María Remedios Fernández Ruiz
Departamento de Traducción e Interpretación
Universidad de Málaga
fernandezruiz@uma.es

ABSTRACT
The interpreting modules in the Degree in Translation and Interpreting become a challenge for students, since they require a deep understanding of two or more languages, as well as a high development of cognitive abilities to process and convey information. These difficulties generate frustration and stress in students, which results in insecurity and uncertainty. The objective of this study is the implementation of a tool that reduces such uncertainty in student performance and promotes objectivity in teacher assessment. For that purpose, a rubric, eRUBICON, of an analytical nature and by a quantitative scale, has been designed and submitted to the judgment of experts for the Consecutive Interpretation module. eRUBICON is interactive in order to optimize the user's time and productivity and has been developed in eleven languages. After experimental use, the evaluations of the students reveal that this tool allows them to know more exactly what is expected of them and identify their areas of improvement, which speeds up the learning process; and the evaluations of the teaching staff denote greater effectiveness in time management, productivity and objectivity in the evaluation. For all these reasons, it has proven to be an efficient tool that fills the gaps in formative and summative assessments in Consecutive Interpreting.

Keywords: Consecutive interpreting, interpreting teaching, formative assessment, summative assessment, rubric.

RESUMEN
Las asignaturas de interpretación del Grado en Traducción e Interpretación se convierten en un desafío para el alumnado, ya que requieren una comprensión profunda de dos o más idiomas, así como un desarrollo elevado de las habilidades cognitivas para procesar y transmitir información. Estas dificultades generan frustración y estrés en los estudiantes, lo que redunda en inseguridad e incertidumbre. El objetivo de este estudio es la implementación de una herramienta que reduzca la incertidumbre en el desempeño de los alumnos y favorezca la objetividad en la evaluación del profesorado. Para ello, se ha diseñado, y sometido a juicio de expertos, la rúbrica eRUBICON de corte analítico y escala cuantitativa para la asignatura de Interpretación Consecutiva. eRUBICON es interactiva con el fin de optimizar el tiempo y la productividad del usuario y se ha desarrollado en once idiomas. Tras un uso experimental, las valoraciones de los alumnos revelan que esta herramienta les permite conocer con más exactitud qué se espera de ellos e identificar sus áreas de mejora, lo que acelera el proceso de aprendizaje; y las valoraciones del profesorado denotan una mayor eficacia en la gestión del tiempo, productividad y objetividad en la evaluación. Por todo ello, ha demostrado ser una

herramienta eficiente que viene a cubrir las carencias existentes en las evaluaciones formativas y sumativas en Interpretación Consecutiva.

Palabras clave: Interpretación consecutiva, didáctica de la interpretación, evaluación formativa, evaluación sumativa, rúbrica.

1. Introducción

Los estudiantes que acceden al Grado de Traducción e Interpretación lo hacen atraídos por su pasión por las lenguas y culturas extranjeras y unas salidas profesionales más dinámicas que las que intuyen podrían ofrecerles las filologías (Gregorio Cano, 2023, pág. 121), a las que tienden a vincular con la docencia. Pese a la incertidumbre y al desconocimiento inicial sobre la rama profesional que elegirán al terminar, una encuesta administrada a estudiantes (n=326) de primer curso y en el primer trimestre del Grado en TeI de UGR, USAL, UPV/EHU, UPCO, UAX y UJI[1] demostró «el interés inicial por la interpretación con un porcentaje de alumnos ligeramente superior que preferiría ser intérprete a traductor en el momento de acceder a los estudios» (Arrés López y Calvo Encinas, 2009, pág. 620).

En efecto, el perfil de intérprete que prevalece en el imaginario colectivo, y que el cine se ha dedicado a idealizar, es el de mediador activo en interacciones ajenas, en contacto continuo con otras culturas o envuelto en el seductor halo de las organizaciones internacionales, cuyo papel resulta determinante para cambiar el rumbo de los acontecimientos y negociaciones. De manera natural, resulta más atractivo para este perfil de alumnado con aspiraciones cosmopolitas que la aparente pasividad de un traductor ante un ordenador.

No obstante, a medida que avanzan en el Grado, van perdiendo interés en construir su perfil de intérpretes a causa de diversas variables. En primer lugar, en las memorias de verificación de los títulos de Grado, la interpretación pasa a ser la «hermana pequeña» de la traducción, al contar con una menor presencia en cuanto a carga lectiva y ser introducida en cursos posteriores. El estudio realizado por Botella Tejera y Pérez Escudero (2019), basado en una encuesta administrada a estudiantes (n=110) de 3.º y 4.º de la Universidad

[1] Universidad de Granada, Universidad de Salamanca, Universidad del País Vasco/ Euskal Herriko Unibertsitatea, Universidad Pontificia Comillas, Universidad Alfonso X El Sabio y Universitat Jaume I.

de Alicante, señala que el 71,82 % de los informantes considera que la carga lectiva en interpretación es insuficiente. En esa línea, el alumnado (n=92) de 4.º de la Universidad de Granada —además de venir a confirmar la «cantidad ínfima de créditos de interpretación»— considera que necesitaría cursar un máster posterior al grado si quisiera adquirir las competencias necesarias para ser intérprete (Gregorio Cano, 2023, pág. 121).

En segundo lugar, su desempeño va aparejado de un gran desasosiego emocional, no solo en entornos profesionales delicados —por ejemplo, en los servicios públicos, la carga emocional puede llegar a ser muy elevada al tratar con personas víctimas de violaciones o torturas (Parrilla Gómez y Gutiérrez Solís, 2020)—, sino en el mismo contexto del aula por los factores psicopedagógicos y de gestión del estrés que entran en juego. En el estudio llevado a cabo por Gregorio Cano (2023, pág. 121) un estudiante llega a afirmar: «No volvería a estudiar esta carrera porque he descubierto que no me gusta nada la interpretación». De hecho, son pocos los alumnos que se decantan por las asignaturas optativas de interpretación en cursos superiores. Existe una miríada considerable de trabajos que abordan el factor emocional negativo en Interpretación en Trabajos Fin de Grado y Trabajos Fin de Máster, con títulos tan sintomáticos como *Marcadores de ansiedad en los estudiantes de interpretación consecutiva* (Castillo Suárez, 2014); *Análisis sobre la autopercepción de la gestión del estrés en estudiantes de interpretación de grado* (Gálvez Durán, 2019) o *Características de las experiencias metacognitivas y las manifestaciones del distrés en intérpretes en formación con relación a una tarea de interpretación simultánea* (Niño Caldas, 2022).

Como consecuencia de todo ello, la preferencia inicial de los estudiantes de interpretación sobre traducción se invierte al finalizar el Grado en TeI. Hernández et al. (2014) analizan las actividades profesionales que desempeñan los egresados (n=270) de traducción e interpretación con al menos cinco años de experiencia en el mercado laboral. Así, del 62 % (n=168) que se dedican a actividades relacionadas con su formación en el grado, solo el 30 % realiza actividades relacionadas con la interpretación, en contraposición a prácticamente el 100 % (n=168) de los informantes, cuyas labores tienen que ver con la traducción.

Si bien como profesores no tenemos una incidencia directa en la confección de la memoria de verificación del título, sí podemos repercutir en la relación del estudiante con las asignaturas de interpretación. El estrés, que como afirma Cedillo Corrochano (2021, pág. 13) «es una problemática atemporal y recurrente en las aulas universitarias en las que se imparten asignaturas relacionadas con la actividad interpretativa», se debe principalmente a factores como la imprevisibilidad de la tarea o contexto —en comparación con la traducción—, el hablar en público y la incertidumbre sobre su grado de logro o desempeño. Con objeto de mitigar estas dificultades, Deditius (2020) propone que el profesor de interpretación consecutiva incida en la motivación intrínseca del estudiante a través del rol más cercano que proporciona el *coaching* educativo. Sin embargo, no podemos quedarnos en el mero acompañamiento, sino que debemos proporcionarles herramientas tangibles de calidad que aceleren su proceso de adquisición de competencias.

Las asignaturas de interpretación no deben suponer para el alumnado un escollo que tienen que superar de camino al título. Urge, pues, retirar el estigma de la complejidad de la interpretación, bajar los niveles de ansiedad y coadyuvar a que el alumnado disfrute de sus ventajas, su creatividad y la adrenalina del uso real de las lenguas que suelen atraerlos al Grado.

Esta situación nos ha llevado a diseñar una herramienta que contribuya a paliar las dificultades y los miedos con los que se enfrenta el alumnado a las asignaturas de interpretación, y más concretamente, a la de consecutiva. Así, proponemos una rúbrica interactiva que ayude al alumnado a conocer los niveles de satisfacción esperados en la interpretación consecutiva. Consideramos que la opción de poder utilizarla como herramienta de autoevaluación o evaluación entre pares formativa los sitúa en la línea de evolución de su aprendizaje y les aporta certeza objetiva sobre qué nivel se espera de ellos.

Desde el punto de vista de la didáctica de la interpretación consecutiva, encontramos varias peculiaridades en la asignatura. En primer lugar, es habitual trabajar tanto con grupos grandes como reducidos en aras de favorecer una atención más personalizada en la práctica de la disciplina. Ello deriva en que, a menudo, varios profesores se ven en la tesitura de consensuar la evaluación de competencias del alumnado, por lo que resulta más eficaz y garante de calidad disponer de una herramienta de evaluación que potencie la objetividad. En segundo lugar, las pruebas de evaluación de esta asignatura suelen conllevar la grabación de audios con equipo especializado, lo cual ralentiza los procesos correctores del profesorado.

De manera general, cada vez es más frecuente el empleo de las rúbricas en Educación Superior (Gallardo, 2020; Ragupathi y Lee, 2020) en aras de la transparencia y la comprensión de los procesos de evaluación al alumnado, de reflexionar sobre ellos (Bearman y Ajjawi, 2021), de facilitar la evaluación y de ayudar a consensuar la evaluación al profesorado. En el caso concreto de la interpretación consecutiva, las rúbricas como herramientas de evaluación formativa son menos invasivas y exponen menos al alumnado que el videoanálisis, que podría utilizarse en un estadio más avanzado de la asignatura (Pérez Fernández, 2019). Además, la obtención de una puntuación tras la valoración de ítems agilizaría la tediosa evaluación que realiza ahora el profesorado escuchando varias veces los mismos archivos de audio generados en las pruebas de evaluación. A pesar de las ventajas que plantea el empleo de rúbricas para la evaluación en interpretación consecutiva, no existen rúbricas o matrices de evaluación que respondan con precisión a las necesidades de esta modalidad de interpretación en particular y las pocas disponibles están insertadas como tablas en textos científicos. Por lo tanto, era una necesidad inminente diseñar y desarrollar un instrumento interactivo de evaluación, tanto formativa como sumativa, que estuviera disponible en línea.

2. Materiales y métodos

Nuestra propuesta planteó la elaboración de una rúbrica analítica interactiva de escala cuantitativa a modo de instrumento de evaluación tanto de anticipación o formativo como sumativo. El desarrollo metodológico se dividió en tres fases, a saber: diseño, validación e implementación.

2.1. Descripción y diseño de eRUBICON

La rúbrica eRUBICON es una matriz analítica de escala cuantitativa. Para su diseño, se han tenido en cuenta las características de su aplicación en Educación Superior (Chan y Ho, 2019; Álvarez-Herrero 2020; García-Valcárcel Muñoz-Repiso et al., 2020; Martinucci, 2021; Menzala-Peralta y Ortega-Menzala, 2021).

En primer lugar, se han determinado los objetivos de aprendizaje en función de las demandas inherentes a la interpretación consecutiva. En segundo lugar, se han diseñado cinco criterios evaluables, a saber: «Contenido de la información: ideas principales y secundarias», «Registro, terminología específica», «Reformulaciones», «Cohesión» y «Entonación, volumen, ritmo, tono, vocalización». Pese a que dichos criterios son susceptibles de ser desglosados, en aras de la sencillez y para facilitar la evaluación, hemos optado por aglutinarlos. En tercer lugar, se ha establecido el peso de cada criterio en dos puntos, con una escala de estimación cuantitativa de cinco niveles. Consideramos que el valor numérico resulta más fácil de manejar que una escala de estimación cualitativa para que el alumnado pueda utilizar la evaluación formativa para orientarse sobre la sumativa. La escala se ha ordenado de mayor a menor, es decir, comenzando por el nivel de desempeño que cumple con el criterio, para un mejor cotejo de lo que sería deseable en cada criterio. En cuarto y último lugar, definimos con detalle los niveles de logro o desempeño de manera progresiva.

2.2. Validación de eRUBICON

A continuación, se sometió la rúbrica a una validación basada en el juicio de cinco expertos: tres profesores de Interpretación Consecutiva, una profesora de Lengua Española y una profesora de Didáctica de las Lenguas. Tras recibir sus propuestas de modificaciones, se reformuló el instrumento de evaluación a fin de que se beneficiara de dichas mejoras.

2.3. Implementación de eRUBICON

Tras la optimización de la rúbrica gracias a la validación del juicio de expertos, procedimos a su traducción para ofrecer finalmente el producto en once idiomas, a saber: alemán, árabe, chino, español, inglés, italiano, francés, griego, japonés, portugués y ruso.

Con objeto de que eRUBICON sea una rúbrica ágil y de fácil manejo, y aunque también pueda descargarse en formato .pdf, se ha implementado en forma de rúbrica electrónica o interactiva. Este formato brinda un *feedback* inmediato y permite tanto a alumnado como a profesorado identificar de manera muy visual las áreas donde existe un margen de mejora. Además, esta eficacia en la retroalimentación promueve en el espacio de Educación Superior la cultura de la evaluación formativa.

La rúbrica se aloja en un sitio web aún en construcción. Asimismo, con vistas a propiciar su divulgación y uso real en el aula, se ha acompañado de logotipo, isotipo e isologo reconocibles y relacionados con su denominación. En concreto, se acuñó un acrónimo (*RUBICON*), resultado de fundir tres elementos léxicos: *RÚBrica de Interpretación CONsecutiva*. Por último, lo ilustramos con el puente que hace confluir el río Rubicón que cruzó César, con la frase tan traída que compara a los traductores e intérpretes con un «puente entre culturas». eRUBICON se registró ante la Oficina Española de Patentes y Marcas (OEPM) el 3 de marzo de 2025, en las modalidades denominativa (M4307258) y figurativa, con números de solicitud M4307266 (imagotipo) y M4307270 (isotipo). Asimismo su metodología está registrada en SafeCreative (Código: 2509263162008).

3. Funcionamiento y explotación de eRUBICON

En este apartado mostraremos el funcionamiento y explotación de la herramienta eRUBICON tal y como se presenta al usuario. Así, el sitio web donde se aloja la rúbrica se divide en las siguientes secciones: *Inicio*, *Interpretación Consecutiva*, *Funcionalidades de la rúbrica*, *eRUBICON* y *Publicaciones* y *Contacto*.

Figura 1. Interfaz web de eRUBICON
Fuente: Elaboración propia

La Interpretación es una disciplina de carácter internacional por definición. Por ello, era ineludible hacer crecer de manera exponencial eRUBICON presentándolo en once idiomas, a saber: alemán, árabe, chino, español, inglés, italiano, francés, griego, japonés, portugués y ruso. En este sentido, la rúbrica interactiva se sometió a una traducción profesional del español hacia el resto de los idiomas ofrecidos, mientras que, para el resto de contenidos disponibles en las diferentes pestañas del sitio web, se recurrió a la traducción automática. En particular, se emplea la CDN de Google Translate.

Figura 2. Interfaz web de eRUBICON
Fuente: Elaboración propia

eRUBICON

	2	1,5	1	0,5	0
Contenido de la información: ideas principales y secundarias.	Traslada el contenido íntegro del discurso con una precisión adecuada.	Traslada casi todo el contenido del discurso, salvo omisiones menores.	Traslada parte del contenido del discurso, pero incurre en varias omisiones.	Incurre en omisiones graves o frecuentes del mensaje original.	Se producen contrasentidos, se altera la intención del orador.
Registro, terminología específica.	Emplea el registro apropiado y maneja adecuadamente la terminología específica.	Hace uso del registro de manera satisfactoria y presenta fallos terminológicos menores.	La terminología no siempre es la apropiada y se aprecian variaciones significativas en el registro.	El vocabulario es limitado y no siempre respeta el registro.	El vocabulario es inapropiado y el registro inadecuado.
Reformulaciones	Las reformulaciones consiguen un estilo fluido y natural en la lengua de llegada. Las omisiones o añadidos resultan muy pertinentes.	La reformulación es aceptable en la mayoría de los casos, solo se aprecian algunos errores menores.	Fluidez aceptable. Se aprecian aciertos en algunas reformulaciones.	Se aprecian bastantes errores de reformulación.	Incurre en calcos o falsos amigos con frecuencia. No se aprecia un manejo natural de la lengua de llegada.
Cohesión	La estructura del discurso es fiel al original, se introducen conectores adecuados para garantizar la comprensión.	Las ideas están ordenadas de manera satisfactoria para que se produzca la comprensión general del discurso. La mayoría de los conectores son adecuados.	Los conectores utilizados, si bien no son la opción más apropiada, transmiten de manera aceptable el hilo conductor del discurso.	Los conectores que se utilizan son escasos o inapropiados, dificultan la comprensión del oyente. Alguna frase incompleta.	Omite los conectores y las ideas se presentan deslavazadas. Frases incompletas. Es difícil entender el hilo conductor del discurso.
Entonación, volumen, ritmo, tono de voz, vocalización.	El mensaje se transmite de manera clara, respetando la entonación y cadencia del discurso original.	Se aprecian algunas variaciones menores en tono, cadencia o volumen, pero no interfieren con la recepción adecuada del mensaje.	La oratoria es en general aceptable, aunque la forma de transmitir el mensaje distrae en ocasiones del contenido.	La oratoria entorpece la fluidez del discurso.	Utiliza bastantes muletillas. La falta de vocalización impide la comprensión. Cambios de ritmo o volumen frecuentes e inapropiados.

Figura 3. Muestra de la rúbrica interactiva eRUBICON completada en su versión en español
Fuente: Elaboración propia

Como puede apreciarse en la Figura 2, desde la pestaña eRUBICON se accede a un desplegable con los once idiomas disponibles.

Al seleccionar uno de los idiomas, se accede la matriz de evaluación, donde se desglosan los niveles de desempeño siguiendo una escala cuantitativa descendente. Así, el usuario selecciona el nivel logrado para cada criterio y obtiene una puntuación final sobre diez.

En definitiva, con el fin de promover el uso real de la herramienta en la cotidianeidad del aula, para su diseño e implementación se priorizó en todo momento que las interfaces a las que se enfrenta el usuario fueran sencillas y de fácil manejo.

3.1. Explotación de eRUBICON por el alumnado

La interpretación es un proceso que requiere tomar decisiones rápidas y precisas. Además, los estudiantes deben lidiar con el estrés de escuchar, comprender, analizar y transmitir información en un tiempo concreto. Esta presión puede afectar la calidad de la interpretación y aumentar la ansiedad.

En este contexto, las rúbricas son herramientas de evaluación que proporcionan criterios claros y objetivos para evaluar el rendimiento. Así, uno de los principales beneficios del uso de este tipo de recursos es que permite una retroalimentación más específica y detallada.

Las fases en las que se introdujo la rúbrica en el aula fueron las siguientes:

a) Evaluación de diagnóstico. Desde el momento de la presentación de la asignatura se ilustró a los alumnos a través de eRUBICON sobre qué competencias iban a ser evaluadas y la evolución en el grado de consecución de logro.
b) Evaluación formativa. Se utilizó eRUBICON a lo largo de toda la asignatura, con un manejo cada vez más rápido, eficaz e intuitivo por parte del alumnado.
c) Evaluación sumativa. Dado el grado de familiarización que adquirió el alumnado con el procedimiento de evaluación, se utilizó al final de curso para revisar la prueba final, así como para compartir impresiones sobre la evolución individual del alumnado y las áreas donde aún podía mejorar.

Mediante la aplicación de eRUBICON para nuestra evaluación, los estudiantes recibieron comentarios concretos sobre sus fortalezas y áreas de mejora en función de los diferentes aspectos evaluados. Esto les permitió comprender mejor sus puntos débiles y trabajar en su desarrollo de manera más efectiva. Asimismo, al estar expuestos a unos criterios de evaluación más transparentes, el alumnado pudoidentificar las competencias requeridas. Esto les permitió alcanzar niveles más altos de competencia en el desempeño de la interpretación consecutiva.

Esta transparencia a lo largo de todo el proceso hizo al alumnado copartícipe de su evaluación y redundó en una mayor tranquilidad en las prácticas del alumnado al comprender mejor las exigencias que requiere la profesión de intérprete consecutivo.

3.2. Explotación de eRUBICON por el profesorado

La evaluación precisa y justa es fundamental y eRUBICON ha demostrado ser una herramienta eficaz para evaluar el rendimiento de los estudiantes, ya que establece criterios claros y proporciona una estructura coherente para la evaluación.

En concreto, ofreció varias ventajas significativas. En primer lugar, mejoró la objetividad de la evaluación al proporcionar criterios claros y medibles. Esto aseguró que todos los estudiantes fueran evaluados de manera justa y consistente, sin importar quién realizara la evaluación en una asignatura cuya docencia, a menudo, queda compartida entre varios profesores. En segundo lugar, permitió una retroalimentación más específica y detallada. Los estudiantes recibieron comentarios concretos tanto sobre sus fortalezas como sobre sus áreas de mejora en función de las diferentes competencias evaluadas. En tercer lugar, agilizó los procesos de corrección, lo cual optimizó el nivel de rendimiento del profesorado y, por consiguiente, su productividad en otras tareas. Además, la identificación clara de los diferentes criterios redujo exponencialmente el número de escuchas de las grabaciones del alumnado para su posterior corrección.

Asimismo, facilitó la comunicación entre profesorado y alumnado, fomentando que se trabajara en una misma línea hacia la excelencia en interpretación.

4. Discusión

Analizadas las limitadas propuestas previas para la evaluación en interpretación (Clifford, 2001; Sawyer, 2004; Jacobson, 2009; Domínguez Araújo, 2013; Álvarez García y Limbach, 2019), la herramienta eRUBICON viene a superarlas en cuanto a su disponibilidad en red, su desarrollo en diferentes lenguas y su carácter interactivo.

Asimismo, presenta otras ventajas de diseño como la progresión aritmética constante que no cumple, por ejemplo, el modelo de matriz de Domínguez Araújo (2013). En el caso de eRUBICON, no solo era fundamental una formulación de los criterios que aunara las competencias requeridas en interpretación consecutiva, sino también el hecho de que se le pudiera asignar una escala cuantitativa simplificada para un uso real en el aula, es decir, que fuera una rúbrica de uso habitual, útil, funcional e intuitiva.

5. Conclusiones

Vistos el estrés y la incertidumbre que generaba la asignatura de Interpretación Consecutiva para el alumnado, hasta el punto de que muy pocos alumnos se decantaban por elegir interpretación simultánea como optativa al curso siguiente, urgía elaborar una herramienta fiable y de calidad que les otorgara una perspectiva completa y concreta de lo que se esperaba de ellos. Partiendo de este contexto, desarrollamos eRUBICON, recurso que permite potenciar la autoreflexión y el autoaprendizaje en la evaluación formativa, así como favorecer la comunicación alumnado-profesorado, agilizar el proceso de evaluación y garantizar la objetividad en la evaluación sumativa.

Por último, entre las mejoras futuras dimanantes de esta propuesta de rúbrica interactiva multilingüe, cabría destacar el desarrollo de una aplicación móvil, complementaria a la web, que el alumnado pudiese descargarse durante el período que dure la asignatura y que agilizaría aún más el trabajo de aula.

Referencias bibliográficas

Álvarez García, C., y Limbach, C. (2019). La interpretación bilateral en el ámbito turístico: evaluación. *Futhark. Revista de Investigación y Cultura*, *14*, 3–26.

Álvarez-Herrero, J. F. (2020). El poder de la anticipación en la evaluación: simulacros de examen y rúbricas en la educación superior. *Aloma: Revista de psicologia, ciències de l'educació i de l'esport Blanquerna*, *38*(2), 51–58.

Arrés López, E. A., y Calvo Encinas, E. (2009). ¿Por qué se estudia Traducción e Interpretación en España? Expectativas y retos de los futuros estudiantes de Traducción e Interpretación. *Entreculturas. Revista de Traducción y Comunicación Intercultural*, *1*, 613–625.

Bearman, M., y Ajjawi, R. (2021). Can a rubric do more than be transparent? Invitation as a new metaphor for assessment criteria. *Studies in Higher Education*, *46*(2), 359–368.

Botella Tejera, C., y Pérez Escudero, F. (2019). El grado en Traducción e Interpretación y su vinculación con el mundo profesional. La visión del alumnado. En R. Roig Vila. (Ed.), *Investigación e innovación en la Enseñanza Superior. Nuevos contextos, nuevas ideas* (pp. 909–920). Barcelona, Octaedro.

Castillo Suárez, P. (2014). *Marcadores de ansiedad en los estudiantes de interpretación consecutiva*. Trabajo Fin de Grado. Las Palmas, Universidad de Las Palmas de Gran Canaria.

Cedillo Corrochano, M. C. (2021). El estrés en las clases virtuales de interpretación: cambios en la enseñanza y en el aprendizaje ante la «nueva normalidad» educativa. *Lenguas Modernas*, *58*, 13–33.

Chan, Z., y Ho, S. (2019). Good and bad practices in rubrics: The perspectives of students and educators. *Assessment & Evaluation in Higher Education*, *44*(4), 533–545.

Clifford, A. (2001). Discourse theory and performance-based assessment: Two tools for professional interpreting. *Meta*, *XLVI*(2), 365–378.

Deditius, S. (2020). Coaching educativo: método para estimular la motivación intrínseca del estudiante en la interpretación consecutiva. En P. Taboada de Zuñiga Romero y M. R. Barrios Lorenzo. (Ed.), *Perfiles, factores y contextos en la enseñanza y el aprendizaje de ELE/EL2* (pp. 229–240). Santiago de Compostela: Universidade de Santiago de Compostela.

Domínguez Araújo, L. (2013). Una propuesta de matriz formativa para evaluar la interpretación consecutiva. En R. Barranco-Droege, E. Macarena Pradas Macías y O. García Becerra. (Eds.), *Quality Interpreting: Widening the scope* (pp. 201–222). Granada: Comares.

Gallardo, K. (2020). Competency-based assessment and the use of performance-based evaluation rubrics in higher education: Challenges towards the next decade. *Problems of Education in the 21st Century*, *78*(1), 61–79.

Gálvez Durán, M. D. C. (2019). *Análisis sobre la autopercepción de la gestión del estrés en estudiantes de interpretación de grado*. Trabajo Fin de Máster. Madrid, Universidad Pontificia Comillas.

García-Valcárcel Muñoz-Repiso, A. M., Hernández Martín, A., Martín del Pozo, M., y Olmos Migueláñez, S. (2020). Validación de una rúbrica para la evaluación de trabajos fin de máster. *Profesorado: Revista de curriculum y formación del profesorado*, *24*(2), 72–96.

Gregorio Cano, A. (2023). Formación y empleabilidad en el Grado en Traducción e Interpretación de la Universidad de Granada. *Onomázein*, *XII*, 102–127.

Hernández, D. G., Masseau, P., e Igualada, M. T. (2014). Primeros escarceos profesionales de los egresados en traducción e interpretación. *SKOPOS. Revista Internacional de Traducción e Interpretación*, *4*, 111–122.

Jacobson, H.E. (2009). Moving beyond words in assessing mediated interaction, Measuring interactional competence in healthcare settings. En C. V. Angelelli y H. E. Jacobson. (Eds.), Testing and Assessment in Translation and Interpreting Studies: A call for dialogue between research and practice (pp. 49–69). Ámsterdam, John Benjamins.

Martinucci, M. V. (2021). La Rúbrica como Instrumento de la Evaluación Formativa y Democrática para los Cursos de Lectocomprensión en Lengua Extranjera de la Educación Superior. *Kimün. Revista Interdisciplinaria de Formación Docente*, *10*, 260–271.

Menzala-Peralta, C. C., y Ortega-Menzala, E. (2021). Rúbrica como instrumento de evaluación en educación superior. *Dominio de las Ciencias*, *7*(4), 1020–1034.

Niño Caldas, D. E. (2022). *Características de las experiencias metacognitivas y las manifestaciones del distrés en intérpretes en formación con relación a una tarea de interpretación simultánea*. Trabajo Fin de Máster. Manizales, Universidad Autónoma de Manizales.

Pacheco Camacho, O., Martínez Íñiguez, J. E., López Ramírez, E., y García Hernández, L. F. (2019). Diseño y validez de una rúbrica para evaluar las prácticas curriculares en instituciones de educación superior. *Revista Espacios*, *40*(29). Recuperado de https://www.revistaespacios.com/a19v40n29/19402920.html

Parrilla Gómez, L., y Gutiérrez Solís, M. D. M. (2020). El estrés en la Interpretación para los Servicios Públicos: Protocolo de actuación y estrategias para la formación de intérpretes. *Lebende Sprachen*, *65*(1), 104–135.

Pérez Fernández, L. M. (2019). Video analysis: A new approach towards consecutive interpreting didactics. *MonTI. Monografías de Traducción e Interpretación*, *11*, 263–279.

Pérez Pérez, P. S. (2021). Mock conferences in simultaneous interpreting training. *Transletters. International Journal of Translation and Interpreting*, *5*, 163–182.

Ragupathi, K., y Lee, A. (2020). Beyond fairness and consistency in grading: The role of rubrics in higher education. En C. Shea Sanger y N. W. Gleason. (Eds.), *Diversity and inclusion in global higher education: Lessons from across Asia* (pp. 73–95). Berlín, Springer.

Sawyer, D. (2004). *Fundamental Aspects of Interpreter Education*. Ámsterdam/Filadelfia, John Benjamins.

www.ingramcontent.com/pod-product-compliance
Ingram Content Group UK Ltd.
Pitfield, Milton Keynes, MK11 3LW, UK
UKHW041823290926
8980IPUK00002B/31

9 783631 926178